Ideale Welten

Gregory Claeys

Ideale Welten

DIE GESCHICHTE DER UTOPIE

Aus dem Englischen
von Raymond Hinrichs und Andreas Model

Englische Originalausgabe:
»Searching for Utopia. The History of an Idea«
Thames & Hudson Ltd, London 2011
© 2011 Gregory Claeys

Bibliografische Information der Deutschen Nationalbibliothek
Die Deutsche Nationalbibliothek verzeichnet diese Publikation
in der Deutschen Nationalbibliografie;
detaillierte bibliografische Daten sind im Internet über
http://dnb.d-nb.de abrufbar.

© 2011 by WBG (Wissenschaftliche Buchgesellschaft), Darmstadt
Die Herausgabe des Werkes wurde durch die Vereinsmitglieder
der WBG ermöglicht.
Lizenzausgabe für Konrad Theiss Verlag GmbH, Stuttgart

Redaktion: Dirk Michel
Typographie und Satz: Lohse Design, Heppenheim
Printed and bound in China by Toppan Leefung

Besuchen Sie uns im Internet: www.theiss.de

ISBN 978-3-8062-2461-0

Seite 1: Die Schöpfung, wie sie in den ersten Worten der Genesis
in einer der frühesten deutschen Übersetzungen der Bibel
dargestellt wurde, gedruckt 1483 in Nürnberg durch Anton
Koberger. Ein Einhorn ist anwesend, als Eva aus Adams Rippe
hervorgeht.

Seite 2: Die bildliche Darstellung der Schöpfungsgeschichte und
die Erschaffung von Adam und Eva in einer osmanischen Bibel
des 16. Jahrhunderts aus der Universitätsbibliothek von Istanbul.
Im dritten Bild ist die Schlange zu erkennen. Das vierte Bild
veranschaulicht die Pflicht zur Arbeit als Folge der Vertreibung
aus dem Paradies.

Seite 4: Jacopo Tintoretto, *Die Schöpfung der Tiere,* ca. 1550.
Dies ist vermutlich der fünfte Tag: ›Dann sprach Gott: Das
Wasser wimmle von lebendigen Wesen und Vögel sollen über
dem Land am Himmelsgewölbe dahinfliegen‹ (Genesis 1,20).
Bemerkenswert unter den vielen Tieren ist das Einhorn ganz
rechts.

Die Suche nach Utopia

Das Konzept von Utopia beruht in jedem Zeitalter in unterschiedlichen Variationen auf einer idealen Gegenwart, einer idealen Vergangenheit und einer idealen Zukunft und den Beziehungen zwischen diesen drei Zeitebenen. Jede von ihnen mag mythisch oder imaginär sein oder eine tatsächliche Grundlage in der Geschichte haben. Die Ursprünge dieses Konzepts sind vor allem religiöser Natur und bestehen aus Schöpfungsmythen und einem in Aussicht stehenden Leben nach dem Tod, aber können auch eine spekulative historische Dimension enthalten, wie die zuerst im *Gilgamesch-Epos* (ca. 2000 v. Chr.) beschriebene allumfassende Flut. In der westlichen Tradition waren die „Vorfahren" der Griechen die Ägypter; ihre weltlichen Vertreter idealisierten sich selbst mehr oder weniger sinnbildlich im Leben der *Polis* oder dem Stadtstaat; ihre Zukunft, ihr Leben nach dem Tod, wird zum Teil im Bild von den „Elysischen Feldern" in Homers *Odyssee* (ca. 8. Jahrhundert v. Chr.) erfasst. Die Vergangenheit der Römer war hauptsächlich griechisch und teilweise ägyptisch geprägt, aber sie beinhaltete auch verschiedene Mythen eines ursprünglichen Goldenen Zeitalters; ihre Zukunft, wie in Vergils *Äneis* (19 v. Chr.) beschrieben, war eine modifizierte Version des elysischen Ideals, zu dem nur wenige Tugendhafte Zugang hatten. Für die mittelalterlichen Christen enthüllte die Genesis eine Welt, in der Adam und Eva in einem bukolischen Garten Eden lebten, bevor sie daraus vertrieben wurden und die früheste Epoche der Menschheit durch eine Flut beendet wurde. In Asien, dem Nahen Osten und an anderen Orten tauchten ähnliche Schöpfungsmythen und Vorstellungen eines Goldenen Zeitalters in vielen Formen auf. Und heute … sind wir verwirrt. Eine große Anzahl von Menschen stellt sich immer noch eine auf wissenschaftlichen Grundlagen beruhende Welt vor, in der Experten Lösungen für all unsere Probleme liefern, ohne unsere Ambitionen zu stören. Viele würden heute die Gegenwart als das Beste bisher Erreichte betrachten, jedenfalls soweit es die Privilegierten betrifft. Weit geringer wäre die Anzahl derer, die einen Punkt in der Vergangenheit als Ideal bezeichneten, der es wert wäre, zu ihm zurückzukehren. Aber einige würden dennoch in der Vergangenheit eine Epoche finden, in der unsere Bedürfnisse in Harmonie mit der Natur waren,

Die erste Seite aus dem hebräischen *Sefer Jetzira* oder „Buch der Schöpfung" (15. Jh.) illustriert die Beschreibung „Gott schuf die Erde, die Planeten und die Sterne des Himmels".

unsere Bevölkerung noch nicht so groß war und unser Konsum im Einklang mit unserer Produktion stand.

Ob unser Ideal in der Vergangenheit, der Gegenwart oder in der Zukunft liegt, das Konzept von Utopia hat einen gewissen Einfluss darauf, wie wir über dieses Ideal denken. Die drei Entwicklungsstadien des utopischen Gedankens könnte man als das Mythische, das Religiöse und das Positive (im Sinn von Auguste Comte)[1] beziehungsweise das Institutionelle betrachten. Jede dieser Stufen ist ein Teil des Konzepts von Utopia, mit dem unser Gemeinschaftsgefühl gestärkt werden soll und das uns Hoffnung in einer unsicheren Welt gibt. Die ersten beiden Stufen verbinden auch das Leben nach dem Tod mit unserem Leben in der Gegenwart. Dies ist bei der dritten Stufe nicht der Fall. Sie bietet dagegen ein säkulares Äquivalent für unsere Rettung an. Den größten Teil unserer Geschichte haben wir in Welten jenseits des „normalen" oder alltäglichen Bewusstseins gelebt, und die Bedeutung des Lebens leitete sich vom Verständnis des Todes und des Jenseits ab. Um unserem kurzen Leben eine größere Dauerhaftigkeit zu verleihen, haben wir uns Vergangenheiten und Zukünfte vorgestellt, die unserer Gegenwart entsprechen, was wir als sehr tröstlich empfinden. Wenn unser Leben in dieser Welt sich verschlechtert oder bedroht ist, reagieren wir darauf mit einem verstärkten Sinn für familiäre Harmonie und Ethik, nationale und/oder religiöse Identität. Schon vor der Veröffentlichung von Thomas Morus' berühmtem Werk *Utopia* (1516) gab es Bemühungen um Harmonie und Versuche, eine gerechtere Verteilung des Eigentums zwischen den einzelnen Gesellschaftsschichten zu schaffen. Diese angestrebte Gleichheit ist das entscheidende soziale Dogma und wurde häufig als entscheidend für die Entwicklung utopischer Ideen betrachtet. Ob nur eingebildet oder tatsächlich praktiziert: Das Dogma der Gleichheit aller Menschen lehrt uns den hohen Wert der

Liebe, des Respekts, des Individuums in seiner Einzigartigkeit und sogar in seiner Exzentrik.

Wenn es missbraucht wird, zeigen sich seine dunklen Leidenschaften in Form des von einer Ideologie ausgelösten extremen, rachsüchtigen Egalitarismus, der zu Blutvergießen in hohem Ausmaß führen kann.

Die letzte Phase von Utopia, die institutionelle oder verfassungsmäßige, beschäftigt sich weniger damit, sich das Ideal vorzustellen, sondern es wirklich zu erschaffen. Sie erreicht ihren Höhepunkt in der Moderne. Während wir dazu tendieren, dies mit dem modernen Sozialismus zu verbinden, wäre es nichtsdestoweniger falsch, den Liberalismus nicht mit einzubeziehen. Liberalismus wird oft als Umgang mit Gewissheiten betrachtet, also mit skeptischen und empirischen, realistischen Aussagen über die Möglichkeiten des Menschen, nicht mit Fantasien und nicht mit idealisierten, geschweige denn noch stärker sozialisierten Zukunftsideen. Er ist in dieser Hinsicht antiutopisch. Doch kann uns diese Erkenntnis aus vier Gründen in die Irre führen: Erstens präsentiert der Liberalismus selbst eine utopische Vision des Universalüberflusses, eines Überflusses, der auf Arbeitsteilung und Wachstum basiert. Dies war ein Jahrhundert lang glaubwürdig, aber danach bemerkte man, dass die damit verbundenen Erwartungen nicht erfüllt werden konnten. Zweitens zeigte der Liberalismus schließlich dadurch seine Schwächen, dass er unfähig war, die Unzulänglichkeit seiner Zukunftsvisionen zu erkennen und etwas Besseres zu prophezeien – insbesondere einen Kompromiss zwischen Sozialismus und Liberalismus, der die besseren Elemente beider Systeme vereinen könnte. Drittens versprach der Liberalismus auch eine idealisierte Demokratie als Alternative zu Monarchie, Aristokratie und Plutokratie, was sich sogar in Begriffen wie „Ende der Geschichte"[2] zeigt. Doch war dies häufig eine Volksherrschaft, in der wenige über die vielen herrschten, und die wenigen waren meistens auch die Wohlhabenden. In ihrer äußersten Form sind diese Elemente als utopisch verstanden worden, wenn sie mit der Fantasie eines unkontrollierten Markts kombiniert wurden, der zum Ziel hatte, die nationale Souveränität durch ein Regime von quasi allmächtigen multinationalen Gesellschaften abzulösen, das der Weltbevölkerung eine wirtschaftliche, politische und kulturelle Strategie der Globalisierung auferlegt.[3] Schließlich hat der Liberalismus oft versprochen, dass das gute Leben daraus bestehe, individuelle Freiheit, Autonomie und Unabhängigkeit zu maximieren und verkündete das Streben nach Gier oder Egoismus als Mittel, es zu erreichen. Auf diese Weise hat er häufig „die Gesellschaft" oder die Existenz jedes gemeinsamen oder öffentlichen Gemeinwohls verunglimpft und durch angenommene Warenwerte ersetzt. Damit hat er gleichzeitig die Gemeinschaft, kollektive Verpflichtungen und altruistische Formen des Verhaltens herabgesetzt. Doch diese Elemente oder Bausteine der

Sozialität sind auch elementare Bestandteile des individuellen Glücks. Menschen freuen sich, Teil einer Nachbarschaft oder Einwohner eines Wohnblocks zu sein, zur Öffentlichkeit zu gehören oder auch zurückgezogen zu leben. Sie sind glücklicher, wenn sie nicht Furcht vor ihren Nachbarn oder Angst vor Krankheit und dem Alter haben, weil die Gesellschaft sie beschützt. Dies ist ein wichtiger Teil der Lektion, die Utopia lehrt.

DIE DEFINITION VON UTOPIA

Dieses Buch über Utopia konzentriert sich auf drei Bereiche: die utopische Idee, den engeren Bereich der utopischen Literatur und praktische Versuche, bessere Gemeinschaften zu gründen. Was immer wir davon betrachten, es gibt eine so große Anzahl von Begriffen, mit denen die Sehnsucht nach einem idealen oder zumindest deutlich verbesserten Leben ausgedrückt wird, dass wir zunächst unsere Leitbegriffe definieren müssen.[4] Auch wenn der Begriff Utopia bedeutungsvoll ist, so beinhaltet er dennoch nicht jede Art der Verbesserung der sozialen Situation: Vorschläge zur Reduzierung von Abwässern oder zur Erweiterung öffentlicher Verkehrsmittel sind nicht utopisch. Auch kann Utopia nicht auf einen psychischen Impuls, einen Traum, eine Fantasie, eine Projektion, ein Verlangen oder einen Wunsch reduziert werden, obwohl diese seine Erschaffung oder Entdeckung untermauern könnten. Und Utopia bedeutet auch nicht die Suche nach dem perfekten Leben, obwohl es immer noch häufig mit diesem verwechselt wird. Vollkommenheit ist im Grunde genommen ein theologisches Konzept, das,

Lucas Cranach der Ältere, *Das Goldene Zeitalter,* ca. 1530. Diese Darstellung erweitert traditionelle Ansichten des Goldenen Zeitalters, indem es die Nacktheit nutzt, um Frieden und Gelassenheit in einer natürlichen Umgebung zu symbolisieren.

Bild von den elegant gekleideten Adam und Eva aus dem *Manafi' al-Hayawan* oder *„The Usefulness of Animals"*, Maragh, mongolischer Iran, 1294–99. Bei der islamischen Darstellung des ersten Mannes und der ersten Frau gibt es keine Erbsünde. Nachdem sie ihr Fehlverhalten bereut haben, wird ihnen verziehen.

obwohl es historisch mit dem Utopismus verbunden ist, einen Zustand definiert, der für Sterbliche unmöglich in ihrem Leben zu erreichen ist.[5] Tatsächlich ist Utopia oft erreicht oder entdeckt worden – und genauso oft wieder verloren gegangen. Zu vielen Zeiten unserer Geschichte wurden utopische Visionen früherer Zeiten realisiert. Und für einige ist jede Gegenwart immer ein vergangenes Utopia. Doch jede Verwirklichung alter Utopien enthielt zugleich auch Fehlbarkeit, Versagen, die Abwesenheit der Vollkommenheit.

Es ist deshalb eine Herausforderung, eine geeignete Definition von Utopia zu präsentieren. Die Breite des Genres ist verwirrend groß und umfasst positive Ideale von sehr fortschrittlichen Gesellschaften, ihre negativen satirischen Gegensätze, manchmal als Antiutopien oder Dystopien bezeichnet, verschiedene Mythen des Paradieses, Goldene Zeitalter und „glückliche Inseln", Darstellungen von Naturvölkern, Robinsonaden oder Schiffsuntergänge, imaginäre Reisen zum Mond und zu anderen Orten im Weltraum, geplante Verfassungen, Musterstädte und verschiedene andere Visionen eines besseren Lebens. Diese Liste ist keineswegs vollständig, aber sie zwingt uns dazu, die Verwendung des Begriffes Utopia einzuschränken, um zu vermeiden, dass er jede Bedeutung verliert.

Dies kann geschehen, indem berücksichtigt wird, dass uns mit Thomas Morus' bahnbrechendem Text *Utopia* ein quasi realistischer Bericht einer bedeutend verbesserten Gesellschaft vorliegt. Die menschliche Natur ist hier keineswegs perfekt, denn Verbrechen existieren noch immer. Doch ein kollektivistischeres System von Gesetzen, Verhaltensweisen und gegenseitigem Einverständnis stellt ein bedeutend glücklicheres und besser geordnetes Gemeinwohl dar. Von dieser „realistischen" Definition aus, die anscheinend weniger Wert auf menschliche Fähigkeiten und Glaubwürdigkeit legt, können wir uns dann zu ausgedehnteren, träumerischen, wenn auch weniger wahrscheinlichen Szenarien begeben: Utopien von größerer Tugend, Ordnung und Vergnügungen, bis hin zu noch extremeren Fantasien und Projektionen, die nur wenig Ähnlichkeit mit jeder denkbaren Realität haben. Zu allen Zeiten und überall auf der Welt gab es diese Vielfalt an Möglichkeiten. Einige von ihnen versprechen jedoch das Wohlergehen für einige und den Schaden für andere. Auch die Entdeckung einer idealen Gesellschaft durch einen Eindringling – zum Beispiel einen Anthropologen, der ein Virus in sich trägt – bedroht oft die wahre Existenz dieser Gesellschaft ebenso wie das Aufkommen innerer Widersprüche aufgrund der eingeführten Normen oder

der grundlegenden Überzeugungen. Schnell kann es dann zu Unterdrückungen kommen. Dann werden Hexen auf dem Scheiterhaufen verbrannt und Aristokraten am Laternenpfahl aufgehängt. Die Entfernung zwischen Utopia und Dystopie kann zuweilen erschreckend kurz sein.

Zu Beginn ist zwischen den drei Hauptvarianten des utopischen Impulses zu unterscheiden. Die erste kann als statisch bezeichnet werden, im Gegensatz zu dynamischen Utopien: Einmal gebildet, versucht die ideale Gesellschaft konstant, die Reinheit ihrer Originalform zu bewahren, oder sie erkennt eine inhärente Tendenz in Richtung der historischen Entwicklung und konstruiert Mechanismen, um mit solchen Veränderungen umzugehen. Zweitens können wir asketische Utopien jenen gegenüberstellen, bei denen es um Befriedigung von Bedürfnissen geht. Alte und frühmoderne Utopien akzeptieren praktisch immer die unvermeidliche Knappheit von Waren und die absolute Knappheit der Ressourcen. Bedürfnisse werden auf diese Art einfach gebremst, und Luxusgesetze verbieten oder beschränken häufig die Verschwendung. Solche Utopien werden in der Frühmoderne und auch später entwickelt und weichen allmählich die Konzepte einer Überflussgesellschaft auf. Sowohl der Liberalismus als auch der Marxismus vertreten diesen Typ. Schließlich können wir hierarchische den egalitären Utopien gegenüberstellen. Viele alte und einige spätere Utopien, womit nicht Dystopien gemeint sind, sind hierarchisch gewesen und basierten auf dem Glauben an die unvermeidliche Ungleichheit der Menschen, mit einer ausgewählten Gruppe von Anführern, die ein Leben voller Privilegien und relativem Luxus genossen. Diese Ansicht, die sich zum Beispiel in Platons Werk *Der Staat* findet, steht im Gegensatz zu Morus' *Utopia*, wo alle Männer und Frauen entweder Landwirtschaft betreiben oder ein Handwerk ausüben. Die meisten modernen Utopien, ob nun mehr oder weniger primitiv, beinhalten ein substantielles Maß an Gleichheit. Das dominierende moderne utopische Ethos, verkörpert im Egalitarismus der Amerikanischen und der Französischen Revolution und durch die weitaus größere Betonung auf Gleichheit im Sozialismus, wird gleichsam durch diesen Begriff definiert. Das Zurückgehen religiöser Überzeugungen in der modernen Welt hat dazu geführt, dass die Gleichheit schon in diesem Leben erreicht werden und nicht auf ein Leben nach dem Tod verschoben werden soll. Schöpfungsmythen sind zu einem gewissen Grad von Zielmythen abgelöst worden. Das Streben nach Vollkommenheit wird zunehmend an das Leben nach dem Tod relegiert und, gelingt dies nicht, zeigt sich dadurch häufig eine Dystopie.

Der moderne Utopismus, auch wenn er sich weitestgehend nicht mit dem Leben nach dem Tod beschäftigt, bewahrt gleichwohl einige Verbindungen mit seiner mythologischen und theologischen Vorgeschichte. Aber

Geprägter vorderer Buchdeckel von Jules Vernes *Reise von der Erde zum Mond,* 1874. Die Erzählung berichtet von Männern nach dem amerikanischen Bürgerkrieg, die eine große Himmelskanone bauen. Beachtenswert sind die drei Kutschen – die „Erste", „Zweite" und „Dritte" Klasse.

er legt ein viel größeres Gewicht auf das menschliche Wirken in diesem Leben. In den Zeitaltern von Mythos und Religion hatten die Götter und die Naturgewalten die Kontrolle über die Menschheit.

Im Zeitalter von Utopia, wie es sich in den 500 Jahren herausgebildet hat, die seit Morus' *Utopia* vergangen sind, nimmt die Menschheit ihr Schicksal in die eigene Hand. Sie erkennt menschliche Unzulänglichkeiten und ver-sucht, sie innerhalb eines Systems von Regeln und Sitten einzubinden, das von der öffentlichen Meinung durchgesetzt worden ist. Menschen, nicht Götter, ordnen diese Bemühungen und definieren ihre eigenen Ordnungs-systeme. Diese Aufgabe ist leichter, wenn sie ihre Bedürfnisse reduzieren und in einem gemäßigten Klima leben: Hier blieb der Appell zum Primitiven, zu einem Leben „im Einklang mit der Natur", stark. Woanders ist Utopia durch einen konstanten Kampf mit einer weniger wohltuenden Umgebung gekennzeichnet. In jedem Fall ist Utopia letztlich definiert durch die Gren-zen der Menschheit selbst, obwohl diese immer das Thema großer Debatten gewesen sind. Und trotz der Unmöglichkeit, die Welt neu zu erschaffen, kann die Menschheit auch utopische Momente einer temporären Harmonie schaffen, genau wie die geplanten utopischen Orte der Harmonie im Welt-raum.

Die Suche nach der idealen Gesellschaft erfordert die Erforschung einer gewaltigen, dichten, verwirrenden Vielfalt von Terrains, bewohnt von ziemlich außergewöhnlichen Wesen. Wir treten vielen imaginären Krea-turen gegenüber, die ungewöhnliche Gebräuche haben und in fremden Gegenden angesiedelt sind, in Gegenden weit weg und jenseits von dem, was wir als alltägliche Realität empfinden. Wie wichtig ist es, wo Utopia in unserer Vorstellung liegt? Auf einer abgelegenen Insel? Auf dem Mond oder unter der Erde? In einer anderen Galaxis oder in einem versteckten und von nebligen Gipfeln umschlossenen Tal? Und wie kommen wir dahin? Indem wir über das Meer fahren? Oder mithilfe einer Rakete? Oder indem wir in ein Kaninchenloch fallen ...? Der fiktive Ort ist un-wesentlich, und unwichtig ist auch, ob wir uns Utopia erdichten. Was zählt, soweit es die Definition des engeren utopischen Genres betrifft, ist die Plausibilität dessen, was wir entdecken, sobald wir ankommen. Dies ist das, was Science-Fiction von Utopia unterscheidet, und in der Tat auch viele der Untergenres Utopias von Utopia selbst. Und das hilft uns zu vermeiden, Utopia auf ein psychologisches Prinzip, einen launenhaf-ten Wunsch oder ein „Prinzip Hoffnung" zu reduzieren und es von unseren Träumereien abzugrenzen, denn in einem Traum ist alles möglich. Solche Mutmaßungen bei unserer Suche nach Utopia führen oft zu Verwir-

Abbildung aus einer Veröffentlichung von 1832 der Sankt-Simonian-Gemeinschaft bei Ménilmontant, nahe Paris. Gegründet von Barthélemy Prosper Enfantin, gehörten zu dieser Gemeinschaft damals etwa fünfzig Personen. Es wurde der Kommunismus praktiziert und ein seltsames Kostüm getragen.

rung. Denn das gesuchte Ziel ist nicht Hoffnung, sondern eher die Realisierung dieser Hoffnung. Das Kriterium von Plausibilität hilft, den Begriff Utopia einzugrenzen und zu spezifizieren, über seine Realisierbarkeit nachzudenken und ihn damit von dem nur Imaginären oder völlig Unmöglichen zu trennen. Unterirdische Welten sind unglaubwürdig; eine nach kollektivistischen Prinzipien organisierte, aber nur fiktional unterirdisch verortete Gesellschaft ist es nicht unbedingt, auch wenn gewisse Details es durchaus sein können. Wir wählen einen dramatisch anderen *Topos* oder Standort, um einem erweiterten Ideal einer besseren Gesellschaft Glaubwürdigkeit zu verleihen. Aber wenn eine Projektion völlig unrealistisch ist, können wir jede Möglichkeit eines ermutigenden wirklichen sozialen Wandels umstürzen, denn Form und Inhalt haben hier eine symbiotische Beziehung zueinander. Das Unmögliche zu fordern ist nicht nur Frustration, sondern wirkt auch zerstörerisch auf tatsächlich mögliche Verbesserungen.

Utopia ist dann nicht die Domäne des Unmöglichen. In den Ländern des Mythos ist fast alles möglich. Und in der Religion, die durch die Sprache der Apokalypse, der Rettung und Emanzipation, des Letzten, des Endgültigen, des Perfekten, des Vollkommenen, der Gesamtheit, des Absoluten spricht, ist fast alles möglich. Aber Utopia erkundet den Raum zwischen dem Möglichen und dem Unmöglichen. Obwohl es zugegebenermaßen oft mit dem Wunsch nach Endgültigkeit, Absolutheit und Vollkommenheit in Verbindung gebracht worden ist, ist Utopia nichtsdestoweniger in diesem Sinn nicht „unmöglich", ja nicht einmal „nirgendwo". Es ist „irgendwo" in großen Teilen der Geschichte gewesen, noch bevor das Konzept selbst existierte. Es ist ein Ort, an dem wir gewesen sind und von dem wir manchmal flüchteten, wie auch ein noch unbekannter Ort, den wir aufsuchen wollen. Ohne ihn hätte die Menschheit nie weiter um eine Verbesserung ihres Lebens gekämpft. Es ist ein Polarstern, ein Führer, ein Bezugspunkt auf einer gemeinsamen Landkarte der ewigen Suche nach der Verbesserung des menschlichen Lebens. Beginnen wir daher jetzt mit der Reise.

Kapitel 1

Das klassische Zeitalter

Mythen, Goldene Zeitalter und ideale Verfassungen

Wie die Sehnsucht nach der eigenen Jugend haben viele Gesellschaften Schöpfungsmythen, die Hand in Hand mit der Vorstellung von einem vergangenen Goldenen Zeitalter voller Reinheit, Harmonie und Tugend gehen. In Griechenland lag diese Periode nach den Vorstellungen Homers tausend Jahre vor dem trojanischen Krieg, als die ersten Männer aus Gold gemacht wurden und vom Gott Kronos beherrscht wurden. Die Idee wurde unter anderen auch von Hesiod (*Werke und Tage*, um 700 v. Chr.) ausgeschmückt:

> „... sie lebten wie Götter mit sorgenfreiem Herzen, weit weg von Mühe und Elend. Das erbärmlich hohe Alter konnte ihnen nichts anhaben, mit untätigen Händen und Füßen ließen sie es sich gut gehen und starben im Schlaf. Alle guten Dinge waren ihre und die Korn gebende Erde trug ihre Früchte gemäß ihrer Bestimmung in unbegrenzter Menge, während sie in aller Ruhe inmitten des Überflusses ihre Felder ernteten."[1]

Zu dieser Zeit werden die Götter im Allgemeinen als wohlwollend und mit einer direkteren Beziehung zu den Sterblichen dargestellt, als das heute der Fall ist. Aber die Götter bestraften auch Menschen für das Nichteinhalten von Versprechungen oder Vereinbarungen. So schickte zum Beispiel Zeus in der griechischen Mythologie Pandora mit einem Gefäß von Plagen (darunter Krieg, Hungersnot und Sünde) zur Erde, die auf die Menschheit losgelassen wurden, weil Prometheus das Feuer vom Himmel gestohlen hatte.

Nach Hesiod war das Goldene Zeitalter beendet, als die Götter ein wenig impulsiv ein „minderwertiges silbernes Menschengeschlecht" erschufen. Nun wurde es kälter, und die Menschen mussten Ackerbau betreiben, um sich zu ernähren, und Schutz vor den Elementen suchen. Wenn sie es versäumten, die olympischen Götter adäquat zu ehren, wurden auch sie abgelöst – durch ein bronzenes Geschlecht. Dieses Zeitalter zeichnet sich durch zunehmende Feindseligkeit aus, aber ihm folgt ein „rechtschaffenes und stattliches" Geschlecht von Halbgöttern, von denen einigen nach dem Tod erlaubt wird, auf der „Insel der Seligen" zu verweilen. Danach kommt

Der Bildausschnitt dieser Darstellung im italienischen Stil von Thomas Barker mit dem Titel *Arkadische Landschaft mit Göttern* (ca. 1793) zeigt Herkules, gekleidet in hellem Gelb, und Olympus, der in einem Baum sitzt.

das fünfte oder das Eiserne Zeitalter, das von Krieg, Gier, dem Ende des Respekts vor den Eltern und der Verbreitung von Neid und Hass gezeichnet ist. Die Götter greifen konstant ein, um Boshaftigkeit zu bestrafen, und das Nachlassen des Guten gegenüber dem Übel definiert zunehmend das menschliche Verhalten. Das Proto-Utopia wird, einmal verloren, nie wieder zurückgewonnen, obwohl der Fehler zumindest teilweise der Laune der Götter entspringt.

Die römische Version des Goldenen Zeitalters wurde neben anderen von Catull, Horaz, Seneca und Ovid entwickelt. Auch sie stellt einen Zustand der Harmonie, des Überflusses und des Friedens dar, über den der Gott Saturn wachte. Der vielleicht berühmteste Bericht über dieses Zeitalter findet sich in Ovids *Metamorphosen* (8 n. Chr.) und beschreibt die allmähliche Korruption des Staates und das Auftauchen der Silber-, Bronze- und Eisenzeit. Um ihres Verlustes zu gedenken, erfanden die Römer ein Fest, die Saturnalien, in dem das Goldene Zeitalter zumindest einmal im Jahr (17.–23. Dezember) wieder erschaffen wurde. Den Sklaven wurde erlaubt, mit ihren Herren zu speisen und offen zu sprechen, manchmal wurden sie auch aufgefordert, erniedrigende Tätigkeiten auszuführen. Man vergnügte und amüsierte sich, und strenge Strafen wurden während dieses Festes ausgesetzt. Das Fest der Narren oder der Karneval des Mittelalters war eine Imitation der Saturnalien und feierte das Thema „der verkehrt herum gedrehten Welt".[2]

Dies kennzeichnet das erste Vorkommen von Utopia als eine (pseudo-) historische Erinnerung und Neuerschaffung.

Solche utopischen Momente sollten jedoch zunehmend seltener werden, und die meisten Ziele für eine wirkliche Verbesserung wurden auf das Leben nach dem Tod verschoben. Elysium, die elysischen Felder oder die „Inseln der Seligen" waren Bezeichnungen für das Land, in dem die Gesegneten in der Ewigkeit lebten. Wie es in Hesiods Schrift *Werke und Tage* und bei Homer und Pindar beschrieben wurde, stellen wir uns ein gesegnetes Land voller Schönheit und Überfluss vor, bevölkert von heldenhaften Menschen. Für Hesiod war der Hades das Haus der toten Seelen mit einem speziellen Verlies, Tartaros, für jene, die gegen die Götter rebellierten. Für Platon implizierte die Unsterblichkeit der Seele die Möglichkeit ewiger Strafe, obwohl er einräumte, dass die Seele sich im jetzigen Leben durch gute Taten verbessern und dadurch nach dem Tod Verdienste erlangen könne. In späte-

ren römischen Versionen (siehe besonders Vergils *Äneis*, 19 v. Chr.) wird das Versprechen von Gesundheit und das ewige Leben all jenen gewährt, die ihren moralischen Wert bewiesen haben, während die Unwürdigen mannigfaltige Folter erleiden müssen, wie es in der *Äneis* geschildert wird. Im griechischen Mythos befand sich das Elysium in den atlantischen Regionen oder nahe der Heimat; in Rom waren die gesegneten Felder ein Teil der Unterwelt, oder sie lagen in einem tiefen Tal. Andere Länder ließen ihre heiligen Orte auch von den Göttern bewohnen. Walhalla, die große Halle von Odin, dem obersten Gott der altnordischen Mythologie, ist der letzte Rastplatz der tapfersten Krieger; moralisch niedriger stehende Sterbliche werden hier zwar empfangen, aber dann an einen anderen Ort, nach Niflheim, gebracht, um dort die Ewigkeit zu verbringen.

Etwa im 8. Jahrhundert v. Chr. berichtete Homer in der *Odyssee* von der Existenz des Landes Aiaia irgendwo im Mittelmeer. Seine einzigen Einwohner waren die Zauberin Circe und ihre Dienerinnen. Die Besucher von Aiaia wurden oft in Wölfe, Löwen und Schweine verwandelt. Homer beschrieb auch Aiolio, die schwimmende Insel des Aiolos Hippotades, des Königs der Winde, dessen sechs Söhne und Töchter inzestuös lebten und einigen ausgewählten Besuchern eine Tasche voller böser Winde mitgaben. Wurde die Tasche geöffnet, behinderten die bösen Winde ihre Rückreise.

Homers Text erzählt auch von der Insel des Zyklopen, eines einäugigen Monsters, das Menschenfleisch verschlingt, und von den Inseln der Glückseligkeit, auf denen die Sterblichen begrüßt werden und die von glücklichen Geistern bewohnt werden; und im Land der Lotophagen ließ das Essen von

Dieses römische Fresko aus dem 3. Jahrhundert v. Chr. zeigt Merkur in den himmlischen Feldern, im griechisch-römischen Paradies vom Leben nach dem Tod, wo die Heldenhaften und Tugendhaften die Ewigkeit verbrachten. Die Übeltäter kamen in den Hades, die Unterwelt.

Lotosblumen alle Sorgen verschwinden und die Besucher verloren den
Wunsch, nach Hause zurückzukehren. In Lukians Bericht (2. Jahrhundert
v. Chr.) befindet sich die Insel der Gesegneten irgendwo im Atlantischen
Ozean und wird von körperlosen, ätherischen Wesen bewohnt, die in einer
aus Gold gemachten Hauptstadt leben, in der die Wände aus Smaragd sind
und die fertigen Brotlaibe aus den Weizenfeldern springen. Lukian beschrieb
auch Dionysos' Insel in derselben Region mit Flüssen von Wein und Wein-
stöcken, die dem oberen Teil eines Frauenkörpers ähnelten.

Atlantis war ein mächtiger alter Archetyp der idealisierten Gesellschaft
und wurde zuerst von Solon und Dionysius von Milet beschrieben. In dem
bekanntesten Bericht über Atlantis erzählt uns Platon, dass seit dem großen
Krieg zwischen Athen und den Königen von Atlantis neuntausend Jahre vergangen waren. Mit einer Größe von über 5800 Quadratmeilen befand sich
die Nation Atlantis irgendwo jenseits des Felsens von Gibraltar. Seine Macht
als wohlhabendes Imperium bedrohte sogar Ägypten und Griechenland, bis
es von einem großen Erdbeben zerstört wurde, das nur zwei Teile des Landes
unversehrt ließ. Seine Hauptstadt, Atlantis, rühmte sich großer Lagerhäuser
und starker Verteidigungsanlagen. Späteren literarischen Berichten zufolge
ermöglichte die Wissenschaft von Atlantis die Produktion künstlicher Speisen sowie Getränke und Telepathie erlaubte die Vorausplanung vergangener
Erinnerungen. Der Atlantismythos einer verloren gegangenen Insel oder

Apollonio di Giovannis außergewöhnliche Schilderung *Die
Abenteuer von Odysseus* (1435–45)
beschreibt in verschiedenen Episoden die Heimfahrt des Odysseus,
des Helden aus Homers Odyssee,
vom Schauplatz des Trojanischen
Krieges nach Ithaka. Im Vordergrund die Blendung des Zyklopen
Polyphem.

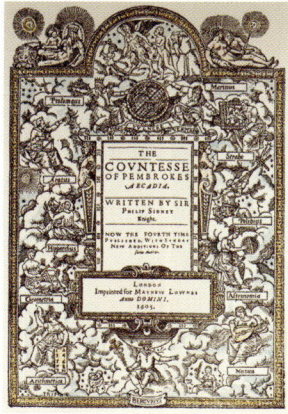

eines Kontinents hat sich als erstaunlich langlebig erwiesen und gibt einen erkennbar realistischen Begriff für eine Quelle des utopischen Ideals.[3]

Die Menschen des Altertums entwickelten auch verschiedene andere Motive, die durch die verschiedenen Zeitalter mit dem Utopismus verbunden wurden. *Die Vögel* (414 v. Chr.) von Aristophanes sind vielleicht die bekannteste frühe Farce oder Satire auf die imperialen Ambitionen Athens. Hierbei sind die Versuche, Sizilien zu kolonisieren, als Wolkenkuckucksheim dargestellt worden, als eine von Vögeln bewohnte Stadt im Himmel, in der Laster wie Feindseligkeit, Gewalttätigkeit und Ehrgeiz verbannt worden sind. Zu der epischen Reise, die ein Schlüsselmotiv im utopischen Denken werden sollte, gehört auch Vergils *Äneis*. Zur Reise des Äneas gehört ein Besuch des Hades, der Unterwelt, ebenso wie ein Aufenthalt im Elysium, dem Paradies der Helden.

Die nach einer Region auf der griechischen Halbinsel Peloponnes benannte Überlieferung von Arkadia, das berühmt für seine Friedfertigkeit war, geht zurück auf eine Form der idyllischen Literatur, die bereits im 4. Jahrhundert v. Chr. von griechischen Schriftstellern wie Theokrit eingeführt wurde. Dies wurde dann von römischen Autoren wie Ovid und Vergil fortgeführt und später als idealisiertes ländliches Idyll in den Arbeiten von Iacopo Sannazaro (*L'Arcadia*, 1501), Sir Philip Sidney (*The Countess of*

Prembroke's, 1590) und anderen neu erfunden. Verbunden mit Abbildungen des Goldenen Zeitalters wird diese Idylle in den nachfolgenden Zeiten immer wieder im Utopismus thematisiert. In der frühen Neuzeit wurde sie manchmal mit den Regierungszeiten einzelner Monarchen, zum Beispiel Elisabeth I., verbunden und häufig dramatisiert, wie in Shakespeares Komödie *Was ihr wollt* (ca. 1599), die in den Wäldern Arden spielte. Robin-Hood-artige Mythen von tugendhaften, in den Wäldern lebenden Bauern überschnitten sich mit den Bildern von arkadischer Tugend und Einfachheit, ein Gegensatz zu vornehmer Anmaßung und Heuchelei. Arkadische Visionen wurden, wie viele Formen von Mönchtum und Mystizismus, oft mit asketischen oder Bedürfnis leugnenden Idealen der moralischen Reinigung verbunden. Während einige Abbildungen des mittelalterlichen bäuerlichen Lebens für das Befriedigen von Bedürfnissen oder für Überfluss werben, wie im schlaraffenlandähnlichen Land von Cockaygne, wird die Abkehr von der städtischen Gesellschaft oft als Rückkehr zu einem ländlichen Primitivismus dargestellt, mit vereinfachten Moralwerten und Bedürfnissen.

Die Antike schuf auch eine Vielfalt von Verfassungen, die in späteren Zeiten als Ideal betrachtet wurden, vor allem hinsichtlich der sozialen und ökonomischen Stabilität, der Verteilung des Landes und der Güter, der Gesetze, Verhaltensweisen und sozialen Beziehungen. Diese sollten zur Zeit der Veröffentlichung von Thomas Morus' *Utopia* eine der unmittelbarsten Quellen für die „realistische" Ader im utopischen Denken werden.

Sparta, und bis zu einem gewissem Grad auch Kreta, sollte in späteren Zeiten ein Beispiel für die Verachtung von Luxus und einer intensiven Hin-

GEGENÜBER OBEN: Titelseite der dritten Auflage von *The Countess of Pembroke's Arcadia* von Sir Philip Sidney, 1598. Mit der Konzentration auf das Leben eines Schäfers idealisiert Sidneys Romanze die idyllischen, klassischen Abbildungen des Goldenen Zeitalters mit primitiven Themen.

GEGENÜBER UNTEN: Eines von vier Gemälden des holländischen Künstlers Pauwels Franck (auch Paolo Fiammingo genannt), *Die Leidenschaft* (ca. 1585–89), beschreibt erotische Aspekte des idyllischen Motivs und des mythischen Goldenen Zeitalters.

Lykurg (9. Jahrhundert v. Chr.)

Der möglicherweise mythische Gesetzgeber Lykurg, der ein Mitglied der spartanischen Königsfamilie gewesen sein soll, sorgte für die Verfassung und das Erziehungssystem des Stadtstaats. Alles, was wir von ihm wissen, stammt von Plutarch (1. Jahrhundert n. Chr.), der aber selbst schrieb, dass seine Quellen zweifelhaft sind. Es wird angenommen, dass Lykurg große Teile von Asien und Ägypten bereist und verschiedene Verfassungen und Herrschaftsformen studiert hat. Als er die Macht in Sparta erlangte, schuf er ein verfassungsmäßiges Gleichgewicht zwischen einer Gruppe von Königen und einem Senat sowie einer Volksversammlung, die die Macht besaß, zu ratifizieren oder zurückzuweisen, was auch immer König oder Senat vorschlugen. Ausgenommen davon war das Recht, Gesetze zu verabschieden. Lykurg ließ Geld, das durch das Abschaffen der Gold- und Silbermünzprägung wertlos geworden war, einschmelzen und griff auf Eisen zurück, das nirgendwo anders in Griechenland akzeptiert wurde. Sklaven wurden schlecht behandelt und es gab Reisebeschränkungen, um korrumpierende Einflüsse weniger tugendhafter Gesellschaften zu vermeiden.

Lykurg, der seine Frau schlägt.

gabe an das Gemeinwohl des Stadtstaates sein. Wie Plutarch berichtet, war Lykurg ein Reformer des 9. Jahrhunderts, der in Sparta ein System aus Monarchie und Senat schuf, in dem sich die Monarchie und die Volksversammlung im Gleichgewicht befanden und gemeinsam die Gesetze verabschiedeten. Um die Probleme von Armut und sozialer Ungleichheit in Sparta zu lösen, wurde Land fair und gerecht aufgeteilt. Einfachheit im persönlichen Bereich und in der Gestaltung des Haushalts wurde zur Norm. Es wurden gemeinsame Mahlzeiten eingeführt, sodass die Reichen, wenn sie verpflichtet wurden, mit den Armen zu speisen, „weder ihren Überfluss genießen noch ihrer Eitelkeit dadurch frönen konnten, dass sie ihn vorzeigten oder vorspielten"[4]. Es gab öffentliche Leibesübungen, bei denen die Teilnehmer manchmal auch nackt waren. Verheiratete Männer und Frauen schliefen getrennt, außer wenn sie miteinander verkehren wollten. Lykurg erlaubte Beziehungen zwischen Junggesellen und verheirateten Frauen mit älteren Ehemännern, aber keine anderen Formen des Ehebruchs. Kinder wurden nicht als „Eigentum ihrer Eltern, sondern der ganzen Gemeinschaft"[5] betrachtet. Jene, die als ungeeignet oder ungesund von Geburt an galten, wurden zum Sterben auf einen Berghang gebracht. Gemeinsam erzogen, schliefen die Kinder ab sieben Jahren in Schlafsälen, nackt und mit rasierten Köpfen, und wurden klimatischen Extrembedingungen ausgesetzt, um sie für die Notwendigkeiten des Soldatenlebens abzuhärten.

Plutarchs Beschreibung des Lebens in Sparta wurde zum Sinnbild für Tapferkeit und Selbstaufopferung und für das militarisierte Utopia (oder für

Edgar Degas, *Junge Spartaner* (ca. 1860). Lykurg ordnete an, dass spartanische Mädchen Ringwettkämpfe ausüben sollten. Hier wird dargestellt, wie sie die Jungen zum Kämpfen drängen. Es war üblich, dass die Teilnehmer nackt oder nur teilweise bekleidet waren.

eine Dystopie), wo die Individualität dem Gemeinwesen geopfert wird und kein Preis als zu hoch erachtet wird, um den Gehorsam gegenüber den Anforderungen des Staates sicherzustellen. Doch das Ziel von Lykurg bestand nicht darin, einen imperialen, militaristischen Staat zu schaffen, er wollte „aufgeschlossene, unabhängige und gemäßigte" Spartaner.[6] Die Beschreibung Plutarchs sollte im 18. Jahrhundert für Jean-Jacques Rousseau von entscheidender Bedeutung werden, ebenso für einige Sozialisten im 19. Jahrhundert.[7] Und auch die letzte geschlossene kommunistische Gesellschaft, Nordkorea, vertritt einige Aspekte dieser Tradition.

Platons Schriften *Der Staat* (ca. 370 v. Chr.) und *Die Gesetze* (ca. 360 v. Chr.) zeigen ebenfalls mehrere mögliche Modelle des utopischen Denkens, die sich in den folgenden Zeitaltern als sehr einflussreich erwiesen haben. Einer seiner zentralen Gedanken war, dass Reichtum, der in den Händen der herrschenden Klasse konzentriert war, korrumpiere. Im *Staat*, so erzählt Platon, schlug Sokrates vor, dass Herrscher sich dem Gemeinwohl annehmen und das Streben nach Reichtum vermeiden sollten. Als Ausgleich würden sie von der Bevölkerung unterstützt werden. Platon beschrieb auch rituelle Feste, in denen, wie in Sparta, sich die kräftigsten Männer und Frauen trafen. Ihre Kinder wurden, erneut wie in Sparta, gemeinsam aufgezogen und nach dem Ethos des Staatsdienstes unterrichtet.

Der Text empfiehlt die Herrschaft durch einen Philosophenkönig – dessen Liebe zur Weisheit ihn am besten für die Aufgabe qualifiziert – und erklärt, warum andere Regime, wie Oligarchien oder die Herrschaft der Reichen (Ti-

Platon (428/427–348/347 v. Chr.)

Der griechische Philosoph Platon war der Autor von *Der Staat* und vieler anderer Werke. Geboren in Athen, war er Schüler des größten Lehrers seiner Zeit, Sokrates, der dafür verurteilt wurde, die Moral der Jungen verdorben zu haben, und im Jahr 399 durch den Schierlingsbecher hingerichtet wurde. Danach verließ Platon Athen und reiste einige Jahre umher. Im Jahr 387 v. Chr. kehrte er nach Athen zurück und gründete in einem öffentlichen Olivenhain am Rand der Stadt seine Akademie. Seine bevorzugte Methode des Unterrichtens bestand im Dialog, wobei sein *Gastmahl und Phaidon* zu den bekanntesten Dialogen gehören. In *Timäus* und *Kritias* präsentierte er einen wichtigen Bericht über das frühere große Imperium von Atlantis. Im *Staat* entwickelte er unter anderem zwei Ideen, die überall in der anschließenden utopischen Tradition zutiefst einflussreich bleiben sollten: ein Plädoyer für eine kluge Herrschaft durch einen Philosophenkönig und die Aufrechterhaltung einer herrschenden Wächterkaste, die sowohl die Waren als auch die Frauen gemeinsam besaß. Platon war des Weiteren für seine Theorie berühmt, dass die Realität nur durch reine „Formen" oder Ideen erfahrbar sei, nur dem Verstand zugänglich, während materielle Dinge nur reine Spiegelungen dieser Formen seien.

Platons Akademie

Landkarte der europäischen Provinzen des Römischen Reichs nach Augustus aus dem *Historical Atlas* von William R. Shepherd, 1911. Das Römische Reich war das größte in der Antike und führte ein paradigmatisches Ideal der Auferlegung von Ordnung und Zivilisation für barbarische Völker ein.

mokratie) oder des Militärs, ebenso die Demokratie oder die Despotie durch beliebte Demagogen, dazu verdammt sind, zu scheitern. In seiner *Politik* weist Aristoteles Platons „Kommunismus" insbesondere in Bezug auf den gemeinsamen Besitz von Ehefrauen und Kindern zurück und behauptet, dass sich aus dieser Praxis keine größere Einigkeit ergebe. Er sprach sich weiterhin für den privaten Besitz, aber gemeinsamen Gebrauch von Waren und das Vertrauen in die Erziehung aus, um einen realistischen Sinn für die Einheit zu schaffen.

Rom wurde natürlich das größte Imperium der Antike. Wie spätere imperiale Eroberer (und Morus' fiktive Utopisten) hielt es die Durchsetzung seiner Gesetze, Gebräuche und Ordnung für die größtmögliche Gunst, die man den Barbaren erweisen konnte. Einige Römer, wie beispielsweise Seneca, glaubten an einen ursprünglichen, natürlichen Zustand menschlicher Gleichheit, obwohl sie die Entwicklung zu einer kontrollierten und zivilisierten Gesellschaft für unausweichlich hielten.

Fresko im Tempel des Bacchus in Pompeji, 79–55 v. Chr., das das Leben auf dem Nil in Ägypten mit Tempelgebäuden und spielenden Kindern zeigt. Pompeji hatte einen Tempel der ägyptischen Göttin Isis, die mit Mutterschaft, Zauberei und Fruchtbarkeit verbunden wurde, gewidmet. Solche Fresken verbanden auf diese Art mythische, religiöse und touristische Themen.

Viele römische Auffassungen der frühesten Zeiten, wie sie von Schriftstellern wie Lukrez formuliert wurden, spielten die ursprünglichen Vorzüge herunter und lobten stattdessen die auf Ordnung basierende Zivilisation. Kultureller Primitivismus war hier keine utopische Option, obwohl die Römer idyllische und andere Rückzugsgebiete aus ihrem zunehmend urbanisierten Leben hatten. Sie dekorierten ihre Wände häufig mit Zeichen aus vergangenen prachtvollen Zeiten. In Pompeji zeigten diese zum Beispiel oft ägyptische Themen. Aber die Römer tendierten dazu, ihre Verfassung für die beste zu halten. Spätere Generationen, zumindest nach Edward Gibbon im 18. Jahrhundert, gelangten zu der Auffassung, dass Gier, Stolz, Luxus, Ehrgeiz, die zu große Ausdehnung der Macht und der Verlust der öffentlichen Tugend zu den Gründen für Roms Niedergang zu zählen seien. Ein Gespür für den Niedergang seines Goldenen Zeitalters – oft mit der Herrschaft des ersten römischen Kaisers, Augustus (27 v. Chr.–14 n. Chr.) in Verbindung gebracht – entstand. Es wurde jedoch nicht durch die Willkür der Götter verursacht, sondern durch den aufkommenden Widerwillen, sich für das Land zu opfern; für Autoren wie Seneca besteht die Ursache besonders im Luxus. Dementsprechend sollten Darstellungen der kriegerischen Germanen, die aufgrund ihrer Widerstandskraft erfolgreich waren, auch in der späteren römischen Geschichte, vor allem bei Tacitus, auftauchen. Später sollten vor allem die Mongolen ein noch größeres Ansehen erreichen und eine ähnliche moralische Lektion nahelegen.

Kapitel 2

Christliche Archetypen

Himmel und Hölle, Millennium und Apokalypse

Der westliche Utopismus ist sowohl im Christentum als auch im klassischen Denken fest verwurzelt. Das Christentum beruht im Wesentlichen auf zwei Vorstellungen: auf Eden, dem Geburtsort des Menschengeschlechts, und dem Himmel, dem letzten Bestimmungsort für seine Anhänger. Der berühmteste christliche Utopist war natürlich Jesus Christus. Die Möglichkeit seiner Rückkehr auf die Erde hat seine Anhänger in allen folgenden Epochen fasziniert und den Weg für viele Formen des endzeitlichen Glaubens sowie nach der Jahrtausendwende auch für das Ideal eines säkularen Fortschritts bereitet. Die Hölle dagegen, in die man durch böse Taten oder auch nur durch böse Gedanken kam, hat viele spätere Dystopien inspiriert. Zudem hat die Möglichkeit, eine nahezu vollkommene oder sogar ganz vollkommene Tugend in diesem Leben zu erreichen, viele christliche Ketzereien bestärkt, insbesondere sind hier verschiedene Formen des Antinomismus oder der Glaube an einen „freien Geist" oder eine vollständige Erlösung von der Sünde zu nennen.[1] Durch die Unterdrückung derartiger Häresien, vor allem durch die katholische Inquisition, wurde die Folter zur Durchsetzung tugendhaften Verhaltens lange vor der Epoche der Revolutionen angewendet und die Hölle eng mit diesem Leben verbunden. Die christliche Vorstellung von Eden stammt teilweise von früheren babylonischen, persischen und anderen Konzepten des Paradieses (das Wort „edin" ist sumerisch für „Ebene"; der entsprechende hebräische Ausdruck lässt sich als „Wohlgefallen" übersetzen). Eden wurde oft als idyllische Gartenoase von Hirtenvölkern betrachtet, in der es Wasser, Grün und reichlich Nahrung gab – im Gegensatz zur Unfruchtbarkeit einer Wüstenlandschaft. Das sich daran anschließende Ideal des bukolischen Gartens oder eines ländlichen oder idyllischen Zufluchtsortes sollte danach ein dominierendes Thema des utopischen Denkens werden. Wie in dem Sprichwort „Gott machte das Land, der Mensch die Stadt" kann das Land als Ort der Tugend, die Stadt dagegen als Stätte der Sünden betrachtet werden. Wie in dem Gemälde *Der Garten der Lüste* (1503–04) von Hieronymus Bosch gezeigt, wird Eden, ein üppiger Garten mit Haus-tieren und vielen exotischen Tieren, von dem nackten Adam (hebräisch „adamah" = „Erde") und Eva bewohnt.

Jesus Christus (ca. 4 v. Chr. – ca. 30 n. Chr.)

Der jüdische Sektierer und Begründer des späteren Christentums wurde als Sohn eines Zimmermanns in Bethlehem geboren, das damals in dem von Rom besetzten Judäa lag. Er sollte der einflussreichste Religionsführer aller Zeiten werden. Während über viele Aspekte in Jesus' Leben wenig bekannt ist – und es nach wie vor Spekulationen gibt, dass er die Kreuzigung überlebte und im hohen Alter in Indien starb –, sind wesentliche Punkte seiner Lehre der Gewaltlosigkeit und Wohltätigkeit überliefert worden, so beispielsweise in der Bergpredigt. Jesus zeigte sich als prophetischer Reformer innerhalb des Judentums, aber er war nur einer unter vielen Anwärtern auf die Rolle des jüdischen Messias oder des Gottessohnes. Sein angeblich göttlicher Status bleibt bis zum heutigen Tag ein Streitobjekt. Seine wichtigsten Anhänger fassten seine Lehren in einem Manifest oder Programm zusammen, durch das die neu gegründete Kirche durch die Konversion des römischen Kaisers Konstantin zum Christentum erhebliche Macht gewann. Weitere wichtige Entwicklungen waren danach die Trennung des Protestantismus vom Katholizismus im 16. Jahrhundert und die zunehmende Säkularisation vieler nominell christlicher Gesellschaften seit dem 18. Jahrhundert.

Die Auferstehung von Jesus

In Genesis 2,11 (entstanden etwa 1000 v. Chr.) wird berichtet, dass zur Hinterlassenschaft Gottes auch Gold gehöre. Im späteren Buch von Ezechiel (28,13) werden Gold und Edelsteine aufgezählt. In der Offenbarung des Johannes (22,1-2) gibt es Beschreibungen eines „Lebensbaumes" wie auch eines „reinen Flusses mit Lebenswasser". An dieser Stelle finden sich auch Hinweise, wie die Tugendhaften in das Paradies kommen können. Die Bibel stellt auf diese Weise sowohl tugendhafte Unschuld als auch Luxus als Endziele der ewigen menschlichen Wünsche da. Viele dieser Bilder wurden später ausgeschmückt, besonders durch römische Schriftsteller wie Irenäus von Lyon und Josephus.

In der Genesis wird beschrieben, wie Gott den ersten Mann, Adam, und dann die erste Frau, Eva, erschafft. Er gibt ihnen die Herrschaft über die Natur und das Versprechen unendlicher Fülle unter einer Bedingung: nicht vom Baum der Erkenntnis des Guten und Bösen zu essen. Doch dann erscheint der gefallene Engel Luzifer in Gestalt einer Schlange und verführt Eva dazu, einen Apfel vom verbotenen Baum zu essen. Er verspricht ihr, dass sie und Adam dann wie die „Götter [seien], die das Gute und das Böse kennen" (Genesis 3,5). Von da an wurden die Frauen häufig für die göttliche Strafe, die danach folgte, – die Vertreibung beider aus dem Paradies – verantwortlich gemacht und seither ist es das Schicksal der ganzen Menschheit, im Schweiß ihres Angesichts ihr Brot zu essen. Vergebung kann nur im Leben nach dem Tod erfolgen, am Tag des Jüngsten Gerichts. Die Erbsünde,

Das Bild *Adam und Eva* (1533) von Lucas Cranach dem Älteren beschreibt den verhängnisvollen Moment, als Eva Adam dazu verleitet, die verbotene Frucht vom Baum der Erkenntnis zu essen, die zur Vertreibung beider aus dem Garten Eden führte. Dieser Bericht ist die Grundlage für die christliche Vorstellung von der Erbsünde.

die oft nur mit der Sexualität verbunden wird, ist daher praktisch unvermeidbar.

Die Geschichte oder Allegorie ist voller Paradoxien. Warum sollte ein wohlwollender Gott die ersten Menschen einer solchen Versuchung aussetzen? Warum sollte ein allmächtiger Gott Luzifer nicht nur erlauben, zu entkommen, und ihn weiter existieren lassen, sondern ihm auch gestatten, als Schlange verkleidet die Menschen zu verführen, eine solche Sünde zu begehen? Man kann den Eindruck gewinnen, dass diese Elemente aus dramaturgischen Gründen Eingang in die Schilderung gefunden haben, ohne logische oder theologische Konsistenz, sowie aus moralischen Gründen, um der alles entscheidenden Frage des Ursprungs und des Fortbestands des Bösen in einem nominell monotheistischen – aber in Wirklichkeit dualistischen – System Genüge zu tun.

Neben Eden beschreibt die Bibel eine Vielfalt von idealisierten Orten, darunter Beulah (Jesaja 62,4-5), wo die Menschen in einer symbolischen Umarmung des religiösen Dogmas analog zum Vorgang der Taufe mit Gott „verheiratet" werden. Die Antithese von Gut und Böse ist in den urbanen Vorstellungen von Jerusalem und Babylon, der Stadt Gottes und der Stadt des Menschen, der Helligkeit und der Dunkelheit, den Tugenden des Geistes und den Sünden des Fleisches, dargestellt. Der Turm von Babel (Genesis 11,1-9) sollte bis „zum Himmel reichen", er ist ein nachdrückliches Bild der Torheit und der Ambitionen der Menschheit. Alle Menschen sprachen zu jener Zeit eine einzige Sprache, aber als Strafe für ihre Anmaßung, einen Turm zu bauen, der bis in den Himmel reichen sollte, „verwirrte" Gott ihre Sprachen, sodass sie sich untereinander nicht mehr verständigen konnten.

Als Strafe für irdische Sünden wird in der Bibel auch die Sintflut dargestellt, die nur Noah und seine Familie überleben – es gibt übrigens Mythen

Stadtplan von Jerusalem von Franz Hogenberg, ca. 1590. Die berühmte „Stadt auf einem Hügel" ist Christen, Moslems und Juden heilig und liefert die Grundlage für das Bild eines „Neuen Jerusalem" oder der perfekten Stadt, wo – wie im Buch der Offenbarung beschrieben – die Tugendhaften in Ewigkeit mit Gott zusammenleben.

Eine der berühmtesten Abbildungen für die menschliche Neigung zu Dummheit und Anmaßung ist der *Turm von Babel*, hier gemalt von Lucas van Valckenborgh (1594). Er zeigt, wie die Menschen, die eine einzige Sprache sprechen und in einem Turm leben, der bis an den Himmel reicht, zerstreut werden und ihnen eine Sprachverwirrung auferlegt wird.

anderer Fluten, unter anderem ein griechisches Pendant; in einigen von diesen Überlieferungen ist die Flut ebenfalls eine göttliche Strafe für menschliches Fehlverhalten. Noch wichtiger ist der Umstand, dass im letzten Buch des Neuen Testaments, der Offenbarung des Johannes (ca. 90 n. Chr.), die Vorstellung des Alten Testaments von der Apokalypse oder dem Ende der Zeiten heraufbeschworen wird. Dies geschieht bei der Wiederkehr Christi: Auch hier wird die Welt von Fluten, Erdbeben und anderem Unheil heimgesucht. Die Guten bereiten sich auf die Erlösung vor und die Bösen erwarten ewige Qualen. Es gelingt Gott, Satan zurückzuhalten, aber das Versprechen eines Neuen Jerusalem, in dem der Lebensbaum aus Gottes Thron erwächst, wird durch die Drohung mit einem tausendjährigen Konflikt zwischen Gut und Böse verzögert. Dann, zumindest bei Johannes, wird die Stadt Gottes (in Form eines Würfels mit einer Seitenlänge von 2415 km) die neue Heimat für die auferstandenen Toten nach dem Jüngsten Gericht. In ihrem Zentrum nahe dem Fluss und dem Lebensbaum befindet sich der Thron Gottes und Christus'. Eine Variante dieses Bildes sollte das Modell für viele spätere ideale Städte sein.

Eden bleibt der größte christliche Mythos und die Quelle großer Teile der westlichen utopischen Tradition. Es wird in erster Linie von Beschreibungen des Lebens nach dem Tod ergänzt, die im Christentum einhergehen mit Vorstellungen vom Himmel und von der Hölle.

In einer vom Judentum, dem Zarathustrismus und anderen Quellen übernommenen Vorstellung, die auch Eingang ins Alte Testament fand, war der Himmel zunächst eng mit dem Garten Eden verbunden. Er wurde dann zunehmend als die heilige Residenz Gottes irgendwo über der Welt verstanden. Während der Garten Eden einen mehr oder weniger genauen und irdischen Standort hatte, ist vom Himmel auch angenommen worden, eher ein metaphysischer denn ein wirklicher Zustand zu sein und ein geistlicher Ort für die Einheit der Menschenseele mit dem Göttlichen.[2]

Im Neuen Testament wird der Himmel normalerweise als Licht hoch über der Erde dargestellt, in dem Gott selbst wohnt und Jesus Christus üblicherweise auf einem Thron an Gottes rechter Seite sitzt. Anwesend sind auch der Erzengel Gabriel und eine Vielzahl von Engeln, Seraphim und Heiligen – von denen manche, wie der heilige Petrus, der Pförtner, wichtige bürokratische Funktionen haben – neben einer ständig wachsenden Menge von normalen tugendhaften Sterblichen. Die konfessionellen Ansichten unterscheiden sich erheblich bezüglich der Frage, wer in den Himmel kommen solle, aber fast jede Version des Himmels schließt nicht nur Ungläubige und Ketzer, sondern auch diejenigen aus, die bestimmte Dogmen ablehnen. Die Mormonen allerdings sind der Ansicht, dass letztlich alle Menschen gerettet werden, auch die Heiden.

Das Problem, wie man sich in der Ewigkeit beschäftigen kann, war für das Christentum oft lästig: Aufgrund der vielen im Leben nach dem Tod verbotenen verführerischen Laster ist die profane Unterhaltung auf ein Minimum reduziert. Der Himmel wird im Allgemeinen oft mit reichlich Harfenspiel dargestellt, vermutlich um das konstante „Halleluja"-Singen zu begleiten. Doch er ist auf vielfältige Weise betrachtet worden. Ein französischer Theologe des 17. Jahrhunderts, François Arnoux, stellte sich den Himmel als einen „Louvre der Gesegneten" vor, „wo das Lachen nie aufhört".[3] Ein komplexer himmlischer Plan, wie jener des Mystikers Emanuel Swedenborg aus dem 18. Jahrhundert, erlaubte eine große Vielfalt von Interaktionen. In der Renaissance gab es dann einige deutlich lebhaftere Vorstellungen von der Zeit im Paradies. Es war ein Ort, an dem es Freundschaften gab, ein bukolischer Ort, geschmückt mit Pflanzen und Tieren, in dem sogar die erotische Liebe ihren Platz hatte. Das Mormonentum folgte hier weiter seinen polygamen Vorstellungen und übertrug diese Institution auf das Leben nach dem Tod, sodass Nachkommen bis zum Ende der Zeit reproduziert würden. Puritanische Visionen des Himmels dagegen verbannten insbesondere jede Form von Untätigkeit. Einige stellten sich ein Paradies vor, in dem gemeinsamer Sport obligatorisch ist. Aber natürlich ist dies alles relativ – nach einem Leben, das kurz, stumpfsinnig und übel gewesen ist, können sogar endlose Hymnen und Gymnastik vor einem Fernseher ihre Anziehungskraft haben.

Die zentrale Tafel von Hans Memlings Triptychon *Das Jüngste Gericht* (1467–71) zeigt Jesus, der zu Gericht sitzt, und den Erzengel Michael, der die verworfenen Seelen in die Hölle schickt. Nach katholischer Überzeugung werden gute Seelen und ihre Körper im Himmel wiedervereint, während die schlechten in die Hölle fahren.

Sowohl den Himmel als auch die Hölle hat man sich zu allen Zeiten als organisiert und strukturiert (nach der jeweiligen Mode) vorgestellt. Die himmlische Hierarchie bestand, so jedenfalls im Mittelalter – die Berichte variieren –, aus drei Sphären von Engeln: Seraphim, Cherubim und Thronengel, Herrschaft, Tugend und Macht (die Wächter der Geschichte – in einem Bericht ist Satan ihr Chef) und Fürstentümer, Erzengel und Engel. Cherubim haben vier mit Augen bedeckte Flügel und die Füße von Ochsen;

Detail von Giottos Fresko *Das Jüngste Gericht* in der Arena-Kapelle in Padua, 1304–05. Oben sehen wir den Himmel mit Jesus im Zentrum, umgeben von Aposteln. Der untere Teil zeigt die Auserwählten, die in den Himmel kommen werden, und die Verdammten, die zur Hölle verurteilt sind. Die Erzengel Michael und Raphael halten das Kreuz in der Mitte.

neben anderen Aufgaben beschützen sie den Lebensbaum. Unterstützt werden sie von beryllfarbigen, radförmigen Ophanim, die Hunderte von Augen haben.[4] Erzengel beschützen einzelne Nationen: Michael, zum Beispiel, schützt Israel. Seraphim rufen unablässig: „Heilig, heilig, heilig ist der Herr der Heerscharen. Die ganze Erde ist erfüllt von seiner Heiligkeit", was die ermüdendste Aufgabe von allen sein muss.

In der Hölle sind die Dinge etwas anders. Im Gegensatz zu der babylonischen Unterwelt, die insofern moralisch neutral war, als sie alle Toten aufnahm, wird die christliche Hölle nur von Übeltätern und ihren Folterern bevölkert. Die Gottlosen rösten in unlöschbarem Feuer und in Schwefel – ihre Körper, behauptete Augustinus, würden nur durch göttliche, wundersame Fürsprache vor der Zerstörung gerettet. Aber es gibt auch vieles zu tun. Satan hat in der Hölle eine Vielzahl anderer gefallener Engel als Helfer, die besonders von John Milton in *Paradise Lost* (1667) aufgezählt worden sind.

In diesem Bericht über den Aufstand der Engel erleben wir die ersten Spuren der Dystopie. Ein Drittel der Engel, angeführt von Satan, meutert gegen Gott, führt einen gewaltigen Krieg und wird ausgewiesen. Unter diesen rebellischen Engeln befindet sich auch Mammon, vielleicht die erste Schreckensvision oder der Beweis des Wurms im ursprünglichen metaphorischen Apfel. Er ist bei Milton sogar im Paradies immer „nach unten gebogen / die Reichtümer der Straßen des Himmels, zertretenes Gold / als göttlich oder heilig genossen / in glückseliger Vision".[5]

Nicht alle aber hatten Angst vor einer Zukunft, die ihnen Feuer und Schwefel bringen würde. Die Erwartung, dass göttliche Fürsprache die Erde himmlisch machen würde, sollte eine wichtige Überzeugung im Christentum werden. Die meisten Millenaristen folgten den in der Offenbarung 20,4-6 festgelegten Voraussagen, wo ein zweites Kommen Christi eine tausendjährige Herrschaft ankündigt, nach der der Tag des Jüngsten Gerichts kommen wird. Unter diesen gab es die Prämillenaristen, die glaubten, dass Christus vor dieser Periode erscheine, während die Postmillenaristen ein vorausgehendes Goldenes Zeitalter erwarteten, bevor das Neue Jerusalem an

Pieter Brueghel der Ältere, *Sturz der gefallenen Engel*, 1562. Hier ist der Erzengel Michael in einer goldenen Rüstung die Schlüsselfigur. Er ist von rebellischen Engeln und kämpfenden Tieren wie dem siebenköpfigen Drachen umgeben. Für einige stellt dieses Motiv den freien Willen dar, aber auch die Torheit von Engeln, die Gutes geschaffen haben, aber auch dem Bösen verfallen sind.

irgendeinem irdischen Ort gebaut werde. Derartige Sehnsüchte wurden vom 16. Jahrhundert an mit der Neuen Welt verbunden. Im 17. Jahrhundert verstärkten die Puritaner diese Vision noch einmal. Im 19. Jahrhundert waren für viele Menschen die jungen Vereinigten Staaten das erwählte Land Gottes, die „Stadt auf einem Hügel" oder das „Land der Erlösung", nicht nur für die Rechtschaffenen, sondern dafür bestimmt, auch alle anderen Nationen vor Ungerechtigkeiten zu retten, durch Kämpfe, die für einige bis zum heutigen Tag andauern und in der Tat nur mit dem Armageddon enden würden.[6] Viele der chiliastischen oder tausendjährigen Aspekte der christlichen Doktrin sollten über die Jahrhunderte der mittelalterlichen und frühen modernen Epochen immer wieder bis in die moderne Zeit hinein auftauchen. Beeinflusst von der jüdischen apokalyptischen Tradition, die das biblische Buch Daniel erwähnt, vertraten einige christliche Sekten wie die mittelalterlichen Katharer oder die Neomanichäer andere Theorien, nach denen die zunehmend böse Welt schließlich zu Fall gebracht werde. Es gäbe dann einen frommen Staat, in dem Heilige und Auserwählte eine Zeitlang herrschen dürften, bis der Antichrist (der Mann der Sünde) besiegt sei und der Messias erscheine.

Die Vorstellung vom Königreich der Heiligen hat so viele Parallelen zu Utopia, dass sie oft miteinander vermischt werden. In den Schriften des Mönches Joachim von Fiore aus dem 14. Jahrhundert sind die Suche nach einem irdischen und einem himmlischen Paradies eng miteinander verbunden und es wird ein nahe bevorstehendes „Drittes Zeitalter der Humanität" postuliert, das erfüllt ist mit dem Heiligen Geist. Während der Reformation sollte besonders Thomas Münzer behaupten, dass er vom göttlichen Willen durchdrungen sei. Für die Propheten des englischen Bauernaufstandes im 14. Jahrhundert, John Wycliffe und John Ball, und die Anstifter der Hussitenrebellion im 15. Jahrhundert, waren die Armen, befreit von den Lastern der Habgier und des Luxus, die neuen Heiligen und Auserwählten – ein Thema, das Karl Marx drei Jahrhunderte später aufnahm. Mit dem Begriff Millenarismus könnte man auch viele große Momente der Englischen Revolution im 17. Jahrhundert bezeichnen. Sowohl während der Revolution als auch unter der Herrschaft des Lord Protector Oliver Cromwell gab es zahlreiche Sekten mit egalitären und manchmal auch prokommunistischen Idealen wie bei den Wiedertäufern. Die „Männer der fünften Monarchie", einer extrem puritanischen Sekte, glaubten, dass Christus persönlich zurückkehren werde, um über die Welt zu herrschen und das mosaische Gesetz wieder einzusetzen. Gerrard Winstanleys Gruppe, die Diggers (Buddler), planten eine Gemeinschaft, die jener ähnelte, die vor dem Sündenfall existiert hatte. Sie kultivierten unbebautes Land in Surrey, um „rechtschaffen zu arbeiten und die Grundlage dafür zu legen, die Erde zu einem gemeinsamen Schatz aller zu machen, sowohl reich als auch arm",[7] bis sie unsanft vertrieben wurden. Winstanley glaubte, dass die kommende Schlacht „zwischen den zwei Mächten ausgefochten werde: auf der einen Seite Eigentum, Teufel oder Begierde genannt, und auf der anderen Seite Gemeinschaft, als Christus oder allumfassende Liebe bezeichnet".[8] Winstanley war der Autor einer wichtigen Utopie im Commonwealth, *The Law of Freedom in a Platform: or, True Magistracy Restored* (1652), die Vorschläge zur Verstaatlichung von königlichen, kirchlichen, gemeinschaftlichen oder brachliegenden Ländern enthielt. Es sollte verboten werden, Arbeitskraft zu kaufen oder zu verkaufen und stattdessen eine Arbeitspflicht für alle eingeführt werden.

Andere Gruppen wie die Ranters (oder Kanzelpauker) glaubten, dass die göttliche Eingebung einige Menschen von der Erbsünde befreie und ihnen dadurch eine antinomische Handlungsfreiheit in einem Stadium der Gnade gewährt sei. Als Freigeister oder, wie Norman Cohn sie bezeichnet, als „eine Elite von amoralischen Übermenschen" – die Vorgänger von de Sade, Stirner und Nietzsche, den utopischen Egotisten –,[9] erklärten sie sich selbst als von den Fesseln der irdischen Moral befreit, weshalb ihnen alles erlaubt sei. Einige Gruppen wie die Quäker, angeführt von George Fox, pochten auf Egalitarismus, die Schlichtheit von Kleidung und Sprache und einen starken kommunitaristischen Kurs. Ihr erbitterter Widerstand gegen den Krieg sollte

Thomas Münzer (ca. 1490–1525)

Der deutsche Prediger und Millenarist Thomas Münzer war ein Sozialrevolutionär der frühen Reformationszeit. Er tauchte als radikaler Führer im Bauernkrieg des frühen 16. Jahrhunderts auf und war eng mit der ketzerischen Wiedertäuferbewegung verbunden. Biographische Details über sein frühes Leben sind rar und von den Vorurteilen seiner Feinde geprägt. Es wird angenommen, dass er im Jahr 1490 oder 1493 in Stolberg im Harz (heute Sachsen-Anhalt) geboren wurde. Er erlangte einen Doktorgrad, arbeitete eine Zeit lang als Lehrer und tauchte dann 1520, von Martin Luther empfohlen, als Prediger in Zwickau auf. Hier bekam er Kontakt zu einer Gruppe von Weberwandergesellen und unterstützte sie bei ihrem Kampf gegen reiche Priester und deren Förderer. Nachdem der Aufstand niedergeschlagen worden war, flüchtete er nach Prag und ließ sich schließlich in Sachsen nieder. Zunehmend radikal in seinen Überzeugungen und inzwischen völlig im Hader mit Luther, war er im Jahr 1524 einer der Führer bei einer Reihe von Aufständen, die als Bauernkriege bekannt wurden: Bei Mühlhausen im Jahr 1525 führte seine Beteiligung zur Auflösung des Stadtrats, der Beschlagnahmung von Kirchenbesitz und der Bildung einer egalitären Gemeinschaft. Doch der Aufstand wurde brutal unterdrückt und Münzer gefoltert und hingerichtet. Sein Bestreben stellte nichtsdestoweniger ein beeindruckendes Experiment im Sinne eines christlichen Kommunismus dar und beeinflusste Marx und andere Sozialisten.

ihr Verhalten in den kommenden Jahrhunderten entscheidend prägen. Die Quäker sollten in der modernen Zeit einige der bemerkenswertesten Vorschläge für den internationalen Frieden liefern, wozu auch die Pläne von William Penn für ein Europäisches Parlament zur Schlichtung von Konflikten gehören.

Die Vorstellung vom Teilen des Eigentums, normalerweise als Nachahmung von Christus und den Aposteln verstanden, hat viele solcher ketzerischen christlichen Sekten charakterisiert, so auch die Waldenser im Frankreich des 12. Jahrhunderts. Sie unterschieden zwischen den „Vollkommenen", die gemeinsames Eigentum und das Zölibat praktizierten, und den Novizen, die ein traditionelleres Leben führten. Die Taboriten im Böhmen des 15. Jahrhunderts und die Lollharden in Großbritannien verfolgten ähnliche Ideale. Die hussitische Sekte der Adamiten machte sich Nacktheit und die Gemeinsamkeit der Ehefrauen zu eigen. Zur Zeit der Reformation machten Thomas Münzer wie auch die Wiedertäufer, mit denen er verbunden war, eine Reihe von kühnen sozialen Experimenten, die blutig unterdrückt wurden. Bei vielen Sektierern Mitte und Ende des 17. Jahrhunderts – wie dem von Henry Niclaes gegründeten holländischen Kult „Familie der Liebe" – gab es eine Gemeinschaft der Güter. Dennoch hatten Anfang des 18. Jahrhunderts millenaristische und apokalyptische Ideen in der gehobenen Gesellschaft abgenommen, obwohl sie nie ganz verschwanden.

Kupferstich von François Morellon La Cave, der Adamiten in ihrem Gemeinschaftshaus zeigt. Ursprünglich eine afrikanische christliche Sekte aus dem 2. Jahrhundert, nannten die Adamiten ihre Kirche „Paradies". Sie pflegten die Nacktheit und lehnten die Ehe als unchristlich ab.

Das Christentum hatte auch immer den Wunsch, weniger extreme Formen der Tugend in diesem Leben zu praktizieren. Die berühmteste Darstellung von der idealen christlichen Gesellschaft in den frühen Jahrhunderten dieser Religion war Augustinus' Werk *Der Gottesstaat* (413–426). Augustinus schrieb vor dem Hintergrund des Niedergangs des Römischen Reiches und stellte die Übel des Menschenstaates, verkörpert durch Rom, den Tugenden eines Gottesstaates gegenüber. Bei Letzterem beschreibt er das Zurückgewinnen der Unschuld, der Harmonie und des Friedens von Eden. Dieses Bild hat zwei Funktionen: Es präsentiert eine idealisierte christliche Gemeinschaft von reiner Religion und praktischer Tugend, nach der ihre Anhänger streben können und die, im Ideal des Neuen Jerusalem, in diesem Leben geschaffen oder durch das Besiegen

Buchmalerei, die den heiligen Augustinus von Hippo zeigt, dessen Buch aus dem frühen 5. Jahrhundert, *Der Gottesstaat,* im Mittelalter sehr einflussreich war und einen starken Kontrast zwischen dem korrupten Leben der Menschheit, verkörpert vom Römischen Reich, und dem tugendhaften Zustand des Lebens nach dem Tod zeigt.

heidnischer Feinde wiedergewonnen werden könne. Auf der anderen Seite gebe es auch einen Sinn des Lebens, der nach dem Tag des Jüngsten Gerichts erwartet werden könne, wenn die Gläubigen ihre irdische Existenz beendet haben. Hier zeigt sich ein überall in der utopischen Tradition vorherrschender Dualismus, dargestellt auch durch Augustinus' Bezugnahme auf den Manichäismus: die Lehre von der Allgegenwart der zwei Prinzipien, Gut und Böse, wobei keines in der Lage ist, das andere zu dominieren. Manche haben dies als wesentlich für das christliche Dogma seit der Einführung des Teufels, Luzifers oder Satans, betrachtet.

Das Christentum hat sich mit verschiedenen Formen des heidnischen Mystizismus verbunden, etwa in der mittelalterlichen Legende und besonders in der Legende von Artus und der Suche nach dem Heiligen Gral – einem Becher oder einer Schale, die von Christus beim Abendmahl verwendet wurde und von der man glaubt, dass sie etwas von seinem Blut enthalte. Diese sollte im 16. Jahrhundert bei der Suche nach dem Jungbrunnen in der Neuen Welt wiederbelebt werden. Der Bereich des Übernatürlichen bleibt im Christentum bis zur Gegenwart eine utopische Dimension.

In der Renaissance und der Frühmoderne wurde die christliche Mythologie in einer Reihe von enorm eindrucksvollen und einflussreichen Texten neu formuliert. Drei der bekanntesten Autoren waren Dante, John Milton und John Bunyan. Dantes *Göttliche Komödie* (1320) berichtet von einem

Abstieg in eine von Verbrechern, Ketzern, Heiden und Atheisten bevölkerte Hölle. Von dort geht die Reise weiter zum Fegefeuer (wo für eine Vielzahl von Sünden gebüßt wird), über den Limbus (die Vorhölle), einen Ort, an dem die Ungetauften und andere wie beispielsweise Sokrates verweilen, bis zum Paradies, das von Gottes Auserwählten bewohnt wird – in erster Linie große Führer, Heilige und Engel.

Die berühmtesten literarischen Darstellungen des Verlustes des Garten Eden, Miltons *Das verlorene Paradies* (1667) und sein Nachfolger, *Das wiedergewonnene Paradies* (1671), beklagen den Bruch der innigen Verbindung zwischen der Seele und Gott als Folge von Evas Verführung durch Satan. Bunyans *Pilgerreise* (1678) gehört zu den bedeutendsten christlichen Allegorien für die Suche nach der Erlösung. Hierbei stellen zahlreiche Nöte den Glauben des Pilgers Christian auf seiner gefährlichen Reise auf die Probe. Aber schließlich triumphiert der Glaube, Christian erreicht das Land von Beulah und anschließend den Himmel, wo er vom Fluch der Erbsünde befreit wird. Das Paradies wird vorwiegend im Bild von der Himmlischen Stadt voller Straßen mit goldenen und blühenden Gärten beschrieben, die

den Lebensbaum beschützen und die aus Perlen und Edelsteinen gebaut sind.

Solch ein Szenario könnte man sich auch als ein von Gott bestimmtes Gelobtes Land vorstellen, das wenigen Auserwählten gewährt wird. Im Buch Exodus wurde den Juden ein solcher Ort von ihrem Gott Jahwe angeboten. Hier würden sie als Volk geeint werden, Friede und Überfluss würden herrschen und der Wolf würde bei dem Lamm verweilen… Nach anderen Berichten sollte ein Prophet seine Völker zu dieser heiligen Stätte der Erholung von weltlichen Sorgen führen. In den frühen Jahrhunderten des Christentums und besonders während der Kreuzzüge wurde diese Vorstellung vom Gelobten Land oft auf die Wiederbesiedlung des Heiligen Landes bezogen. Später gab es dann auch die Ansicht, dass das Neue Jerusalem sich an anderem Ort befinden könnte, zum Beispiel in der Neuen Welt oder in den Vereinigten Staaten. Auch die Gründung des Staates Israel wurde mit dieser Idee verbunden. Eine größere Sekte der Protestanten, die Mormonen, stellte diese Behauptung in Joseph Smith' Werk *Das Buch Mormon* (1830) auf. Das Buch basierte angeblich auf Offenbarungen des Engels Moroni aus dem Jahr 600 v. Chr. Sie wurden Smith 1823 noch einmal offenbart. Dies führte zur Gründung der „Kirche Jesu Christi der Heiligen der Letzten Tage", der führenden protestantischen Sekte in den Vereinigten Staaten. Die Zeugen Jehovas vertreten einen ähnlichen Millenarismus, wie auch eine Anzahl von nicht westlichen Gruppen wie der Cargo-Kult der Melanesier.

Titelbild von John Bunyans populärem Buch *Pilgerreise zur seligen Ewigkeit* (1678), in dem der Weg eines Pilgers von der sündigen Stadt der Zerstörung zur Erlösung in der Stadt Gottes erzählt wird.

Kapitel 3

Außereuropäische Visionen der idealen Gesellschaft

Nirgendwo, woanders

Es ist oft die Ansicht vertreten worden, dass Utopia vor allem eine westliche Tradition verkörpere, die auf europäisch-klassischem Gedankengut und der jüdisch-christlichen Religion beruht.[1] Doch vergleichende Studien über das Thema gibt es nur wenige, und sie sind weit davon entfernt, eine überzeugende Basis für eine derartige Verallgemeinerung zu liefern.[2] Man könnte behaupten, wenngleich dies eine Tautologie wäre, dass nur das christliche Europa eine utopische Tradition besitzt, weil es bedeutende Überlieferungen gibt, die, besonders in literarischer Form, zu einer intellektuellen Nische oder zu einem eigenen Genre geführt haben. Aus dieser Sicht führte Thomas Morus' *Utopia* den Utopismus ganz einfach dadurch ein, dass er mit diesem Werk die Vorgaben des Konzeptes definierte. Der Hinduismus wird im Allgemeinen so beschrieben, dass er keine „Träume von seligen Utopien" produziert.[3] Auch die Berücksichtigung eines chinesischen Utopismus scheint auf den ersten Blick auf einer schwächeren Grundlage zu stehen. Aber soweit ein universales, außereuropäisches Konzept von Utopia betrachtet wird, muss der Fokus in erster Linie auf jene relativ fortschrittlichen außereuropäischen Zivilisationen gerichtet sein, die weitreichende literarische Traditionen und eine komplexe politische Geschichte aufweisen. Primitive Gesellschaften benötigen das Konzept von Utopia weit weniger, weil sie schon die Voraussetzungen für eine geordnete, utopieähnliche Existenz besitzen.

Naturvölker leben, so könnte man sagen, in ihrem eigenen Goldenen Zeitalter, und es wäre für sie paradox, im Hinblick auf die Gegenwart Nostalgie zu empfinden. Ihr Land ist noch nicht von Aristokraten gestohlen oder von Schafen überlaufen worden. Ihre Priester und Väter sind noch nicht abgesetzt worden. Solche Gesellschaften haben in Bezug auf das Arrangement des gemeinschaftlichen Lebens, die Feste, Tänze, Rituale, religiöse Zeremonien, Prozessionen und Vorschriften erkennbar utopische Räume und Ereignisse. Die großen alten religiösen Denkmäler der Welt wie Stonehenge, Angkor Wat, die Osterinsel und die Akropolis erwecken noch heute diesen Eindruck vom heiligen Raum. Parallelen zu den römischen Saturnalien sind im Ainu-Fest des Bären und dem Holi-Fest (Frühlingsfest) der Hindus gefunden worden. Und es gibt viele andere Beispiele.

Die Konzepte der Urvölker von Zeit und Raum können auch eine gemeinschaftliche Vorstellung des Kosmos beinhalten. In ihrer „Traumzeit" zeigen die Ureinwohner Australiens eine nahtlose Verbindung zwischen der Schöpfung, der täglichen Existenz und dem Leben nach dem Tod, bei der die Toten weiterhin eine Führung über die Lebenden beibehalten. Menschen in solchen Gesellschaften leiden normalerweise viel weniger an Entfremdung und Isolierung von der Gruppe, und die patriarchalische Herrschaft der Ältesten hilft dabei, den Bräuchen zu gehorchen. Historiker im 17. und 18. Jahrhundert waren oft der Ansicht, dass die meisten Urgesellschaften eine Form des Gemeineigentums pflegten. Viele Schriftsteller späterer Zeiten wie Lewis Henry Morgan in *Ancient Society* (1877) beschrieben dann die allmähliche Entwicklung zur Vererbung von Land. Das gemeinsame Stammeseigentum ging zurück und es gab nach und nach überall Privateigentum von Häusern oder Land.[4] Ganz ähnlich sah das auch Karl Marx, als er die „asiatische Produktionsweise" als die erste größere Stufe hin zum Eigentum bezeichnete.[5] Im 16. Jahrhundert wurden solche Gesellschaften als Herz des utopischen Unternehmertums angesehen, und in diesem Sinn ist Utopia selbst aus einer nichteuropäischen Quelle entstanden.

Die meisten nichtchristlichen Berichte über die Ursprünge des Kosmos überschneiden sich mit Vorstellungen eines halb mythischen Goldenen Zeitalters oder einer idealen Vergangenheit. Verschiedene Quellen der Mythen der christlichen Schöpfungsgeschichte sind selbst „nichtwestlich" oder zumindest „vorwestlich" wie der sumerische Klassiker, das *Gilgamesch-Epos*, das die Erforschung der Unterwelt auf eine Weise erzählt, wie sie später von Homer, Ovid und anderen aufgegriffen wurde. Der klassische ägyptische Bericht über das Leben nach dem Tod, das *Buch der Toten* (etwa 1400 v. Chr.), beschreibt, wie der Geist des Verstorbenen durch die Unterwelt wandert, bis er vor Osiris, den Gott der Toten, gebracht wird, der über dessen Sünden richtet.

Variationen über den Himmel und die Hölle gibt es auch bei den altnordischen Völkern, bei den amerikanischen Ureinwohnern, in islamischen, hinduistischen und anderen Überlieferungen. Die meisten von ihnen stellen die Bewohner des Jenseits entweder selbst als Götter oder als Heldengestalten im Erdenleben dar, die ihre gerechte Belohnung verdient haben oder, demokratischer, als Menschen, deren moralische Werte ewige Glückseligkeit verdienen.

Buddha im Nirwana, Tibet, 18. Jahrhundert. Nirwana ist als Zustand des höchsten Glücks beschrieben worden, in dem die karmische Wiedergeburt überwunden worden und die einzelne Person frei von Begierde, Ärger und anderen Beeinträchtigungen ist.

Der Himmel befindet sich oft hoch über den Wolken, aber er kann auch unter dem Meeresspiegel liegen; die Hölle ist normalerweise unter der Erde. Amerikanische Ureinwohner stellen das Leben nach dem Tod typischerweise als ergiebige Jagdgebiete dar, aber manchmal werden auch die Auferstehung und die Neuerschaffung einer friedlichen Gemeinschaft auf Erden erwähnt. In der altnordischen Mythologie ist die prachtvolle Halle von Walhalla Heimstätte des Hauptgottes Odin und Rastplatz der toten Krieger; gewöhnliche Sterbliche wohnen an anderen himmlischen Orten, die durch den roten Bereich des Regenbogens von der Erde aus zugänglich sind. Im Hinduismus bleiben tugendhafte Seelen für immer in der Gesellschaft von Vishnu in einem himmlischen Staat unter den Sternen, nachdem sie das Nirwana, die Erleuchtung, erlangt haben.

Im Buddhismus existieren mehrere Formen des Lebens nach dem Tod, die eine Strafe für Übeltäter und einen Zustand des Glücks für die Tugendhaften beinhalten, zeitweise durch den Prozess der karmischen Wiedergeburt, die sich aus den letzten Taten ergibt, unterbrochen. In den niedrigeren Niveaus einiger buddhistischer Versionen des Himmels können fleischliche Begierden gestillt werden.

Der chinesische Taoismus beschreibt manchmal ein reines Land, in dem der Schmerz unbekannt ist. Bei diesem Glauben zeigt die Suche nach einem Gleichgewicht zwischen positiven und negativen Kräften, zwischen Yin und Yang, besonders durch praktizierte Tugend und Harmonie mit der Natur gewisse utopische Qualitäten. Im islamischen Paradies warten *Huris* oder anwesende Jungfrauen auf die Anweisungen des Helden, und den tugendhaften Toten ist die Auferstehung noch vor dem göttlichen Urteil erlaubt. Auch Satan existiert, als Iblis (Enttäuschter), im heiligen Buch des Islam, dem Koran. Aus dem Paradies vertrieben, versucht er Gläubige vom Weg der rechten Tugend abzubringen und sorgt in der Hölle für die andauernden Qualen der Verdammten, obwohl manchen von ihnen die Läuterung und der Eintritt ins Paradies erlaubt werden.[6] Im Koran gibt es eine Beschreibung des Paradieses als Garten, der in Teilen jenem der christlichen Bibel ähnelt. Hier gibt es unendlichen Reichtum von Gold, Perlen und Seide – ohne dass dafür gearbeitet werden muss –, gutes und reichhaltiges Essen ohne Ende und ewige Jugend sowie einen Tag des Gerichts und der Auferstehung der Toten.

In der keltischen Mythologie diente das Jenseits als Zwischenstadium vor der Wiedergeburt, während das Land des Lebens, Tír-na-nóg, eines der Reiche des Lebens nach dem Tod war. Hier wurde auch an jedem 31. Oktober, heute als Halloween oder Allerheiligen gefeiert, den Toten erlaubt, diejenigen heimzusuchen, die sie auf der Erde ungerecht behandelt hatten. In vielen Darstellungen des Lebens nach dem Tod wird die körperliche Verwesung, die dem Tod folgt, zum Zeitpunkt der Auferstehung rückgängig gemacht.

Es ist deshalb offensichtlich, dass es für alle utopischen Motive, die dem europäischen Heiden- und Christentum seine mythische Basis schaffen, eine Parallele in den nichtwestlichen Traditionen gibt. Die Behauptung, dass ein

Dieses bebilderte islamische Manuskript aus dem 16. Jahrhundert zeigt Engel, die Adam huldigen und dabei von Iblis beziehungsweise Shaytan, dem Teufel, beobachtet werden. Nach dem Koran wurde der Mensch aus Lehm, der Teufel aus „rauchfreiem Feuer" geschaffen.

Konfuzius (links) mit dem Taoisten Lao-Tse.

Konfuzius (551–479 v. Chr.)

Konfuzius ist der bekannteste der alten chinesischen Philosophen und Begründer des Systems, das als Konfuzianismus bekannt wurde. Er hat das chinesische Denken, die chinesische Gesellschaft und die chinesische Geschichte bis in unsere Tage geprägt. Konfuzius wurde als Kind einer armen Familie im Staat Lu (heute die Provinz Shandong) geboren. Als er im Jahr 517 v. Chr. nach Qi ging, war er dort als Lehrer erfolgreich. Danach wanderte er 14 Jahre lang von Staat zu Staat, immer auf der Suche nach der Gunst eines Herrschers. Im Alter von 67 Jahren kehrte er nach Lu zurück, wo er fünf Jahre später starb. Die wichtigste Sammlung seiner Lehren, die *Frühlings- und Herbstannalen,* wurde von seinen Anhängern zusammengestellt und nach seinem Tod veröffentlicht. Konfuzius' System konzentrierte sich auf die Notwendigkeit, zu dem zurückzukehren, was er als die reinen Werte vergangener Traditionen und Sitten betrachtete. Der Konfuzianismus war jedoch nicht nur eng mit der Förderung des Rituals, dem Auswendiglernen wichtiger Schriften und dem Gedenken der Toten sowie mit der Wertschätzung kindlicher Frömmigkeit und Gehorsams gegenüber der elterlichen Autorität verbunden, sondern er verlangte von einem Herrscher auch Verantwortungsbewusstsein gegenüber der breiten Masse.

nichtwestlicher oder nichtchristlicher Utopismus nicht existiert, scheint im Wesentlichen auf der Annahme zu beruhen, dass eine größtenteils nichtreligiöse, oft literarische Komponente außerhalb des christlichen Europa ohne den Einfluss des europäischen Denkens nicht entstehen konnte.

Nichtsdestoweniger wird manchmal eingeräumt, dass praktisch jeder wichtigere Teil des nichteuropäischen politischen Denkens einige utopische Elemente oder Darstellungen einer idealen Gesellschaft aufweist und dass dies oft mehr säkulare als religiöse Grundlagen hat. Dazu gehören auch Teile des Konzeptes eines verloren gegangenen Goldenen Zeitalters von Gerechtigkeit und Tugend. Dies trifft besonders auf China zu. So empfehlen die *Frühlings- und Herbstannalen* des Konfuzius eine harmonische Gesellschaft, in der Herrscher Gerechtigkeit durchsetzen, die Untergebenen Steuern zahlen, Autorität und das Alter verehrt werden und das rituelle Befolgen von Prinzipien der Ordnung und des himmlischen Willens die Gesellschaft zusammenführt. Schriftsteller wie Mozi (Meister Mo) wiesen auf die hohe Tugend und die kluge Politik der „weisen Könige der alten Zeiten" hin.[7] Konfuzius' Wertvorstellungen wurden ab 206 v. Chr. offiziell von verschiedenen chinesischen Kaisern übernommen. Der Neokonfuzianismus erlebte im Lauf der Zeit mehrere Blütezeiten, bevor er unter Mao Zedong praktisch ausgerottet wurde. Wie Zhang Longxi argumentierte, war der Konfuzianismus nicht nur eine bewusst säkulare Tradition, die die Sorge das Jenseits betreffend der Suche nach der guten Ordnung in diesem Leben unterordnete. Er idealisierte auch das alte Königreich von Zhou unter König Wen, dem

Konfuzius mit den Mitteln sowohl der individuellen als auch der kollektiven moralischen Selbstreinigung nachzueifern versuchte.[8]

Neben anderen schmückte Menzius dieses Ideal aus und stellte sich eine humane Regierung vor, unter der die Menschen gut gekleidet waren und genug zu essen hatten, die Jungen wohlgenährt und erzogen waren und die Ältesten von der Gemeinschaft gestützt wurden. Lao-Tse beschrieb im *Tao Te King* eine ideale Vergangenheit, bevor Krieg und Armut herrschten.

In der frühmodernen Zeit führte besonders in China die Vereinigung von konfuzianischen, taoistischen und buddhistischen Philosophien auch zu einem literarischen Utopismus. Unter den bekannteren Texten ist Tao Yuanmings *Pfirsichblüte im Frühling* (ca. 400 n. Chr.) für seine Beschreibung einer verborgenen Gemeinschaft von Frieden und Harmonie berühmt geworden. Dies spiegelte sich in Wang Weis *Ballade von der Pfirsichblüte im Frühling* (8. Jahrhundert) und in dem noch kühneren Werk von Wang Anshi mit dem gleichen Titel wider, in dem eine Gemeinschaft vorgestellt wird, die auf der Basis von Verwandtschaften ohne jegliche Hierarchie zwischen Herrscher und Beherrschten organisiert war. Ein späteres Beispiel, Li Ruzhens Schrift *Der Blumenspiegel* (1828), ist für seine Darstellung einer weiblichen Herrschaft bemerkenswert.[9] Das Werk von Kang Youwei und anderen chinesischen Intellektuellen des 20. Jahrhunderts basierte auf dem Konzept von *datong* oder der „großen Harmonie", von der angenommen

Das Bild von Sichang Wang aus der Song-Dynastie, *Pfirsichblüte im Frühling* (ca. 1531), zeigt das ländliche Idyll des Fischers Tao in den Bergen. Im Gedicht und in der Geschichte erwähnt er unglücklicherweise dessen Existenz und ist folglich nie in der Lage, dorthin zurückzukehren.

wurde, das sie in einer wirklichen, vorkonfuzianischen idealen Vergangenheit (ca. 2300 v. Chr.) verwurzelt war, einer Zeit, als das Gemeineigentum die Regel war und „die Besitztümer von allen gebraucht, aber nicht aus egoistischen Gründen gehamstert wurden".[10]

Die Vorstellung von einem idealen, klugen Herrscher ist in der Dharmashastra-Tradition innerhalb des Hinduismus beschrieben worden. Teilweise fand sie auch Eingang in den Buddhismus. Früher wurde vermutet, dass dieses Ideal nur auf einer religiösen und metaphysischen Grundlage beruht, doch ist man heute eher der Ansicht, dass der Hinduismus einen „realistischen" Zweig hatte. Dies veranschaulichen die Schriften von Kautilya (ca. 300 v. Chr.), der oft mit Machiavelli verglichen wird. Die Billigung eines göttlichen Ursprungs des Kastensystems innerhalb des Hinduismus kann sicher als eine Utopie der Priester und Krieger betrachtet werden, eine Fantasie der Macht, die sich als eines der erfolgreichsten Glaubenssysteme erwiesen hat.[11] Im Gegensatz zu den meisten Religionen gibt es in dem von Siddhartha Gautama (ca. 563–400 v. Chr.) begründeten Buddhismus, obwohl er teilweise als Reformbewegung innerhalb des Hinduismus entstand, keinen Glauben an Götter. Das Leben auf Erden wird durch das Leiden dominiert, das durch die Begierden entsteht. Nach dieser Tradition kann die Befreiung vom *Karma*, dem Prozess der ständigen Wiedergeburt, der sich aus den letzten Taten ergibt, durch das *Nirwana* (die Erleuchtung) oder durch *Moksha*, die Erlösung durch die Einordnung des Einzelnen ins kosmische Ganze, erreicht werden; die buddhistische Vorstellung vom Nirwana entspricht übrigens der christlichen Vorstellung von der Offenbarung oder Erleuchtung durch das göttliche Licht. Der Buddhismus fordert von seinen Anhängern, solche Überzeugungen und Praktiken in diesem Leben friedlich zu verbreiten. Seine utopischen Qualitäten beinhalten eine starke monastische Tradition mit der nachdrücklichen Aufforderung zur Wohltätigkeit sowie die These, eine dauerhafte innere und auch äußere Harmonie schon in diesem Leben erlangen zu können. Die Herrscher sind verpflichtet, Gerechtigkeit und Frieden zu gewährleisten. In Japan wurden Aspekte des Taoismus, Konfuzianismus und Buddhismus durch das dortige Glaubenssystem des Schintoismus gefiltert. Es entwickelten sich einflussreiche Vorstellungen über den Kosmos, die ein Goldenes Zeitalter und Visionen des idealen Staates und eines Paradieses jenseits des Meeres beinhalten, das als „Tokoyo no Kuni" (das ewige Land) bekannt wurde. Das ideale Land wiederum wurde mit der Mythologie des ersten göttlichen Kaisers und mit Konzepten der letzten Ruhestätte der Toten verbunden. Ab dem späten 19. Jahrhundert hatte der westliche Utopismus einen erheblichen Einfluss auf das japanische Denken und führte zu einem begeisterten Engagement hinsichtlich der futurologischen Aspekte des Genres.[12]

Der Islam hat ebenfalls idealisierte Abbildungen der staatlichen Ordnung geschaffen.[13] Einige von ihnen basieren auf Konzepten der Gesetze der Scharia, die Ordnung und Einhaltung religiöser Gesetze fordern. Der islamische Utopismus nutzte im Allgemeinen keine imaginären Reiseberichte oder fantastische, vollkommene Gesellschaften, um solche Ideale zu beschreiben, obwohl die Sammlung der Volkssagen, als *Tausendundeine Nacht* bekannt geworden und im 9. Jahrhundert erstmals zusammengetragen, utopische Elemente enthält. Der Islam konzentrierte sich stattdessen auf das erste Kalifat in Medina (632–634) als die am meisten gerechte und egalitäre Periode und dementsprechend das Goldene Zeitalter des islamischen Staates. Diese „utopische Vision von enormen Einfluss" und „großer emotionaler Macht"[14] wurde eine wichtige Quelle für spätere fundamentalistische Ambitionen und wurde im Hinblick auf ihre Bedeutung vom Kalifat der Umayyaden abgelöst (661–750). Die Mechanismen der in verschiedenen islamischen Texten vorgeschlagenen sozialen Kontrolle gleichen jenen, die als christlich-europäischer Utopismus identifiziert werden können. Insbesondere die Verordnung gegen Wucher im Koran, durch die soziale Ungleichheit vermieden werden sollte, ist wesentlich für die Differenzierung zwischen den islamischen Vorstellungen von Modernisierung und jenen, die im westlichen Kapitalismus verwurzelt sind.

Der wichtigste Theoretiker der idealen islamischen Gesellschaft, Abu Nasr al-Farabi, beschrieb *Die tugendhafte Stadt* (ca. 940) als eine Stadt des

Abu Nasr al-Farabi (ca. 870–950)

Die Herkunft des islamischen Philosophen und Übersetzers der Werke Platons und Aristoteles', Abu Nasr al-Farabi, manchmal auch als der „zweite Lehrer" nach Aristoteles selbst bezeichnet, ist umstritten. Er könnte der Sohn eines Soldaten türkischer Herkunft gewesen sein und wurde möglicherweise in Wasij in Turkestan geboren. Er war lange in Bagdad ansässig, arbeitete früh als Tagelöhner und studierte als Autodidakt islamisches Recht und Musik. Später bewegte er sich wahrscheinlich in den obersten Kreisen des Gerichts in Aleppo und starb in Damaskus. Er machte sich gründlich mit den wichtigen griechischen Philosophen und ihren Übersetzern vertraut, vermutlich während er in Konstantinopel studierte. Von dort aus ging er nach Ägypten. Sein Interesse an Mathematik äußerte sich in Kommentaren zu Euklid und Ptolemäus, aber er schrieb auch ausgiebig über Musik. Seine wichtigste philosophische Arbeit war *Die Philosophie Platons und Aristoteles'*, ein Kommentar, der eine umfangreichere Studie über Platons Gesetze und Aristoteles' *Nicomachische Ethik* enthielt. Al-Farabi wird normalerweise als der erste islamische Denker beschrieben, der die Philosophie mit der religiösen Orthodoxie konfrontierte, mit der Absicht, die Religion der Philosophie unterzuordnen. Häufig wird er als der eigentliche Begründer der islamischen politischen Philosophie betrachtet, denn er konzentrierte sich bei seinen Arbeiten auf die Auswirkungen der säkularen Organisation des Staates auf das Glück seiner Bürger.

„größten Wohls und der höchsten Vollkommenheit", was vor allem durch gegenseitiges Verständnis, Gerechtigkeit und angemessene Gleichheit gefördert wurde.[15]

Al-Farabi befürwortete eine Regelung der Arbeit, die Unterstützung der Ärzte und der Kranken aus öffentlichen Geldern und die Bestellung von aufgeklärten, philosophischen Herrschern. Spätere Schriftsteller wie Ibn Sina (Avicenna, 979–1037) erlegten der Regierung die Verpflichtung auf, Untätigkeit und Arbeitslosigkeit zu verbannen, Wetten und Wucher abzuschaffen und die Ehe und das Aufziehen der Kinder zu regeln. Viele muslimische Gesellschaften vertrauten weiter auf den öffentlichen Landbesitz, und obwohl sich etwa ab dem Jahr 1000 überall in der islamischen Welt die Vorstellung von einer festen sozialen Rangordnung durchsetzte,[16] können diese Maßnahmen als Anzeichen eines islamischen Utopismus betrachtet werden.

Wie bereits erwähnt, beruhen viele nichtwestliche Ideale auf einer Vorstellung eines vergangenen oder verloren gegangenen Goldenen Zeitalters, zum Beispiel das Krita Yuga oder die erste Epoche der Vollkommenheit im Hinduismus, oder eines Naturzustands – manchmal, wie im Fall von

Kautilyas, größtenteils negativ empfunden – oder auf dem idealen Gesetz („Dharma"; *Laws of Manu*; „Li" im Konfuzianismus; das „Tao" im Taoismus). Viele verwenden Mythen oder epische Geschichten, um diese Vergangenheit zu beschreiben: Der heilige Text der Hindus, das *Mahabharata*, verweist auf das Zeitalter der Veden, während aztekische Priester von Tulan sangen, einem „Reich voller klarer Smaragde, Türkise, Gold und Silber",[17] wo die Nahrung von selbst wuchs und ihre Rasse entstand.

Heute schlagen manche immer noch vor, zu einem rekonstruierten Ideal dieser Vergangenheit zurückzukehren. In der modernen Zeit, angesichts der Modernisierung, Urbanisierung, des Individualismus, der Ausmerzung traditioneller Formen der Autorität und dem allgemein verwirrenden heftigen Ansturm durch die westliche Kultur, kann der Anreiz, die patriarchalische und religiöse Autorität zu erneuern, groß sein. Gruppen wie die Taliban in Pakistan und Afghanistan können sich in Anbetracht von Regimen, die als korrupt wahrgenommen werden und zudem von „ungläubigen" Ausländern gestützt werden, relativ leicht als Partei der Tugend darstellen. Die Aufforderungen, das Kalifat wiederherzustellen, werden besonders von denjenigen beachtet, denen die Regime in Washington oder Kabul wenig oder nichts anbieten. Als Belohnung für eine solche Umsetzung winkt das Paradies, aber diese Bewegungen werden häufig auch als Erneuerungen der Gesellschaft wahrgenommen. Manchmal sind es nur lokal begrenzte Visionen, aber sie finden in einer Ära des postkommunistischen, antiimperialistischen Nationalismus häufig ihre Anhänger. Ihre „Prinzipien, Ehre und Reinheit" stehen nach den Worten von Osama bin Laden im Gegensatz zu den unmoralischen Taten von Unzucht, Homosexualität, Drogen, Wetten und Wucher der westlichen Welt.[18] Sie wünschen oder streben womöglich an, zu einem internationalen Status quo ante, dem früheren Stand der Dinge, zurückzukehren, der in einigen Fällen Jahrhunderte zurückliegen kann.

Diese Beispiele weisen auf eine Belebung des utopischen Ziels in nichtchristlichen Traditionen hin, die im 19. Jahrhundert in ähnlicher Weise deutlich zunahmen wie der europäische Utopismus teilweise eine Antwort auf einen erbarmungslosen, exportgesteuerten Feudalismus war, durch den egalitäre und gemeinschaftlichere Formen des bäuerlichen Eigentums zurückgedrängt wurden. Chiliastische Bewegungen des Widerstands gegenüber dem Imperialismus waren von Beginn des 18. Jahrhunderts an weit verbreitet. Im Jahr 1781 behauptete ein messianischer peruanischer Mestize, José Gabriel Condorcanqui, die Reinkarnation eines Inkakönigs zu sein und kämpfte mit Tausenden Anhängern gegen die spanische Herrschaft. Im Sudan widersetzte sich der Mahdi vor dem Hintergrund eines Wiederauflebens des Fundamentalismus der britischen Herrschaft und verdammte die religiöse Dekadenz, „die darin bestand, ein Luxusleben zu führen und Kontakt mit Christen zu haben".[19] Die Erfindung des „Geistertanzes" der nord-amerikanischen Ureinwohner im späten 19. Jahrhundert als Reaktion auf den weißen Expansionismus beschwor ein verloren gegangenes Zeitalter des Überflusses. Der Widerstand der Maori gegen das britische Eindringen nahm manchmal ähnliche Formen an. Der indische Aufstand (1857–58) hatte ein „neu belebendes" utopisches Element.[20] Auch in China stellten die Taiping-Rebellion (1851–64) und der Boxeraufstand (1900–01) der Besetzung durch die Imperialisten aus dem Westen entschlossen ein Bild von Chinas Vergangenheit gegenüber.[21] Im 20. Jahrhundert wurde Ayatollah Khomeinis Vision des nachrevolutionären Iran mit ähnlichen Idealen verbunden.

Viele dieser Bewegungen werden manchmal mit Begriffen des Millenarismus beschrieben. Aber sie besitzen auch eindeutig utopische Elemente, denn sie veranschaulichen eine vorimperiale Vergangenheit, in der die Urvölker die Kontrolle über ihr Land und ihr Schicksal in der eigenen Hand hielten. Antikolonialrevolutionäre Bewegungen führten oft zu utopischen Impulsen, manchmal, wie im Fall von Frantz Fanon, wurden sie eng mit Ideen von Rassenidentität verknüpft – besonders von den Négrituden –; mit Vorstellungen eines afrozentrischen Essentialismus und Erinnerungen, real oder als Trugbild, an eine verloren gegangene Herrschaft eines Dorfes oder einer Stammesdemokratie wie auch von einer harmonischen Einstellung gegenüber der Natur. Spezifische Visionen des afrikanischen Sozialismus sind unter anderem von Julius Nyerere, Léopold Senghor und Aimé Césaire entwickelt worden.[22] Auch in der Literatur nach der Kolonialzeit spiegeln sich diese Anliegen manchmal wider. So konzentriert sich beispielsweise in Afrika eine Vielzahl von Werken, darunter auch Ben Okris *Astonishing the Gods* (1995), auf solche Themen.[23]

Im 20. Jahrhundert war die bei Weitem wichtigste antiimperiale Vision diejenige Mahatma Gandhis, dessen Kampagnen für die Sicherstellung gleicher Rechte und Widerstand gegen die britische Besetzung für die Erlangung der indischen Unabhängigkeit im Jahr 1948 entscheidend war. Gandhi wurde vom gewaltlosen Widerstand Tolstois und anderer Denker sowie von hinduistischen Vorstellungen des Goldenen Zeitalters beeinflusst. Sein Bild von Indiens Zukunft war oft entschieden antimodern und beruhte auf dem Vorschlag zur Regeneration der 700 000 Dörfer Indiens, die dann die Nation bilden sollten. Sie sollten autark sein, sich selbst verwalten und die traditionellen Gemeinderäte verstärken, die für die Ordnung auf der lokalen Ebene sorgten. Gandhi betrachtete das Privateigentum als ein von seinen Besitzern bewahrtes Treuhandverhältnis und schlug vor, dass die Reichen nur das nehmen sollten, was sie benötigten, und den Rest für die Interessen der Gemeinschaft verwalteten, wobei es das Erbrecht zu beschränken galt.

Die Schwerindustrie sollte verstaatlicht werden und auch das Land dem Staat gehören. Auf diese Weise lagen anarchistische Dezentralisierung sowie sozialistische Besitzverhältnisse und Unternehmenspolitik sehr nah beieinander.

In welchem Ausmaß spiegeln diese Konzepte den bisher in diesem Buch behandelten Utopismus wider? Das idealisierte Königtum oder die Theokratie sind als solche nicht utopisch. Auch der Wunsch und die Hoffnung auf eine Verbesserung der Lebensumstände sind es nicht, obwohl es Versuche gab, den Utopismus einfach als Wunsch nach einem besseren Leben zu definieren, um sich damit für den universellen Anspruch des utopischen Konzeptes auszusprechen.[24] Die Religion, als Suche nach der Erlösung im Jenseits wie auch als das Streben nach Vervollkommnung im Diesseits verstanden, muss grundsätzlich von der Suche nach Utopia unterschieden werden. Aber die Zuhilfenahme von idealisierten Versionen der Vergangenheit weist in eine eher utopische Richtung. Nach dieser Auffassung beruht Utopia nicht auf einer christlichen Grundlage oder auf irgendeiner Vorstellung vom Paradies als solchem, sondern auf einem Konzept von Eigentum und Gesellschaft, einer besonderen Konstruktion des Gemeinwesens, in dem Armut und Mangel durch das Beschränken von Ungleichheit, Gier und Ungerechtigkeit vermieden werden sollen. Auf diese Weise enthalten viele vormoderne Gesellschaften schon wesentliche utopische Elemente. Von dieser Perspektive aus, mehr als von jeder Allgemeingültigkeit eines Wunsches nach Verbesserung als solcher, ist das utopische Gedankengebäude unstrittig ein globales.

Mahatma Gandhi (1869–1948)

Der oft mit seinem Ehrentitel bezeichnete Mahatma („große Seele") Gandhi, ein indischer politischer Führer und Sozialreformer, wird als für Indiens Unabhängigkeit von Großbritannien im Jahr 1948 verantwortlich angesehen. Geboren als Sohn des Premierministers von Porbandar in Nordindien, wurde er in seinem Heimatort erzogen, bis er 1888 nach Großbritannien ging, um Jura zu studieren; 1891 wurde er als Rechtsanwalt zugelassen. Da er keine Arbeit in Indien fand, ging er nach Südafrika, wo er bis 1914 lebte und sich aktiv gegen die Rassendiskriminierung der Inder einsetzte. Die Religion wurde für ihn zunehmend wichtiger und er beschrieb ein Ideal namens *Satyagraha* oder „wahre Kraft", das in praktischer Hinsicht den gewaltlosen Widerstand gegen Unterdrückung und ungerechte Gesetze, Selbstverzicht und die Annahme des Leidens beinhaltete. Nach seiner Rückkehr nach Indien im Jahr 1915 verfolgte er eine Politik der Nichtkooperation, zu der Streiks, Märsche, Steuerverweigerung und Hungern gehörten. Den Höhepunkt stellte 1942 das *Quit India Movement* dar, eine Bewegung des zivilen Ungehorsams. Gandhi wurde 1948 von einem jungen hinduistischen Fanatiker in Delhi ermordet.

Ein definiertes Genre

Thomas Morus' Utopia

Das Geheimnis von Thomas Morus' *Utopia* hat seit dem ersten Erscheinen des Buches in lateinischer Sprache im belgischen Louvain im Jahr 1516 (englische Übersetzung 1551) Generationen von Lesern in den Bann geschlagen. Der eigentliche Titel des Werks war ein Wortspiel aus zwei Wörtern: *eutopia* (guter Ort) und *outopia* (kein Ort), die erste italienische Auflage trug den Titel *Eutopia*. Seit der Veröffentlichung des Buches ist das Wort Utopia ein Synonym für das Paradies, das Ideale, Unrealistische und Unerreichbare geworden. Koryphäen wie John Ruskin haben Morus' Werk als das „vielleicht wirklich boshafteste Buch, das jemals geschrieben worden ist", bezeichnet.[1] Aber die durch diesen Text geschaffene oder zumindest umgedeutete Überlieferung repräsentiert in Wirklichkeit keine perfekte Gesellschaft, sondern nur eine radikal verbesserte. Dies bedeutet, dass wie auch immer eine höhere Ordnung und eine verbesserte Moral erreicht werden (hauptsächlich durch Gleichheit und gemeinsamen Besitz), das menschliche Verhalten nicht auf eine Weise dargestellt wird, die unglaubwürdig erscheint. Utopia beschränkt die Laster eher, als dass es sie abschafft. Es erkennt die Möglichkeit von Dekadenz und moralischer Degeneration, widersteht ihr aber. Verbrechen und Verbrecher existieren weiter, selbst wenn, wie von Morus dargestellt, die von den Tätern getragenen Fesseln aus Gold gemacht sind. In diesem Verständnis beschäftigt sich Utopia nicht mit der Vervollkommnungsfähigkeit, die zu einer quasitheologischen Kategorie des Millenarismus und anderer fantastischer Untergenres einer imaginären oder idealen Gesellschaft degradiert werden kann. Utopia bleibt erreichbar, ist in gewissem Sinn tatsächlich erreicht, obwohl der Preis vielen als zu hoch erscheinen mag.[2]

Die Erzählung hat die Form eines Gespräches zwischen drei Personen: Morus selbst, seinem Freund Peter Giles und einem Reisenden namens Raphael Hythlodaeus oder Hythloday (der griechische Name impliziert einen „Unsinnerzähler"). Hythloday ist gerade von Reisen aus der Neuen Welt zurückgekehrt, wo er den italienischen Forschungsreisenden Amerigo Vespucci begleitete, der fünf Jahre auf der Insel Utopia verbrachte. Er scheint sich Ideale von natürlicher menschlicher Güte, klarem Verstand und

Handbemalte Holzschnittversion der Titelseite von Thomas Morus' *Utopia,* 1516. Eine der sinnbildlichsten Abbildungen des Utopismus zeigt die in Morus' Text beschriebene Insel als ein Gleichgewicht von Isolation und guter Ordnung.

der Möglichkeit, eine gute Gesellschaft zu planen, bewahrt zu haben. Aber beide Erzähler sowie Morus durchdringen diese Vermutungen mit Elementen von Zweifel, Skepsis und Satire. Morus' „wirkliche" Absichten bleiben undeutlich, und es ist im Text oft unklar, ob etwas befürwortet oder satirisch dargestellt wird.

Sozialkritik aber wird in *Utopia* zweifellos geäußert. Der unmittelbare Anlass für Morus' Text war die Vertreibung Tausender Bauern von ihren kleinen Bauernhöfen, um Platz für große Schaffarmen zu schaffen.[3] Zunehmende Arbeitslosigkeit und steigende Nahrungsmittelpreise waren die Folge. Die auf dem Land lebenden Armen wurden gezwungen, bettelnd umherzuziehen. Die Reichen und ihre Angehörigen wurden in ihren Stadtwohnungen immer vermögender und zunehmend fauler. Sie verhängten immer grausamere Strafen gegenüber den Armen, um deren Widerstand gegenüber Veränderungen zu bändigen, darunter Gefängnis für Landstreicherei. Ihre eigene Moral degenerierte immer mehr, besonders mit der Verbreitung von Glücksspielen, Bordellen und Wirtshäusern. Morus war angesichts dieser Entwicklungen besorgt und bemerkte, dass „es viel besser gewesen ist, den Menschen ihren Lebensunterhalt zu gewährleisten, damit niemand unter dieser schrecklichen Notwendigkeit stehen muss, zuerst zu stehlen und dann dafür zu sterben".[4] Die zentrale Frage ist, ob er der Ansicht war, dass die im Text beschriebene soziale und politische Struktur eine realistische Lösung für das Problem darstellen würde, oder ob er solch eine Lösung für unerreichbar hielt und sogar die Übel Englands als unabänderlich betrachtete. Die Mehrdeutigkeit dieser Alternativen hat Generationen von Lesern beschäftigt.

Thomas Morus (1477–1535)

Als unübertrefflicher englischer Renaissancegelehrter, Humanist und führende politische Persönlichkeit seiner Zeit ist Thomas Morus die Hauptperson in der Geschichte des utopischen Denkens. Geboren am 7. Februar 1477 in London, studierte er klassische Sprachen und Jura. Er überlegte, Priester zu werden, und lebte zwei Jahre unter Franziskanermönchen. 1516 reiste er in diplomatischer Mission nach Brügge, wo er Peter Giles, einen Freund von Erasmus von Rotterdam, traf. Durch Gespräche mit ihm wurde er zu dem Dialog angeregt, der dann als *Utopia* erscheinen sollte. Der Text stellt eine Kritik an der zunehmenden Unterdrückung der Armen der damaligen Zeit dar, aber da er die zentralen Aspekte des utopischen Lebens wie den gemeinsamen Besitz von Waren kritisch hinterfragt, bleiben Zweifel bestehen, ob Morus tatsächlich die zentralen Ideale Utopias unterstützte und ob er sie für praktikabel hielt. Er schrieb später eine Geschichte über König Richard III. und wurde Mitglied des Parlaments sowie 1529 Schatzkanzler. Obwohl er ein enger Vertrauter von König Heinrich VIII. war, führte Heinrichs Scheidung von Katharina von Aragon zum Bruch zwischen beiden. Morus wurde wegen Verrats verurteilt und am 6. Juli 1535 enthauptet.

Hythloday berichtet von der Entdeckung einer außergewöhnlichen
halbmondförmigen Inselrepublik mit einer Breite von etwa 200 Meilen
(320 km). Die Republik war etwa 1700 Jahre zuvor von einem siegreich er-
obernden König, Utopus, gegründet worden und wurde nach dem Prinzip
geführt, im Einklang mit der Natur zu leben. Sie zeigte alle Merkmale „eines
Gemeinwesens im besten Zustand". Die Bevölkerung wird gleichmäßig in
vierundfünfzig Stadtstaaten aufgeteilt, „alle geräumig und prächtig, identisch
in Sprache, Traditionen, Sitten und Gesetzen und ähnlich auch im Grund-
riss, soweit es die Natur des Bodens erlaubte. Ähnlich auch in ihrem Erscheinungsbild."[5] Sie waren weniger als eine Tagesreise zu Fuß voneinander
getrennt.

Das Paradiesgärtlein zeigt einen mittelalterlichen „umzäunten Garten" außerhalb der Stadtmauern und wurde ca. 1410 von einem unbekannten oberrheinischen Meister als Huldigung an die Jungfrau Maria gemalt. Das Gemälde weist auf die engen Verbindungen der Vorstellungen von Eden und einem Garten hin.

Die Städte in Utopia sind im Hinblick auf Gestaltung und Erscheinungsbild ziemlich gleichförmig. Die Häuser mit flachen Dächern sind aus Steinen oder Ziegeln bis zu einer Höhe von drei Stockwerken gebaut, dahinter gibt es üppige Gärten. Die Kultivierung dieser Gärten war eine der größten Freuden der Utopier; die Vorstellung des Gartens als utopischer Raum sollte danach immer mächtiger werden. Einzelnen Haushalten ist es nicht erlaubt, ein Vermögen anzusammeln, und die Häuser werden alle zehn Jahre durch das Losverfahren getauscht. Die Straßen sind breit, die Städte werden in vier Viertel eingeteilt, in denen es jeweils ein eigenes Geschäft, einen eigenen Markt, eine Besprechungshalle und ein Krankenhaus gibt, in dem freie Gesundheitsfürsorge geleistet wird. Die Hauptstadt Amaurotum wird von einem Festungswall geschützt.

In den Städten werden die Haushalte vom ältesten Familienmitglied beherrscht. Die Familien sind berechtigt, sich alle von ihnen benötigten Waren aus den öffentlichen Lagerhäusern zu nehmen. Gegessen wird gemeinsam in Speisesälen, in denen dreißig Familien zusammensitzen: Das private Speisen wird, obwohl erlaubt, normalerweise als in seiner Qualität minderwertig betrachtet. Die Frauen sind, unterstützt von Sklaven, für das Kochen verantwortlich und bedienen ihre Männer. Kinder helfen ihren Eltern. Während des Essens wird Musik gehört oder es werden Gespräche geführt. Danach wird gespielt oder gelesen.

Das Wirtschaftssystem Utopias ist zentral organisiert. Alle Bürger betreiben Landwirtschaft, wobei jede Person auch ein anderes Handwerk erlernt, in der Regel aus den Bereichen Wolle, Leinen, Metallbearbeitung oder das Zimmerhandwerk. Die meisten folgen dem Handwerk ihrer Väter, obwohl es auch möglich ist, das Gewerbe zu wechseln. Die Frauen beschäftigen sich im Allgemeinen mit leichteren Tätigkeiten. Der Werktag dauert sechs Stunden und Freizeit ist reichlich vorhanden. In den Städten werden die Erzeugnisse zu einem der vier Märkte geliefert. Auf dem Land bestehen die Bauernhöfe aus etwa vierzig Arbeitern (und zwei Leibeigenen oder Sklaven), die im turnusmäßigen Wechsel aus den Städten geschickt werden, um einen zweijährigen Dienst zu leisten. Es kommt vor, dass jene, die das ländliche Leben genießen, länger bleiben – Morus vertritt nämlich nicht die Ansicht, dass das Leben in der Stadt dem Leben auf dem Land überlegen sei. Abgesandte von jedem Bauernhof werden jährlich in die Städte geschickt, um die neuesten landwirtschaftlichen Techniken zu erlernen. Auf Staatskosten wird eine zweijährige Nahrungsversorgung sichergestellt, um vor einer Hungersnot zu schützen. Eine gerechte Verteilung stellt sicher, dass jeder genügend Nachschub erhält. Zur Erntezeit kommen die Bürger aus den Städten, um bei der Ernte zu helfen. Die Bauernhöfe produzieren im Allgemeinen einen Überschuss an Korn und Vieh. Dieser wird ohne Gegenleistung verschenkt, ebenso wie die Bauern Waren aus der Stadt kostenlos bekommen. Ein Siebtel der exportierten Nahrungsmittel sind für die Armen des belieferten Landes reserviert. Eine derartige Marktregulierung geht über mittelalterliche

Abbildung von Schmieden bei der Arbeit, Mitte des 14. Jahrhunderts, aus einem Traktat über die Tierkreiszeichen aus den südlichen Niederlanden. Ab Morus' Zeit wurde der Utopismus oft mit einer gerechteren Verteilung der Arbeit, insbesondere der körperlichen, und einer Abschaffung der Untätigkeit verbunden.

Vorstellungen von einem „gerechten Preis", der Einschränkung des Wuchers, der Verachtung von Habsucht und der Notwendigkeit, den Handel anderen sozialen Zielen unterzuordnen, weit hinaus, jedoch nicht so weit, dass sie nicht machbar oder gar unsinnig wäre; der imaginäre Abstand zu späteren Generationen und zu uns ist proportional natürlich viel größer. Nichtsdestoweniger nahmen die meisten von Morus' Zeitgenossen an, dass die Gütergemeinschaft bis zum Sündenfall ein Universalprinzip der Menschheit war.

Das politische System Utopias ist im Grunde genommen demokratisch. Die Bauernhöfe werden von einem Meister und einer Herrin geführt, „ernst im Sinn und reif an Jahren". Jedes Jahr wählen Gruppen von Familien einen Beamten, einen „phylarchen", dessen Hauptaufgabe darin besteht, darauf zu achten, dass niemand untätig ist. Zehn solcher Friedensrichterämter werden von einem „tranibore" beherrscht, der ebenfalls jährlich gewählt, aber normalerweise nicht abgelöst wird. Drei Bürger aus jeder Stadt werden jedes Jahr nach Amaurotum geschickt, wo eine beratende Versammlung abgehalten wird.

Hythloday und Morus stimmen darin überein, dass Platons Ideal des Philosophenkönigs die beste Regierungsform sei. Doch Utopia ist keine Tyrannei: Seine Führer dienen dem Volk und nicht umgekehrt; die republikanische Tugend scheint vorzuherrschen, mit einem minimalen Verlust an Freiheit. Zweihundert designierte Magistrate wählen in geheimer Wahl aus einer Liste von vier Kandidaten, die von den Bürgern vorgeschlagen werden, den als „am nützlichsten" erachteten Gouverneur. Er hat das Amt auf Lebenszeit inne, wenn er nicht der Tyrannei verdächtigt wird. Sein Auftrag ist es, die Einfachheit zu bewahren – er trägt eine einfache Getreidegarbe, um sein Amt zu symbolisieren. Zu den Aufgaben der Regierung gehört es, die Überschüsse von einigen Bezirken in andere zu schicken, damit Engpässe vermieden werden.

Der Rechtsweg ist einfach. Gerichtsverfahren werden von einem Richter und den Parteien zum Prozess gebracht; Rechtsanwälte existieren überhaupt nicht. Glücksspiele sind verboten. Die Erlaubnis, zu reisen, wird bereitwillig gewährt (obwohl es Reisepässe gibt), aber eingeschränkt durch die Notwendigkeit, zu arbeiten, wenn man mehr als einen Tag andernorts verbringt. Ohne Erlaubnis müßig herumzuwandern wird bestraft. Die Todesstrafe wird gegenüber denjenigen verhängt, die versuchen, die Macht an sich zu reißen, die übliche Strafe für schwere Verbrechen hingegen besteht in der Sklaverei. Sklaven führen schwere Arbeiten sowie einige spezielle Aufgaben wie das Schlachten von Tieren aus, die die Utopier als unangenehm empfinden.

Die utopische Gesellschaft ist gut organisiert. Das zentrale Prinzip des Regimes beruht darauf, das Leben über die Arbeit zu stellen und sicherzustellen, dass „so viel Zeit wie möglich vom Dienst für die Gesellschaft abgezogen und der Freiheit und der Kultur des Verstandes gewidmet werden sollte".[6] Lehrreiche Vergnügungen wie öffentliche Vorträge nehmen häufig mehrere Stunden pro Tag ein.

Obwohl es einen Überschuss an Waren gibt, sind viele von ihnen auch ganz unbekannt. Und „nutzlose und überflüssige" Handwerke werden „nur als Luxus und Unzüchtigkeit" betrachtet, wie das augenscheinlich bei Gesellschaften der Fall ist, in denen „Geld der Standard von allem ist".[7] Die Kleidung ist einfach sowie strapazierfähig und unterscheidet sich nur zwischen Verheirateten und Unverheirateten. Sie besteht aus einem Arbeitsanzug aus Leder, der von einem Wollmantel bedeckt wird. Die Utopier versuchen weder, „andere durch überflüssiges Vorzeigen von Besitz zu übertrumpfen", noch „leisten sie … göttliche Ehren den Reichen". Ein solches Verhalten ist in dem fiktionalen Staat unbekannt.[8]

Frauen können mit achtzehn und Männer mit zweiundzwanzig Jahren heiraten. Zukünftigen Ehepartnern ist es gestattet, einander nackt zu betrachten, um Abnormitäten festzustellen. Die Scheidung ist erlaubt, aber Ehebruch wird mit der strengsten Form der Sklaverei bestraft. Überzählige Kinder werden kinderlosen Paaren übergeben. Droht Überbevölkerung, begegnet man ihr, indem man neue Kolonien gründet. An dieser Stelle wird Platons Plan des gemeinsamen Besitzes von Ehefrauen für die herrschende Kaste deutlich zurückgewiesen.

Entsprechend der utopischen Philosophie ist Vergnügen der „ganze oder der wichtigste Teil des menschlichen Glücks". Das Streben danach wird durch religiöse Bestimmungen im Hinblick auf extravagante Hemmungslosigkeit begrenzt, wodurch die Ambitionen auf das, was „gut und anständig" ist, reduziert werden. Die Ausübung der Religion ist weitgehend privat und es existiert eine Vielzahl von Sekten, aber je extremer sie sind, desto mehr widmen sie sich schwerer Arbeit. Alle beteiligen sich an der Verehrung des einen Gottes, Mithras, und es wird von allen erwartet, dass sie an die Unsterblichkeit der Seele glauben. Frauen können Priester werden. Das Wissen über die Klassik, besonders über die griechische Philosophie und Geschichte, ist von großer Bedeutung. Öffentliche Krankenhäuser, reichliche gemeinsam eingenommene Mahlzeiten und die relative Freizügigkeit sorgen für eine weitverbreitete Zufriedenheit. Die Menschen sollen „gelassen, gutmütig, scharfsinnig und

Bestimmte Arten der Arbeit sind in Morus' Utopia für Sklaven vorgesehen, wie zum Beispiel das Schlachten von Tieren, das hier als Buchmalerei in einem Manuskript aus dem frühen 16. Jahrhundert gezeigt wird. Es trägt den Titel *Livre d'heures de la vierge* und zeigt das Töten eines Schweins.

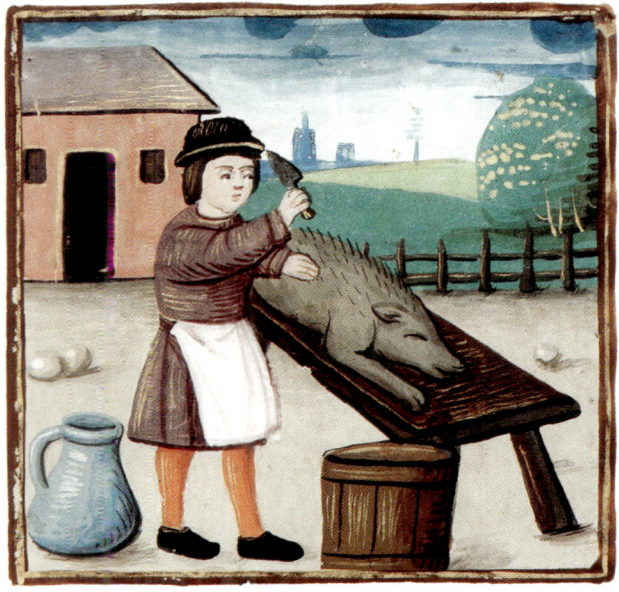

mußevoll" sein. Der dafür zu zahlende Preis scheint der Verzicht auf Laster zu sein. Es gibt:

> „… keinerlei Vorwand, um der Arbeit zu entgehen – keine Weinhandlung, kein Wirtshaus, kein Bordell irgendwo, keine Möglichkeit der Korruption, keine lauernde Öffnung, keinen geheimen Besprechungsplatz. Im Gegenteil, da sie von allen beobachtet werden, müssen die Menschen entweder die übliche Arbeit leisten oder ihre Freizeit in einer Art genießen, die nicht gegen den Anstand verstößt."[9]

In Utopia horten die Könige kein Gold und es gibt ein allgemeines Ethos der Gleichheit. Aber es ist keine perfekte Gesellschaft. Verbrechen, Untätigkeit und der Wunsch nach Luxus existieren weiter, wenn auch nur selten. Sklaverei wird zurückhaltend betrieben, bleibt aber von Bedeutung für die utopische Bequemlichkeit. Auch Kriege gibt es, manchmal um Despoten in anderen Ländern zu Fall zu bringen (tatsächlich wird aktiv zum Tyrannenmord aufgerufen). Wird die Bevölkerung zu groß, werden Menschen ausgesandt, um utopische Kolonien auf dem nahe gelegenen Festland zu gründen. Wenn die Einheimischen „sich weigern, nach ihren Gesetzen zu leben, vertreiben sie [sie] aus dem Gebiet … Wenn sie Widerstand leisten, führen sie Krieg gegen sie." Die Utopier betrachten es als „gerechten Anlass für einen Krieg, wenn ein Volk, das seinen Boden nicht bestellt, sondern ihn untätig und öde liegen lässt, anderen seine Bearbeitung und seinen Besitz verbietet, die durch die Herrschaft der Natur dazu aufgerufen sind."[10] Diese imperialistische Tendenz kann als eine der größten Schwächen von *Utopia* angesehen werden: Ähnliche Rechtfertigungen sollten die in großen Teilen

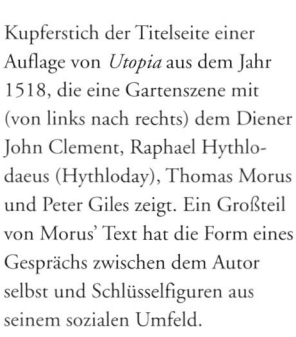

Kupferstich der Titelseite einer Auflage von *Utopia* aus dem Jahr 1518, die eine Gartenszene mit (von links nach rechts) dem Diener John Clement, Raphael Hythlodaeus (Hythloday), Thomas Morus und Peter Giles zeigt. Ein Großteil von Morus' Text hat die Form eines Gesprächs zwischen dem Autor selbst und Schlüsselfiguren aus seinem sozialen Umfeld.

der Welt verbreitete europäische Vorherrschaft über indigene Völker für die nächsten fünf Jahrhunderte untermauern.[11]

Wie soll dieser zentrale, maßgebliche Text interpretiert werden, auf den Generationen von Lesern auf der Suche nach einer Lösung für das Problem der Verwirklichung einer idealen Gesellschaft zurückgegriffen haben? Utopia ist eindeutig dem England zu Morus' Zeiten gegenüberzustellen, wo besonders die Flurbereinigung des Landes eine weitverbreitete Arbeitslosigkeit und soziale Unruhen verursachte. Aber ist der Text eine Kritik daran? Ein Rezept? Eine Anklage? Eine Satire? Die einzelnen Episoden stehen gleichwertig nebeneinander, keiner wird eine größere Berechtigung gegeben als einer anderen. Dies regt den Leser dazu an, sich mit allen dargelegten Argumenten auseinanderzusetzen. Auch wenn Hythloday empfiehlt, dass alle Nationen das Herrschaftssystem der Utopier übernehmen sollten, bleiben einige Zweifel hinsichtlich der Weisheit seines begeisterten Ausbruchs bestehen. Der besonnene Morus scheint das Korrektiv zu dessen radikalem Idealismus zu sein. Als Hythloday darauf besteht, dass nur der Kommunismus das Gedeihen von Gerechtigkeit und Glück ermöglicht, antwortet Morus, die Menschen würden ohne die Hoffnung auf einen individuellen Gewinn faul. Einige Kritiker glauben, dass dies sein überzeugendster Einwand gegen die utopische Grundordnung sei.[12] Aber selbst wenn das utopische Gemeinwohl der „beste Staat" aller möglichen ist, bedeutet dies nicht, dass alle ihn übernehmen könnten oder konnten. Es sind die Verhaltensweisen der Utopier, die ihn möglich machen. Nichtsdestoweniger stellt Morus die Utopier als heidnisch dar, selbst wenn sie ein reineres Christentum praktizieren und mit größerer Vernunft zu handeln scheinen als die meisten. Aber hielt Morus seine Zeitgenossen für zu solchem Verhalten fähig? Er erkannte, dass „Stolz zu tief in den Menschen verwurzelt ist, als dass er leicht ausgerupft werden könne", und obwohl das utopische Gemeinwesen zweifellos wünschenswert sei, seine Einführung an irgendeinem Ort wäre im günstigsten Fall problematisch.[13] Die letzten Zeilen von *Utopia* gehören Morus' wehmütiger, rätselhafter Überlegung, dass er sich zwar nicht mit allem einverstanden erklären könne, was gesagt worden ist, aber „ich gebe bereitwillig zu, dass es sehr viele Merkmale im utopischen Gemeinwesen gibt, die ich unseren Ländern eher wünsche, als dass ich die Hoffnung habe, sie realisiert zu sehen".[14]

Die zentrale Frage in Utopia ist das Problem der Armut und wie man es überwinden kann. Und hier, so kann man gewiss festhalten, drückte Morus seine eigenen tiefen persönlichen Sorgen aus. Wie seine bedeutenden Interpreten betont haben, war *Utopia* eindeutig einer humanistischen Tradition verpflichtet, christliche Fürsten bezüglich ihrer moralischen Verantwortung zu beraten. Und strenge Strafen waren nicht ungewöhnlich, wo die Fähigkeit zu einer Selbst- oder Gemeinschaftsregulierung zweifelhaft geworden war. In Johann Eberlein auf Günzburgs *Wolfaria* (1521) sollen beispielsweise Trinker ertränkt und Ehebrecher öffentlich hingerichtet werden.[15] Der Kernpunkt ist nicht Morus' Zustimmung, sondern die vorgeschlagene Lösung: ein „gemeinsames Leben und Auskommen – ohne jeden Austausch von Geld" –, eine Praxis, von der er glaubte, dass sie in einigen primitiveren Gegenden der Welt, besonders in Amerika, realisiert sein könnte. Morus ist auch mit der Tradition der christlichen Kommune verbunden worden. Sein Freund Erasmus von Rotterdam, der die erste, lateinische Auflage von *Utopia* überwachte, kannte die Waldenser und andere mittelalterliche kommunistische Experimente. Thomas Münzer kannte Platon, und *Utopia* wurde von den Wiedertäufern diskutiert. Auch die Sozialisten des 19. Jahrhunderts wie Karl Kautsky erkannten die offensichtlichen Verbindungen zwischen ihren Vorgängern aus der Vormoderne und ihrer eigenen Bewegung, besonders der Pariser Kommune von 1871. Sie glaubten, dass Morus' „Sozialismus ihn unsterblich machte"[16] aufgrund seiner Erkenntnis, dass Gleichheit die Basis eines gut regierten Staats sei. Aber Morus wurde auch zu einem katholischen Heiligen – für seine orthodoxen Interpreten ist dies Ketzerei.

Utopia wird zuweilen als ein im Wesentlichen humanistischer Text gedeutet. Morus' „Mitleid für das unverdiente Elend der Ausgebeuteten", wie es in einem Bericht zu lesen war, stand im Kontrast zu der für die Renaissance typischen humanistischen Antwort, dass ihre Lebensumstände durch

Loyset Liedet, *Feast in Honour of the Marriage of Regnault de Montauban to Clarisse, his Bride,* 1470. Die Ehe ist ein wichtiges Thema in Morus' Text. Die meisten europäischen Ehen dieser Zeit wurden arrangiert und nicht durch freie Wahl getroffen.

menschliche Anstrengungen verbessert werden und „eine apokalyptische Vision des auf Erden bestmöglichen Staates – Utopia"[17]
schaffen könnten.

Nach dieser Auffassung beflügelt der Text eine deutlich wahr-
nehmbare Erneuerung der Renaissance, gerade auch im Hinblick
auf das Denken in Bezug auf einen idealen Stadtstaat.[18] Wenn
dies aber so ist, wozu die Witze und die Ironie? Und, wenn dies so
ist, hat Morus vielleicht trotzdem nicht geglaubt, dass die Menschen ihr Verhalten weit genug verändern können, um utopische
Normen zu praktizieren.

Utopia zeigt demnach ein Abbild des „besten Lebens", obwohl
es nicht notwendig eines ist, dem die meisten Menschen nacheifern
könnten. Aber wenn der Text nun nicht als ernsthafte Gesellschaftskritik und als das Aufzeigen einer Alternative gedacht ist, sondern
als ein satirisches „jeu d'esprit", worin liegt dann seine Hoffnung?
Im Leben nach dem Tod? Wenn Plutarch, Platon, christliche Kommunen
und die Ureinwohner Amerikas die substantielle Verfassung der Utopier
liefern, sind dann nicht die aristotelischen und anderen Kritiken der Lebens-
fähigkeit des Kommunismus unwiderstehlich und überzeugend? Platons
Kommunismus war nur elitär; Christus war auf den Kreis seiner Jünger beschränkt. Die Utopier sind universell. Wollte Morus dies als offensichtliche
Übertretung einer potenziell akzeptierten Norm zeigen? Erasmus hielt Utopia für ein „heiliges Gemeinwesen", dem alle Christen nacheifern sollten.
Auch Morus betrachtete Utopia als eine spekulative Übung bei der Erforschung der Frage, wie eine auf Freundschaft basierende Gesellschaft funktio-
nieren könnte. In dieser Hinsicht ist der Text im Grunde genommen eine
Verteidigung einiger monastischer und platonischer Ideale und Übungen,
aber nicht die Empfehlung, diese Ideale und Übungen überall anzuwenden.
Die meisten Kommentatoren sind zu der Auffassung gelangt, dass der in
Utopia gepriesene Kommunismus nur als für einen Zustand der Gnade ge-
eignet betrachtet werden könne. Die richtige moralische Lösung für die
Probleme der Gesellschaft liefert nicht automatisch auch die richtigen sozialen und ökonomischen Antworten. Erbarmen und Wohltätigkeit kann es
in diesem Leben geben, das vollkommene Glück nur im nächsten. Morus
wurde eher zu einem großen Katholiken, denn zu einem großen Kommunisten, wie es Karl Kautsky empfand.[19] Aber diese Interpretation werden
nicht alle Leser teilen. Wie Utopia selbst bleibt Morus eine rätselhafte, ver-
wirrende Figur, die viele Anregungen gegeben hat, aber oft auch sehr mehr-
deutig war und die trotz aller Zweifel auf Verheißungen, Hoffnungen und
Vertrauen hinweist. Die Debatte geht weiter … aber zumindest der ver-
lockende Einfluss seiner Vision bleibt unbestritten.

Hans Holbein der Jüngere, *Portrait des Erasmus von Rotterdam,* des berühmten holländischen Priesters der Renaissance, des Theologen,
Humanisten und engen Freundes von Morus, 1523. Erasmus war
unter anderem Autor des Buches *Die Erziehung eines christlichen Prinzen,*
das 1516 veröffentlicht wurde, eines weiteren Textes in der Tradition des
„besten Gemeinwesens".

Paradies gefunden?

Entdeckungsreisen in die Neue Welt und darüber hinaus

Jeder Tourist weiß, dass eine gelungene Reise eine Mischung aus Fantasie, Erwartung und Freude über die Entdeckung des Neuen ist. Und je exotischer desto besser, das gilt nicht nur für das Abenteuer, sondern auch für seine Vermarktung in Buchform. Für die Europäer war bis vor relativ kurzer Zeit sogar die bekannte Welt verzaubert – das heißt von Göttern, Kobolden, Feen, Gnomen, Trollen, Naturgeistern und sagenhaften Kreaturen bewohnt. Diese Wesen drohten nicht nur mit unbekannten Schrecken, sondern versprachen hin und wieder auch unbeschreibliche Geschenke, zum Beispiel einen Topf voller Gold am Ende eines Regenbogens. Die unbekannte Welt hat immer auf weitere Wunder hingedeutet und war Objekt unzähliger Projektionen und Fantasien. Die erfundene, märchenhafte oder außergewöhnliche Reise ist beinahe so alt wie das Reisen selbst, und die Trennungslinien zwischen der religiösen Schilderung, der Legende, der Fantasie, der Geschichte eines Seefahrers und der glatten Lüge sind oft schwer zu ziehen.[1] Pilger, die einen großen Teil der mittelalterlichen Reisenden ausmachten, begaben sich mit überschäumenden Erwartungen und Mutmaßungen auf den Weg. Sie glaubten, dass ihnen das Fantastische in irgendeiner Form begegnen werde, sei es beim Erreichen des Heiligen Landes oder schon auf dem Weg dorthin. Viele glaubten noch immer, dass sich das Paradies irgendwo auf der Erde befinde und vielleicht auf die Wiederentdeckung warte.

Sie vermuteten, dass so entfernte, unbekannte Orte nicht unbedingt von Wesen bewohnt seien, die ihnen ähnelten. So waren auf den imaginären Landkarten häufig dystopische Orte verzeichnet, die auf den unachtsamen Reisenden lauerten und voller Schrecken für ihn waren. Sir John Mandevilles *Travels*, eine Zusammenfassung von frühen fantastischen Reisen, erschienen im Jahr 1499, aber schon Mitte des 14. Jahrhunderts geschrieben, berichtet von der Existenz von Menschen, die Augen auf ihren Schultern hatten oder die auf ihren Händen liefen oder nur einen Fuß hatten, wenn auch groß genug, um einen Schatten zu werfen.[2] Das Werk *Book of Diverse Type of Monsters* aus dem 9. Jahrhundert beschreibt kopflose Kreaturen auf einer Insel in Ägypten, deren Sinne sich an ihrem Körper befanden. Solche Monster und „Monsterländer", wie Shaftesbury sie später bezeichnete, soll-

Dieses Detail einer Handschrift aus dem 15. Jahrhundert zeigt Marco Polo, wie er 1271 in Venedig die Segel setzt. Über seine vierundzwanzigjährige Reise, die ihn bis nach China führte, berichtet das Buch *Die Reisen des Marco Polo*, auch bekannt geworden als *Il Milione* (deutsch: *Die Wunder der Welt*).

ten viele Jahrhunderte lang Thema einer großen Anzahl von Reiseschilderungen sein.

Mitte des 17. Jahrhunderts beschrieb der französische Schriftsteller Nicolas Perrot d'Ablancourt eine Nation von Tieren, die von einem Phönix beherrscht wurde und in der Löwen und Tiger Soldaten waren. In derselben Zeit präsentierte der Bericht *Account of Imaginary Island* (1659) der Herzogin von Montpensier eine Welt, die von Windhunden regiert wurde, denen Füchse, Löwen und Affen dienten. Zu erwähnen sind auch Berichte über Inseln oder Länder, in denen sich Tiere und Menschen im Erscheinungsbild vermischten, besonders in Margaret Cavendishs *The Blazing World* (1666), Gabriel Foignys *A New Discovery of Terra Incognita Australis* (1676) mit affenähnlichen Menschen und *Australia Discovered* (1781) von Nicolas Restif de la Bretonne mit Menschen, die Bären, Affen und Ottern gleichen. Charles de Fieux Mouhy beschrieb in seinem Buch *Lamekis* (1735) Trisolday, ein unterirdisches Land von Wurmmenschen, die die wertvollen Minerale der Welt sammeln. Auf den „Fabelhaften Inseln", beschrieben in einem französischen Text aus dem 16. Jahrhundert, lebten Affenmenschen, Zentauren und Kreaturen, die ganz mit Augen und Ohren bedeckt waren. Die Suche nach dem Einhorn, das der Legende nach nur von einer Jungfrau gezähmt werden kann und von dessen Horn man glaubte, dass es magische Kräfte habe, verzauberte viele Forschungsreisende. Auch Tiere konnten damals utopische Qualitäten besitzen.

Als dann das Zeitalter der Entdeckungen ernsthaft begann, wurden solche Mythen nicht einfach verworfen. Im Gegenteil, die Neue Welt war von Beginn an ebenso eine Projektion europäischer Fantasien wie auch Utopia.

Lange bevor Amerika entdeckt wurde, glaubte man, der Atlantik sei voller imaginärer Orte mit mythischem Inhalt. Um das Jahr 1000 glaubten die Normannen, dass die Einheimischen, auf die sie in Vinland, einem Teil Nordamerikas, stießen, Trolle oder übernatürliche Wesen sein könnten – Kontakt zu ihnen aufzunehmen war von der Kirche verboten worden. Die Kelten spekulierten über Avalon oder die „Apfelinsel" und hielten es für ein Königreich irgendwo hinter dem Horizont des Atlantischen Ozeans, von dessen Einwohnern man glaubte, dass sie ohne Tod, Furcht oder Kummer lebten. Eine Insel mit dem Namen Bresal, später Brasilien, ist bereits im 5. Jahrhundert identifizierbar. Bald danach machte sich der heilige Brendan auf, um ein irdisches Paradies, das Gelobte Land der Heiligen, zu entdecken. Die so lieblichen und fruchtbaren „Glücklichen Inseln", möglicherweise die Kanarischen Inseln, wurden um 1100 erwähnt. Eine Landkarte von 1367 zeigte die „Fantastischen Inseln" vor den Küsten Amerikas

In anderen Gegenden der Welt gab es ähnliche Orte. Amazonien, das sich angeblich irgendwo nahe dem Kaspischen Meer befand, wurde in Mandevilles Reiseberichten im 14. Jahrhundert als Wohnsitz von furchterregenden Kriegerfrauen beschrieben, die sich nur einmal jährlich während eines Festes fortpflanzten und danach die Männer aus ihrem Herrschaftsbereich vertrieben. Er beschrieb auch die Dondum-Inseln, wo eine Gruppe kopfloser Menschen – von denen man glaubte, sie seien aus der Vereinigung von Frauen mit Teufeln hervorgegangen – Augen an ihren Schultern hatte. Er berichtete über Pentixore, wo Gold und die erlesensten Edelsteine den Palast des Herrschers schmückten. Er deutete auch die Existenz des „irdischen Paradieses" an, des höchsten Ortes auf Erden mit einer Quelle, der alle Flüsse entstammen würden.

Dieser Kupferstich von den *Nova Typis Transacta Navigatio* (1621) von Caspar Plautius, dem Abt von Setenstetten, zeigt den legendären heiligen Brendan auf der Suche nach dem Gelobten Land der Heiligen, westlich der afrikanischen Küste. Die Legende des Abts Brendan stammt ursprünglich aus Irland und enthält auch heidnische, christliche und klassische Motive.

Karte der sagenhaften Länder des Priesterkönigs Johannes, 1603. Die mittelalterliche Legende des Priesterkönigs Johannes, die sich ab dem 12. Jahrhundert verbreitete, erzählt von einem christlichen Monarchen, der über ein Königreich voller Reichtümer und großer Wunder herrschte, das sich in Asien oder Afrika befand. Hier liegt es südlich von Ägypten.

Das gewaltige katholische Königreich von Antangil im Süden des Indischen Ozeans wurde im Frankreich des frühen 16. Jahrhunderts als Ort der Demokratie und der Gütergemeinschaft geschildert. Aber hier wurden nur die weiblichen Nachkommen des Hochadels erzogen. Weiter im Osten gab es im 12. Jahrhundert Berichte von den sagenhaften Ländern des legendären christlichen Herrschers, der als Priesterkönig Johannes bekannt ist. Und im späten 13. Jahrhundert erzielte Marco Polo großes Interesse mit seinem (möglicherweise fiktionalen) Bericht über das mongolische Imperium von China, dessen Vorzüge er nachdrücklich lobte. Jenseits davon, so nahmen die Reisenden des 16. Jahrhunderts an, lag die allem Anschein nach reiche Insel Japan, in der Nähe der „Inseln aus Gold und Silber", die im frühen 17. Jahrhundert von Abel Tasman gesucht wurden. Südlich davon, so wurde vermutet, befand sich eine gewaltige antipodische Masse oder ein Konti-

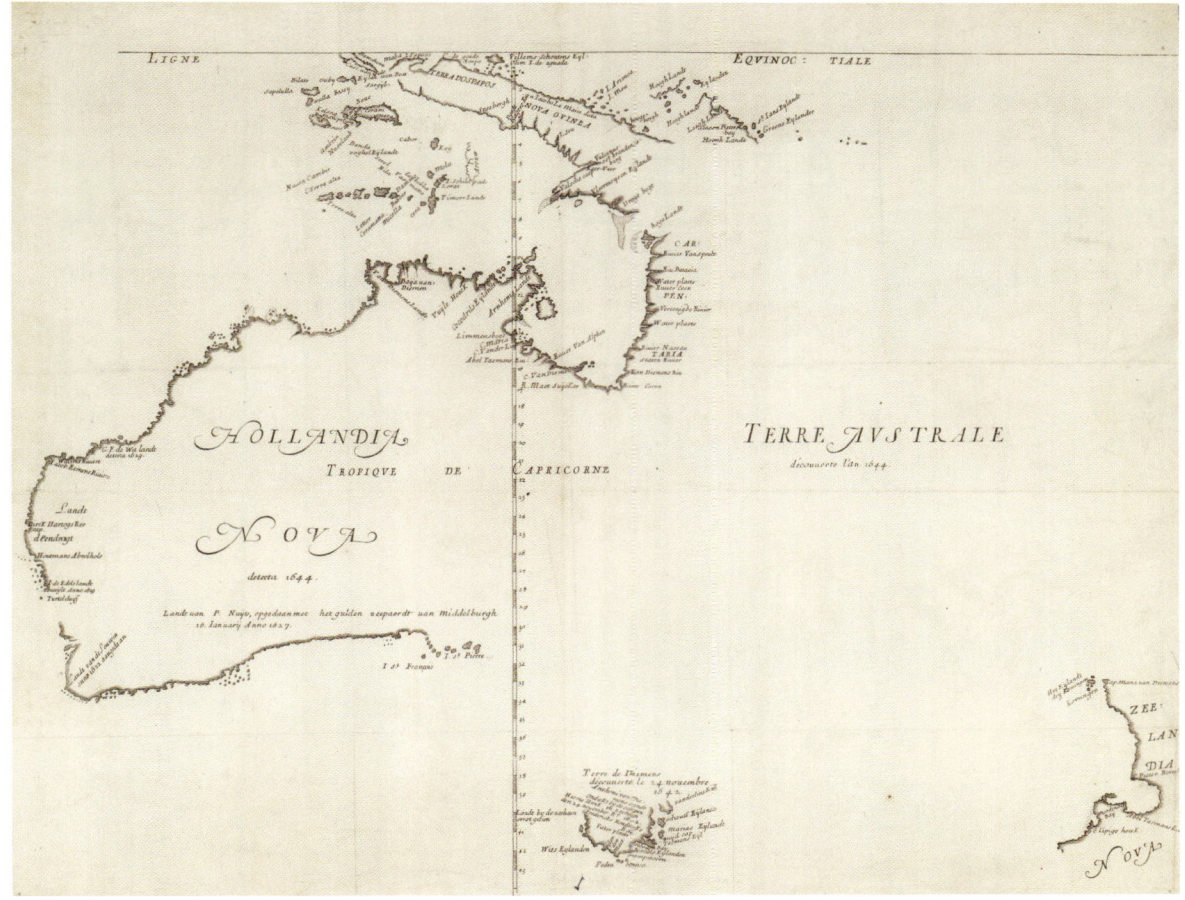

nent, die „Große Südliche Insel", die im späten 17. Jahrhundert die Bezeichnungen New Holland und Terra Australis erhielt. Obwohl es die dort vermuteten Reichtümer nicht gab, waren einige der Ansicht, dass sie von den
verlorenen Stämmen Israels oder den Bewohnern von Atlantis oder auch
– nach einer fidschianischen Legende – von emigrierten Afrikanern bewohnt
wurde. Weitere Spekulationen gab es um andere versunkene Kontinente wie
Zealandia.

Der Zeitraum der ersten ernsthaften Entdeckung mit der anschließenden
Eroberung der Neuen Welt und anderer Teile der Erde folgt den mythischen
Reisen und geht dem Zeitalter des modernen Reisens voran. Fortan sollten
die Fantasien an Bedeutung verlieren und die anthropologischen Aspekte in
den Vordergrund rücken. Als *Principal Navigations, Voyages and Discoveries of
the English Nation* von Richard Hakluyt herausgegeben wurde (1589), wurden wissenschaftliche und ökonomische Interessen immer wichtiger.

„Hollandia Nova detecta 1644";
„Terre Australe découverte l'an
1644", gedruckt im Jahr 1663 in
Thevenots *Relations de divers voyages curieux*. Die Vermutungen über
die Existenz eines mysteriösen
südlichen Kontinents hielten sich
noch Jahrzehnte.

Christoph Kolumbus (1451–1506)

Der italienische Seefahrer und Entdecker Amerikas, Christoph Kolumbus, unternahm vier Reisen in die Neue Welt. Diese fanden zwischen 1492, als er San Salvador, Kuba und Haiti erreichte, und 1504 statt, als er in Honduras und Nicaragua anlegte. Die anderen Reisen zwischen 1493 und 1496 führten ihn nach Guadeloupe, Montserrat, Antigua, Puerto Rico und Jamaika und 1498 nach Trinidad, von wo aus er das Festland von Südamerika erreichte. Geboren in Genua, fuhr Kolumbus schon früh zur See und war eine Zeit lang als Kartograph in Portugal beschäftigt. Er glaubte, dass im Westen eine Route zu dem an Gewürzen reichen Indien gefunden werden konnte und brach 1492 mit der Unterstützung von Ferdinand und Isabella von Spanien auf. Er wurde auch stark von religiösen Prinzipien motiviert und verband seine epochale Reise mit der biblischen Prophezeiung und dem Willen Gottes, der ihn, so glaubte er, dazu bestimmt habe, durch das Bekehren aller Nichtchristen die wahre Menschlichkeit zu verbreiten und dadurch das zweite Erscheinen von Christus anzukündigen. Er hatte später einige Kontroversen mit den spanischen Kolonialverwaltern und starb schließlich verarmt.

Der große Christoph Kolumbus war ein Mann, der gleichermaßen von Gott und von Gold besessen war – wenngleich die Besessenheit für das Letztere in seinen früheren Jahren stärker ausgeprägt war. Er hat wohl tatsächlich nach einer neuen Route zu den Gewürzen Indiens gesucht, als er zu seinen Reisen in die Neue Welt aufbrach. Aber er glaubte auch, dass König Salomons Minen dort liegen (nahe Panama). Er betrachtete sich als vom Heiligen Geist inspiriert und als Vollstrecker der Prophezeiungen des Altertums.[3] Kolumbus kannte auch Platons Bericht über Atlantis.

Nach seiner ersten Landung berichtete Kolumbus, dass es nirgendwo bessere Menschen oder besseren Boden gebe.[4] Später nahm die Tragweite seiner Entdeckungen und Erfindungen konstant zu. In einem Brief, den er 1498 über seine dritte Reise schrieb, behauptete er, das irdische Paradies entdeckt zu haben – was auch nach der Ansicht von Vespucci in der Neuen Welt lag. Dies wurde von der Anmut eines Flusses, des Orinoko, auf den er stieß, bestätigt, den er ohne die Erlaubnis Gottes nicht zu betreten wagte. (Juan Ponce de León sollte später im heutigen Florida nach dem Jungbrunnen suchen; und im 17. Jahrhundert versuchte Antonio de León Pinelo, Kolumbus' Theorie vom *El paraiso en el nuevo mundo* oder dem „Paradies in der Neuen Welt" zu beweisen).

Die von Kolumbus „entdeckten" indigenen Völker – von denen einige glaubten, dass die Spanier vom Himmel kommen – wurden bald faszinierende Objekte für die europäischen Forscher.[5] Viele Reisende verglichen sie mit den ersten Völkern des verloren gegangenen Goldenen Zeitalters. Kolumbus beschrieb sie als „eine sehr sanfte Rasse ohne Kenntnis von irgendeiner Sünde; weder töten sie, noch stehlen sie oder tragen Waffen", und sie

„legen keinen Wert" auf Gold, nur wenn sie es zu Schmuck verarbeiten[6] (Tacitus hatte eine ähnliche Verachtung für Edelmetalle bei den alten Germanen beobachtet[7]). Dennoch gab es von Beginn an Zweifel. „Welche wahre Tugend konnten diese Menschen als Nichtchristen besitzen?", fragten sich einige Eroberer. Andere fanden sie bösartig, „dumm und albern", es fehle ihnen an jeder Achtung für Gerechtigkeit oder „Wahrheit, außer wenn es zu ihrem Vorteil ist".[8] Es wurde zudem bei einigen dieser Stämme festgestellt, dass sie Kannibalen waren. Und so befanden sich viele indigene Völker rasch und unaufhaltsam in einem Zyklus aus Degeneration und Hoffnungslosigkeit. Es gelang ihnen nicht, ihre Einfachheit und ihre Unschuld zu bewahren, da sie dazu gezwungen wurden, die eine „wahre" Religion anzunehmen. Der Preis, den sie dafür zu zahlen hatten, war Ausplünderung und physische Vernichtung. Fragen nach ihrer Herkunft und Unschuld wurden beiseite gewischt. Ihr Besitz von Gold definierte ihr Verhältnis zu den europäischen Eroberern. Kolumbus sollte später schreiben, Gold sei „das Wertvollste aller Erzeugnisse", und „der, der es besitzt, hat alles, was er in dieser Welt benötigt und damit auch die Mittel, Seelen aus dem Fegefeuer zu retten und sie wieder in die Freude des Paradieses zurückzuführen".[9] Die größte Ironie des neu entdeckten Goldenen Zeitalters zeigte sich dadurch, dass die ganze Aufmerksamkeit gerade auf das Gold gerichtet wurde.

Die Neue Welt wurde damals genauso erfunden, wie sie entdeckt wurde, und Kolumbus kann zu Recht als der Erfinder der Moderne bezeichnet werden.[10] In der Zeit nach Kolumbus fragten sich eine Reihe von Spekulanten

Eine Versammlung mit den Häuptlingen und den wichtigsten Beratern aus Theodor de Brys *Indorum, Floridam provinciam imhabitantium excomes,* Frankfurt, 1591. Die Einheimischen scheinen hier unbewaffnet zu sein, die Europäer bereiten sich auf einen Kampf vor. Obwohl de Bry viele Kupferstiche von den amerikanischen Ureinwohnern machte, besuchte er die Neue Welt nie selbst.

Dieser handbemalte deutsche Holzschnitt von 1505, der zeigt, wie Kannibalen der Neuen Welt Körperteile über einem Feuer rösten, basiert vermutlich auf Amerigo Vespuccis Beschreibung in *Mundus Novus,* wo er von Völkern berichtet, auf die er in Brasilien stieß. Die Existenz des Kannibalismus war eine entscheidende Rechtfertigung für die Eroberung.

im 16. und 17. Jahrhundert immer wieder, ob die amerikanischen Ureinwohner ein voradamitisches Volk seien, das gesondert von Gott geschaffen worden war (eine Theorie, die später als Polygenismus bezeichnet wurde), oder vielleicht eine Rasse, die einen Zustand verkörpere, der näher bei dem lag, was Gott für die Menschheit beabsichtige, oder ob sie von den Juden oder Bewohnern von Atlantis abstammten. Der früheste Bericht darüber, wie sie lebten – in der Tat die erste Geschichte von der Neuen Welt (1504, aber bereits 1493 zusammengestellt) –, stammt von einem Bekannten von Kolumbus, wie er ein Italiener, der als Peter Martyr Anglerius bekannt wurde.[11] Dieser Text beschreibt die Einheimischen als Bewohner eines „Goldenen Zeitalters", in dem „das Land jedem gehört, genauso wie die Sonne oder das Wasser. Sie kennen keinen Unterschied zwischen *meum* [mein] und *tuum* [dein], dieser Quelle allen Übels".[12] Es ist sehr wahrscheinlich, dass Thomas Morus diesen Text kannte.[13] Sicherlich stand seine einfallsreiche Exkursion nach Utopia in enger Verbindung mit Vespuccis Bericht (der zumindest teilweise von späteren Herausgebern erstellt wurde) von seinen vier Reisen nach Amerika zwischen 1497 und 1504. Dieser Text, den Morus eifrig verschlungen hat, berichtet über die Entdeckung von Menschen, deren Besitz allen gehört, „ohne Handel, die weder kaufen noch verkaufen", die wertvolle Edelmetalle „als nichts" erachten und bei denen jeder „sein eigener Herr" ist. Spätere Schilderungen sollten darauf hinweisen, dass sie diesen Bodenschätzen tatsächlich einen geringen Wert zumaßen – dies verärgerte ihre Eroberer, da sie es dann versäumten, sie in ausreichender Menge zusammenzutragen.[14]

J. H. Hexter vertritt die Auffassung, dass dieser Bericht Morus' Ideen einen „entscheidenden Sprung" nach vorn brachte.[15] Dies wurde auch in späteren Epochen so gesehen. Auch Michel de Montaigne glaubte, dass die Amerikaner das Goldene Zeitalter viel lebendiger repräsentierten als Lykurg oder Platon. Sein Essay *Die Kannibalen* (ca. 1580) beschreibt ein Land in der Nähe von Brasilien, das anscheinend erst vor Kurzem besiedelt wurde. Um sich zu behaupten, benötigen die Menschen keine Gesetze und keine Zivilisation. Die Familien leben harmonisch in Gemeindehäusern und teilen die Mahlzeiten. Und trotz ihrer Gewohnheit, menschliches Fleisch zu essen, werden sie den Europäern als vorbildlich gegenübergestellt. Shakespeare war davon beeindruckt und nahm dieses Thema in sein Stück *Der Sturm* auf (1611).

Aber es gab in der Tat keine zuverlässige oder konsistente Information darüber, wie die Einheimischen der Neuen Welt organisiert waren oder worin ihr wahrer Charakter bestand. In einigen Versionen von Vespuccis Schilderung – jenen, von denen man inzwischen annimmt, dass sie gefälscht sind – waren sowohl Frauen als auch Männer unmäßig lüstern, es gab nur wenige Gesetze und jeder war „sein eigener Herr".[16] Sie lebten in einem vermeintlich primitiven Zustand von Freiheit, den viele im extremen Fall als bösartig und barbarisch empfanden. Die Inkas von Peru, auf die die Europäer erst etwa vierzehn Jahre, nachdem Morus *Utopia* geschrieben hatte, gestoßen waren, sollten ein ganz anderes Modell der Gesellschaft liefern, das später mit einigen Aspekten von Morus' Text in Verbindung gebracht werden sollte. Die Kommentare von Garcilaso de Las Vega zu den Inkas (1609–17) beschrieben eine weitaus komplexere, in hohem Maß regulierte und gut geordnete Gesellschaft, die durch eine paternalistische Herrschaft und eine effiziente Staatsorganisation definiert war. Es war ein Modell, das in viele spätere Utopien aufgenommen werden sollte. Edelmetalle wurden im Wesentlichen als überflüssig angesehen, wenn sie nicht als Münzen verwendet wurden, obwohl Schalen und Edelsteine geschätzt wurden. Jedem Haushalt wurde genug Land zugeteilt, um ihm sein Auskommen zu gewährleisten.[17] Pedro Pizarro und andere beschrieben die Organisation der Inkagesellschaft auf der Grundlage von Arbeitsquoten, der alles durchdringenden Rolle von Vorgesetzten und der umfassenden Sorge für den Einzelnen im Krankheitsfall und im Alter.[18] Gold wurde nur von den Inkaherrschern verwendet, vor allem zur Dekoration, und nicht von der allgemeinen Bevölkerung. Spätere Schriftsteller wie William Prescott betonten dies und fügten hinzu, dass – da sie nur wenig Eigentum hatten und keinen Handel betrieben – nur sehr wenige Gesetze erforderlich seien und „das Agrargesetz" der Inkas noch „umfassender und wirksamer" wäre als das von Lykurg.

„Levantose por rei Inga Mango Inga". Eine Darstellung aus der Chronik des Felipe Guaman Poma de Ayala (ca. 1615) über den gerade gekrönten Kaiser Manco Inka Yupanqui (1516–44) auf seinem zeremoniellen Thron in Cuzco.

Die Inkas waren hauptsächlich Landwirte, obgleich ein kleiner Anteil von ihnen ein Handwerk ausübte. Jene, die für die Regierung arbeiteten, wechselten sich ab, damit sie in der Lage waren, ihren eigenen Haushalt zu führen. Die Linderung der Armut einschließlich der staatlichen Versorgung mit Kleidung erfolgte großzügig und vorbehaltlos.[19]

An einem anderen Ort in Amerika, unter den Azteken in Mexiko, wurde das Eigentum des Stammes aufgeteilt. Aber sie hatten kein Geld und legten auch nur wenig Wert auf Gold. Auch die Mayas wurden mit Morus in Verbindung gebracht.[20] Und nachdem *Utopia* 1516 erschienen war, sollten in der Neuen Welt eine Vielzahl von Experimenten in Angriff genommen werden, um seine Ideen im Hinblick auf das Leben der Einheimischen zu realisieren. Unter jenen, die dem spanischen Forschungsreisenden Hernán Cortés nach Mexiko folgten, glaubte zumindest der Franziskanermönch Mendieta, dass die nicht auf Habsucht angelegte Natur der indianischen Gesellschaft – von der er meinte, dass sie jüdischer Herkunft sei – ein neues Goldenes Zeitalter für eine regenerierte europäische Christenheit ankündigte, wenn man es schaffen könnte, „tugendhaft und friedlich Gott zu dienen, wie in einem irdischen Paradies".[21] Bei einem missionarischen Experiment der Jesuiten in Paraguay während des 17. und 18. Jahrhunderts, das Voltaire mit Lykurgs Sparta verglich, versuchten die Spanier in der Gesellschaft von Guarani das Privateigentum einzuführen. Aber das Gemeineigentum blieb für die Guarani weiter wichtig, „privates" Land war nicht erblich und Geld wurde von den meisten Indianern nicht verwendet, die eine „halbarkadische, halbmönchische" Existenz genossen.[22] Die Jesuiten begehrten und sammelten kein Gold. Auch versklavten sie ihre Untertanen nicht, und sie ließen letztlich deren „sehr schwaches" Gefühl für Eigentum im Wesentlichen unberührt. Die Jesuiten wurden schließlich ausgewiesen und ihre Arbeit in nur zwei Jahren zunichte gemacht. Auch hier wurde dann, wie überall in der Neuen Welt, das einmal gefundene Utopia schon bald wieder verloren oder zerstört.

Dennoch weisen solche Berichte darauf hin, dass die Spanier etwas Ähnliches wie Utopia beschrieben hatten, bevor Morus darüber schrieb, und dass er und andere glaubten, dass etwas wie Utopia oder Aspekte davon im Mundus novus, in der Neuen Welt, und vielleicht irgendwo anders existiere. Durch die Schilderungen späterer Forschungsreisender über die Neue Welt wurden diese Auffassungen nicht verändert und durch *Utopia* noch verstärkt. Utopia war deshalb irgendwo, bevor es nirgends war, eine Realität, bevor es zu einer Fiktion wurde. Wenn dies der Fall war, könnte oder konnte es von „zivilisierten" Europäern imitiert werden? Oder waren sie zu weit degeneriert, um eine solche Möglichkeit in Betracht zu ziehen?

Im Grund war natürlich nicht so wichtig, ob solche Beschreibungen der Wahrheit entsprachen. Wesentlich war vielmehr, ob die Menschen dachten, dass sie wahr seien, und auf Basis dieser Vermutung handelten. Aber es ist augenscheinlich, dass man sowohl an die Existenz von primitiven als auch von komplexen utopischen Gesellschaften glaubte. Waren sie erfolgreich, weil sie im Einklang mit der Natur existierten oder weil sie klug gestaltete Verfassungen hatten? Wenn sie wirklich tugendhaft waren, was manchmal bestritten wurde, wie konnten solche Gesellschaften dann heidnisch sein? Und war es von Bedeutung, dass sie bereit waren, ihr Gold bereitwillig zu verschenken? Hier war sicherlich Raum für reichlich Spekulationen vonseiten der kühnsten – und bestimmt der habgierigsten – Reisenden.

Von diesen zwei Facetten des amerikanischen Mythos – dem Gold und der Unschuld – wurde die erstere schnell dominierend. Die Suche nach der sagenhaften Stadt von Manoa, der Hauptstadt von El Dorado – dem goldenen Königreich –, sollte schließlich zu einer immer größeren Begierde nach anderen Edelmetallen, nach den Schätzen der alten Imperien wie jenen der Inkas und Azteken, nach Eroberung und Herrschaft und dem Zugang zu den östlichen Handelswegen führen. Wo eine weiße Haut zu haben bedeutete, eine Blankovollmacht zu besitzen, stachelte die Habgier beinahe sofort zu praktisch grenzenloser Plünderei und, wie in so vielen späteren Imperien, zu totalem Terror auf.

Bartolomeo de Las Casas, Vasco de Quiroga und andere machten sich im Hinblick auf die Herrschaft über die Eingeborenen einen aufgeklärteren, humanistischen Ansatz zu eigen. Sie hegten die Hoffnung, die Eingeborenen zu primitiven Christen erziehen zu können.[23] Aber sie erreichten nur wenig. Sie konnten den massenhaften Tod, teilweise durch Mord, oft durch Selbstmord, aber hauptsächlich durch Krankheiten, nicht aufhalten, der die Folge der europäischen Eroberung darstellte. Die einheimische karibische Bevölkerung sollte von einer Anzahl irgendwo zwischen zwei und acht Millionen – die Schätzungen variieren – in den zwanzig Jahren nach dem Jahr 1492 und der Ankunft von Kolumbus auf nur 100 000 reduziert werden. (Die Einheimischen begannen auch, die Fortpflanzung zu verweigern, um auf diese Weise die Zeugung von Sklaven zu vermeiden.)

Diese Landkarte, im Jahr 1732 von Giovanni Petroschi in Rom erstellt, zeigt die wichtigsten Missionen und missionarischen Reisen in der Jesuitenprovinz von Paraguay und den Nachbarregionen.

Dennoch sollte Amerika weiterhin für etwas stehen, was der pazifische Raum im 18. und 19. Jahrhundert symbolisierte: für einen Ort von schlichter moralischer Reinheit, mit der Nähe zum Urzustand der Natur, bevölkert von edlen Wilden, die in einer größeren Harmonie mit ihrer Umgebung als ihre „zivilisierten" Nachkommen leben. „Am Anfang war die ganze Welt Amerika", schrieb John Locke 1690,[24] und die nachfolgenden Generationen diskutierten dann, ob dies ein Zustand einer einfachen, aber friedlichen Koexistenz war oder der Beginn des von Thomas Hobbes prophezeiten Krieges aller gegen alle, ein heftiges Gerangel um knappe Ressourcen, bei dem die Letzten von den Hunden gebissen werden. Der moralische Tropus sollte nichtsdestoweniger lange beliebt sein und satirisch dargestellt werden. Voltaires Darstellung von El Dorado in seiner berühmten Satire *Candide* (1759) konzentriert sich auf die idealen religiösen Dimensionen des Königreichs – alle Priester leben in Harmonie und sind mit ständigen Gebeten beschäftigt. Dieser Text ist nur ein Beispiel für die vielen Berichte über Reisen, die die Sorgen, Torheiten und Missetaten der Menschheit und besonders die vielen Kriege und die Gewalttätigkeit dieser Epoche beschreiben.

Die Imperien der Neuen Welt wurden auf diese Weise auf mehreren Ebenen mit utopischen und dystopischen Idealen verflochten. Was für Europäer utopisch war, war natürlich für die besiegten Einheimischen und deren Nachfolger – den aus Afrika importierten Sklaven – dystopisch. Morus' Utopier waren eifrige Imperialisten, und wie im Fall der Nation als eine „sich vorgestellte Gemeinschaft"[25] kann das Konzept des Imperiums als eine Teilmenge von Utopia angesehen werden, in jenem Sinn, dass es das Ideal einer Ordnung fördert, die auf Bedingungen beruht, bei denen eine Herrschaft als minimal oder gar nicht vorhanden betrachtet wird. Imperien führen auch eine Reihe von Erscheinungen ein – Christentum und Handel an vorderster Stelle –, die unter den Begriff Zivilisation fallen. Vom späten 15. bis zum 20. Jahrhundert führte dieses Konzept des Imperiums, das normalerweise auf der einen Seite eine Hervorhebung der Tugenden der siegreichen Nation und gleichzeitig auf der anderen Seite der Laster der Besiegten beinhaltet, zu einer immensen Erweiterung der europäischen Herrschaftsgebiete. Bis zum frühen 17. Jahrhundert wurden in die Kolonien von Nordamerika, wie beispielsweise in Virginia, ähnlich millenaristische, arkadische und andere Hoffnungen gesetzt, eng verbunden mit den Erwartungen einer raschen Bereicherung. Durch religiöse Verfolgung wurden im 17. Jahrhundert Tausende von protestantischen Sektenanhängern aus Europa vertrieben, die dann Nordamerika mit den Symbolen des Gelobten Landes oder der „Stadt auf dem Hügel" belegten, deren „auserwählte Menschen" dazu bestimmt waren, über ihre Feinde zu triumphieren, wie es in John Eliots *Christian Commonwealth* (1659) deutlich dargelegt wird.

Eine handbemalte Version des Kupferstiches von Theodor de Bry mit dem Titel *Die Ankunft der Engländer in Virginia* zeigt englische Schiffe, die Nordamerika erreichen. Veröffentlicht wurde es in Thomas Hariots Schrift *A Briefe and True Report of the New Found Land of Virginia* (1588). Die Gefahren der Reise werden durch das Sinken der fünf Schiffe, die der Küste am nächsten sind, betont.

Die Hoffnungen auf eine gottesfürchtige Herrschaft unter den Einheimischen oder den Einwanderern wurden oftmals schnell zerstört. Ein Jahrhundert später sollte sich der Fokus in Richtung Asien verschieben. In einigen Fällen, wie dem britischen Indien, waren das öffentliche Eigentum und die Führung des Landes in großem Maße mit der imperialen Verwaltung verbunden. Einige spätere Utopien, darunter auch jene von Louis-Sébastien Mercier, sollten den zukünftigen Verzicht auf das Imperium verkünden.[26] Aber für die meisten machte das Goldene Zeitalter der Neuen Welt den Weg frei für ein „Zeitalter des Goldes", ohne dass die Europäer dagegen aufbegehrten.

Doch die wirklichen Reisen zerstörten nicht immer die Beliebtheit der fantastischen Reisen; in der Tat war der Appetit der Öffentlichkeit auf beide grenzenlos. Als sich durch die Entdeckungsreisen die Welt im 17. Jahrhundert immer weiter ausdehnte, entstanden auch immer weitreichendere fantastische Ziele. Zu den imaginären Reisen dieser Periode gehörten Henry Schootens *The Hairy-Giants, or, A Description of Two Islands in the South Sea* (1671), das die Insel Benganga beschreibt, eine absolute Monarchie von riesigen Teufelsanbetern, und Joshua Barnes' Werk *Gerania A New Discovery of a Little Sort of People* (1675), das ein Pygmäenvolk in seiner arkadischen Einfachheit zum Gegenstand hat. Aphra Behns extrem populäres Buch *Oroonoko* (1688) über Surinam vermischte die Antisklaverei-Literatur mit dem Ideal des „edlen Wilden". In Frankreich stellte Foignys *A New Discovery of Terra Incognita Australis* (1676) die wichtigste unter den frühen imaginären Reisen dar, die Australien als Zielort hatten.

OROONOKO.

Mrs. SAVIGNY in the Character of OROONOKO.

Oro. I'll turn my Face away, and do it so.

Published Nov.r 23. 1776 by I. Lowndes & Partners

Dieser Kupferstich aus dem 18. Jahrhundert zeigt den Schauspieler John Horatio Savigny in der Rolle des Oroonoko aus dem gleichnamigen Roman über die Sklaverei in Surinam, der von einer der frühesten britischen Romanautorinnen, Aphra Behn, geschrieben wurde.

Zu Beginn des 18. Jahrhunderts berichteten Reisende von der Existenz des Königreichs Abdalles vor der Küste von Nordafrika, wo es einen goldenen Strom gebe, der alle Wunden heile. Zur gleichen Zeit erfand George Psalmanazar in *An Historical and Geographical Description of Formosa* (1704) sowohl eine Kunstsprache als auch eine Reiseschilderung. Auf der Paradiesinsel, über die James Dubourdieu (1719) in seinem Buch *The Adventures, and Surprizing Deliverances* berichtete, wurden die schiffbrüchigen Europäer von den Einheimischen, die Ehefrauen und Eigentum miteinander teilten, verächtlich angesehen. Nicht alle diese Orte waren angenehm: Die „Insel der Langeweile", beschrieben in einem französischen Text des 18. Jahrhunderts, wurde von giftigen Pflanzen und giftigen Tieren bevölkert, die die Besucher angriffen. Auch die Einheimischen waren nicht immer freundlich; Captain Cook war ein unter den Forschungsreisenden berühmtes echtes Opfer.

Zu dieser Zeit war der typische europäische Forschungsreisende oder Kaufmann jemand, der einen Sturm und einen Schiffbruch überlebte, auf unglaubliche Wunder stieß und dem dann eine wundersame und erlösende Flucht gelang. Nicht alle Entdeckungen betrafen tugendhafte Menschen. In Thomas Artus' *Les Hermaphrodites* (1605) fehlte es den Einwohnern an allen männlichen Kennzeichen und sie wurden von Lastern heimgesucht; es ist bereits früher beobachtet worden, dass Unisexualität mit einer Vielzahl der frühen christlichen Sekten verbunden wird, wozu auch die Adamiten gehörten. Foigny beschrieb eine hermaphroditische Gesellschaft – alle Kinder mit einem eindeutigen Geschlecht waren getötet worden – ohne Herrscher, ohne zentralisierte Macht oder Ungleichheit. Die „Herrlichkeit" der Gesellschaft basierte darauf, dass „alles identisch und gleichermaßen kultiviert erschien". Wie bei Platon werden die Kinder gemeinsam erzogen und ihrem Alter nach aufgeteilt. Alle speisen zusammen und leben in Wohnungen für jeweils vier Personen.[27] Ein anderer bekannter Text, Denis Vairaisse d' Allais' *Histoire des Sevarambes* (1675), verknüpft wie in *Terra Australis* die Details einer Seereise mit Themen der Spartaner und Moreaner. In der hier beschriebenen Gesellschaft werden Edelmetalle nicht gehandelt. Man verwendet sie lediglich als Schmuck, aber sie haben geringen Wert. Die Regierung ist despotisch, aber demokratisch gewählt. Der Staat sorgt durch eine entsprechende Lebensmittelverteilung für das individuelle Wohl.

Ab einem Alter von sieben Jahren werden Kinder gemeinsam erzogen. Die soziale Gleichheit wird sehr hoch geschätzt. Privateigentum gibt es nicht, die Mahlzeiten werden gemeinsam eingenommen, die Kleidung ist einheitlich und die Arbeit gut organisiert. Auch religiöse Toleranz wird geübt. Rechtsanwälte sind zugelassen, aber ihre Anzahl ist sorgsam beschränkt.[28] Obgleich im Mittelmeerraum angesiedelt, griff François Fénelons *Les Aventures de Télémaque, fils d'Ulysse* (1699) auf ähnliche Themen zurück und nutzte ebenso klassische Bezüge wie die Beschreibungen der Indianer, um eine Verachtung von Luxus, Ehrgeiz und Zivilisation im Allgemeinen vorzutragen. Die Einwohner sind vor allem Schäfer und leben nicht in den Städten.

Andere Texte nahmen auch klassische utopische Themen auf. In *A Voyage to Tartary* (1689) des Heliogenes L'Epy wird eine Kolonie entdeckt, die von griechischen Philosophen abstammt. Hier richtet man sich nach Gesetzen, die sich an Platons Gemeinwohl und einem schlichten Christentum orientieren. Es herrscht Gütergemeinschaft, die Einwohner sind extrem genügsam und vollkommen gesund. Wie in Morus' *Utopia* nehmen alle Menschen dieselbe soziale Entwicklung. Sie werden ausgebildet, arbeiten im Alter von achtzehn bis dreißig auf dem Land und kehren dann in die Stadt zurück, wo alle über dreißig in einer Vollversammlung die Geschicke des Staatswesens lenken. Ein anderes literarisches Utopia aus dieser Periode, das eine Rückkehr zu einem primitiven, patriarchalischen, gereinigten Zustand der Christenheit forderte, war Francis Lees *Antiquity Revived: or the Government of a Certain Island Anciently Called Astreadas* (1693). Zu den beliebtesten Schilderungen von angeblich unbewohnten Inseln dieser Epoche gehörte das oft neu aufgelegte Buch *The Isle of Pines* (1668) des Republikaners Henry Neville. Diese fantastische Erzählung berichtet von einem Schiffbruch. Ein Mann bevölkert eine abgelegene Insel mit der Hilfe von vier gut aussehenden Frauen, von denen eine schwarz ist. Er stirbt im Alter von vierundneunzig Jahren, nachdem er etwa zweitausend Nachkommen gezeugt hat, die unter seiner gütigen christlichen Herrschaft leben. Tyrannei gibt es hier nicht, obwohl das Vergehen, schlecht über den Herrscher zu reden, mit Schlägen und Ausschluss aus der Gemeinschaft bestraft wird. Eine andere in dieser Zeit herausgegebene republikanische Utopie ist *The Free State of Noland* (1696), eine neoharringtonsche Abhandlung (siehe S. 100), in der, wie J. G. A. Pocock, J. C. Davis und andere argumentiert haben, die Forderungen nach Bürgerbeteiligung mit Plänen für eine verfassungsmäßige Machtverteilung kombiniert wurden.[29] In dieser Zeit begann die Wissenschaft damit, eine eigene utopische Variante zu entwickeln, und Francis Bacons *New Atlantis* fand viele Nachahmer.

Kapitel 6

Das Zeitalter von Defoe und Swift

Satiren und Wüsteninseln

Zwei zu Beginn des 18. Jahrhunderts in Großbritannien veröffentlichte Bücher sollten einen nachhaltigen Einfluss auf das utopische Denken und Schreiben haben: der berühmte Schiffbruch-Roman *Robinson Crusoe* (1719) von Daniel Defoe und die bekannteste utopische Satire, *Gullivers Reisen* (1726) von Jonathan Swift. Jedes dieser Bücher sollte in der Folgezeit häufig imitiert werden und Anlass zu neuen Untergenres der Literatur – „Robinsonaden" und „Gulliveraden" – geben.

Das von Kindern und Erwachsenen gleichermaßen geliebte Buch von Defoe, *Robinson Crusoe,* ist vielleicht die beliebteste Fantasiegeschichte aller Zeiten. Die Geschichte basiert zumindest teilweise auf einer wahren Schilderung, dem Bericht eines schottischen Seefahrers, Alexander Selkirk, der Schiffbruch erlitt und von 1704 bis 1709 auf die Insel Juan Fernández vor Chile verschlagen wurde – heute trägt sie den Namen Robinson-Crusoe-Insel. Die Geschichte kann auch auf einem holländischen Bericht beruhen, der weitgehend antiutopischen Parodie *Beschreibung des mächtigen Königreichs Krinke Kesmes* (1708) von Hendrik Smeek.[1]

Robinson Crusoe ist im engeren Sinn keine Utopie, weil ein Einzelner, der gestrandete Crusoe, auf einer unbewohnten Insel Ordnung schafft. Die Wiederherstellung der Gesellschaft – das zentrale utopische Thema – ist hier nicht von Bedeutung, auch nicht, nachdem Crusoes Diener Freitag in die Geschichte eingeführt wird. Defoes Werk steht dem pastoralen und paradiesischen Rückzug des mythischen Goldenen Zeitalters viel näher als der Tradition eines gut bestellten Gemeinwesens. Es ist zudem eine psychologische Studie in christlicher Tradition. Und eine Suche nach Erlösung, denn Crusoe legt sich seine Ordnungsprinzipien durch reine Willenskraft selbst auf. Doch der Text passt so gut in das Genre der imaginären Reisen und gibt eine Vorstellung von Einfachheit, die mit Tugend gepaart ist, dass kein Bericht über Utopia vollständig wäre, der ihn nicht berücksichtigen würde. „König und Lord" über seine Insel mit einer „Hinterlassenschaft so vollständig wie irgendein Lord in England"[2] zu sein, ist das endgültige bürgerlich-individualistische Utopia, und vielleicht der endgültige psychologische Rückzug in die Innerlichkeit.

Diese farbige Lithographie und Aquarellmalerei von Oskar Woite, 1882, zeigt den Schiffbruch erleidenden Kapitän Lemuel Gulliver in Jonathan Swifts *Gullivers Reisen* (1726), während er ein Feuer im Schloss von Liliput löscht. Obwohl die anstößigen Stellen oft entfernt wurden und es als Kinderbuch galt, ist dieses Buch eine vielschichtige Satire auf die damalige britische Gesellschaft.

Daniel Defoe (ca. 1660–1731)

Berühmt als Autor von *Robinson Crusoe* (1719), dem bedeutsamsten und am häufigsten nachgeahmten Schiffbruch-Roman aller Zeiten, hatte Daniel Defoe großen Einfluss auf die Entwicklung des Romans im Allgemeinen. Er wurde in Cripplegate, London, als Sohn eines Fleischers geboren. Defoe wurde Händler für Strickwaren, reiste viel herum und nahm an der Monmouth-Rebellion im Jahr 1685 teil. 1703 wurde er wegen seiner Unterstützung der Nonkonformisten und seiner satirischen Angriffe auf die Kirche von England, besonders in *The shortest Way with Dissenters* (1702), für kurze Zeit eingesperrt. Als einer der produktivsten britischen Schriftsteller war Defoe der Autor von mehr als fünfhundert Arbeiten. Zu seinen späteren Werken gehören *Captain Singleton* (1720), *Colonel Jack* (1722), *Moll Flanders* (1722), *A Journal of the Plague Year* (1722) und *Roxana* (1724). Er starb am 26. April 1731.

GEGENÜBER OBEN: Eine Abbildung des schottischen Schiffbrüchigen Alexander Selkirk mit britischen Seeleuten, aus den *Tales of Travellers, or A View of the World,* veröffentlicht 1838. Es wird vermutet, dass Selkirk, der vier Jahre auf einer unbewohnten Insel vor Chile verbrachte, Daniel Defoes bahnbrechenden Roman *Robinson Crusoe* inspiriert hat.

GEGENÜBER UNTEN: Diese handgemalte Lithographie (ca. 1874) zeigt Robinson Crusoe mit seinem Diener Freitag. Dessen Einführung in den oft als den ersten englischen Roman bezeichneten *Robinson Crusoe* ändert die vielschichtige Psychologie des Buches auf dramatische Weise, weil hier erstmals Themen wie „Rasse", Macht und Imperium Eingang in die Literatur finden.

Crusoes Fantasiebild beruht vorwiegend auf Stärke und Selbstdisziplin, die im Wesentlichen durch religiöse Bekehrung und Beherrschung der Natur erreicht werden. Er setzt die Arbeitsethik, die er sich selbst auferlegt hat, konsequent um.[3] Für viele spätere politische Wirtschaftswissenschaftler verkörpert der Text den unter Gottes Führung erfolgten Aufbruch der Menschheit von einem Naturzustand zu einer gut organisierten Gesellschaft, die durch Privateigentum und eine feste Regierung definiert ist. Das Buch ist gewissermaßen eine Allegorie des Imperiums, wenn nicht der Modernität selbst.

Die Geschichte von *Robinson Crusoe* ist den meisten Lesern vertraut. Geboren in York, strandet der Ausreißer Crusoe im September 1659 vor Trinidad in der Karibik. Dank seines außergewöhnlichen Einfallsreichtums und seiner Fähigkeit, die Vorräte des Schiffes zu retten, ist Crusoe trotz aller Momente des Zweifelns in der Lage, eine potentielle Katastrophe in eine erträgliche Existenz zu verwandeln – wenn da nicht seine Isolierung wäre. Mit qualvoller, methodischer Sorgfalt plant er nun sein Leben, um Sicherheit und Wohlstand zu erreichen. Die Natur ist freundlich gestimmt: Überall gibt es Melonen, Weintrauben und andere Nahrung. Und seine Gebete werden erhört, als die Vorsehung ihm Freitag, seinen männlichen Diener, schickt. Frömmigkeit, Durchhaltevermögen und schwere Arbeit werden belohnt und ein tropisches Paradies wird in den Mikrokosmos des britischen Empires verwandelt. Crusoes Fantasie von der Macht über andere, die zweifellos jeder imperiale Abenteurer teilt, ist erfüllt.

Diese Vision hatte eine enorme Wirkung und es gab Nachahmungen von Crusoe in großer Zahl überall in der europäischen Literatur, besonders in Deutschland, wo zwischen 1722 und 1769 etwa vierzig „Robinsonaden"

erschienen sind. Die interessanteste darunter war J. G. Schnabels' *Die Insel Felsenburg*, die in vier Teilen zwischen 1731 und 1743 veröffentlicht wurde. Einige Bücher sind in erster Linie Seefahrer- oder Reiseromane ohne einen substantiellen didaktischen Inhalt. Andere entsprechen jedoch mehr der in den vorherigen Kapiteln erörterten traditionelleren Definition Utopias. Eines der späteren Beispiele für diesen Typ ist *A Supplement to the History of Robinson Crusoe* (1782) von Thomas Spence. Darin findet sich der Rat, dass das gesamte Land dem Volk gehören und von der jeweiligen Gemeinde verwaltet werden soll. Die Arbeit wurde von Jean-Jacques Rousseau in *Emile* (1762) als lehrreiche moralische Fabel gelobt und sollte viele weitere Abwandlungen erleben. Eine der besser bekannten darunter ist Johann David Wyss' *Der Schweitzerische Robinson* aus dem Jahr 1812.

Der zweite, ebenso einflussreiche Text im Großbritannien des 18. Jahrhunderts war eine Satire. Jonathan Swifts' *Gullivers Reisen* – Gulliver ist möglicherweise eine Kombination aus „leichtgläubig" [gullible] und „Reisender" [traveller] – wurde im Jahre 1726 veröffentlicht und bleibt die vielleicht bedeutendste jemals herausgegebene Satire über das menschliche Streben, ein Leben gemäß den Prinzipien der Vernunft zu führen. Dieser Text fand in den folgenden Jahrhunderten großen Widerhall, von William Godwin über Aldous Huxley bis zu George Orwell im 20. Jahrhundert. Er hat der englischen Sprache mehrere einprägsame Begriffe hinterlassen, etwa „Liliputaner" und „Yahoo", und wurde häufig imitiert.

Thomas Spence (1750–1814)

Der in Newcastle geborene schottische Verfasser von Druckschriften, Thomas Spence, ist als Autor von *A Supplement to the History of Robinson Crusoe* (1782) bekannt geworden. Als Kind einer armen Familie mit neunzehn Kindern wurde Spence wie William Godwin als Baptist erzogen. Im Jahr 1775 schlug er der Philosophischen Gesellschaft von Newcastle zum ersten Mal seinen „Landplan" vor, und all seine folgenden Schriften sind eine Variation des Themas, das Land wieder der Gemeinschaft unter Führung der Gemeinde zu übergeben und damit die Armut auszurotten. Nach diesem Plan sollte das Land an den Meistbietenden verpachtet werden, die dadurch erzielten Erlöse sollten für die Ausgaben der Gemeinde verwendet werden. Spence wird intellektuell am besten mit dem Begriff Neo-Harrington gekennzeichnet, einer Position, die die Einschränkung des Landbesitzes respektiert. Er betrachtete sich selbst als radikaler als sein berühmter Zeitgenosse, Thomas Paine, obwohl dessen Vorstellung von einem Agrargesetz einer gewissen Landverstaatlichung entsprach. Spences Ideen wurden von der Gesellschaft der Spencean Philanthropists, besonders von Thomas Evans, weiterentwickelt und später von dem Sozialisten H. M. Hyndman aufgenommen.

Jonathan Swift (1667–1745)

Der irische Schriftsteller, Satiriker und Geistliche Jonathan Swift ist aufgrund seines Buchs *Gullivers Reisen* (1726) bekannt geworden, der berühmtesten utopischen Satire, die je geschrieben wurde. Geboren in Dublin, ging Swift im Jahr 1682 an das Trinity College, wo er zunächst nicht besonders auffiel. 1688 zog er nach England und wurde Sekretär des Diplomaten Sir William Temple. Im Jahr 1694 zum Priester geweiht, lebte er in England und Irland. 1699 wurde er Pfründner an St. Patricks in Dublin und 1713 Dekan. Zunehmend politisch aktiv, schrieb er verschiedene Stücke, um die Tories bei der Verteidigung der Kirche von England gegen die Whigs zu unterstützen. Diese Themen behandelte er in satirischer Form in *The Tale of a Tub* (1704). In einer späteren Satire, *A Modest Proposal* (1729), schlug er vor, das Problem der Armut dadurch zu lösen, dass die Armen ihre Kinder aufessen. *Gullivers Reisen* untersucht ein breites Spektrum zeitgenössischer Torheiten, wozu wissenschaftliche und finanzielle, aber auch politische Spekulationen gehören. Sein Einfluss auf spätere utopische Schriftsteller war beträchtlich, insbesondere im Hinblick auf die Unzulänglichkeit der Macht der Vernunft, die Probleme der Menschheit zu lösen.

Die *Memoirs of the Court of Liliput* (1727) und *The Travels of Mr. John Gulliver, Son to Capt. Lemuel Gulliver* (1731) sind zwei frühe Beispiele dafür; erst 1796 nahm das Buch *Modern Gulliver's Travels* die Themen der monarchischen und höfischen Korruption und die Last der Armen durch die hohen Steuern auf.

Der Text besteht aus der Schilderung der vier Reisen von Kapitän Lemuel Gulliver zwischen 1699 und 1710 von Bristol zu den Karibischen Inseln. Die ersten beiden Reisen stellen im Kern die britische Politik zu Beginn des 18. Jahrhunderts satirisch dar: Die erste Reise führt nach Liliput, wo winzig kleine, kindliche Menschen wertvolle Eigenschaften aufweisen – wie beispielsweise nur so viele Kinder aufzuziehen, wie sie ernähren können, die dann in staatlichen Kinderkrippen betreut werden; die zweite geht nach Brobdingnag, bewohnt von riesenhaften und sehr pöbelhaften Menschen. Die dritte Reise, in erster Linie auf die fliegende Insel Laputa, verspottet die Bemühungen der Epoche, die praktische Anwendung der Wissenschaft im Hinblick auf die Landwirtschaft zugunsten von spekulativen Plänen, wie beispielsweise Sonnenlicht aus Gurken zu gewinnen, zurückzuweisen.

UNTEN: Diese Zeichnung von E. C. Broch aus der 1895 erschienenen Ausgabe von Swifts *Gullivers Reisen* zeigt Gulliver auf seiner ersten Reise. Er wacht auf und findet sich als Gefangener der winzigen Liliputaner wieder.

Die vierte, die utopischste und umstrittenste Reise, führt in das Land der Houyhnhnms, pferdeähnlichen Kreaturen, die von der Vernunft beherrscht werden – ihr Name bedeutet „Vollkommenheit der Natur". Sie leben in tugendhafter Einfachheit und haben keine Bezeichnungen für Unehrlichkeit, Strafe, Gesetz, Regierung oder Macht.

Ihre offenkundig überlegene Ordnung des Lebens steht im Kontrast zu der extremen Anstößigkeit und leidenschaftlichen Natur der „Yahoos", von denen auf der Grundlage von Berichten, die William Dampier während seiner Reisen in diese Region verfasst hat, zuweilen geglaubt wurde, dass sie die australischen Aborigines darstellen sollen. Dennoch wird oft vermutet, dass Gulliver mit den „Yahoos" die Menschheit im Allgemeinen symbolisiert. Im religiösen Kontext von Swifts Denken ist der Kontrast aufschlussreich. Für einen pessimistischen Tory wie Swift – paradoxerweise ein großer Bewunderer von Morus – ist ein von Vernunft geprägtes Leben für die entzweite Menschheit ungeeignet, und die Erwartung, dass die Welt irgendwann von anderen außergewöhnlichen Sterblichen bevölkert werden wird, resultiert aus einer vernarrten und anmaßenden Wahnvorstellung. Eine ähnliche Perspektive wird in dem berühmten Werk *Rasselas: Prince of Abyssinia* (1759) von Samuel Johnson deutlich, das den Untertitel *Die Wahl eines Lebens* trägt. Hier spielt sich alles in einem idyllischen „Glücklichen Tal" ab, um der ungenügenden weltlichen Natur das ewige Leben gegenüberzustellen. Solche Texte waren damals ein Teil des christlichen Gegenangriffs auf Utopia und besonders auf die Mutmaßungen über ein auf der Basis der Prinzipien der Vernunft geführtes Leben, das es versäumt, die natürliche und verhängnisvolle sündige Natur der Menschheit in Betracht zu ziehen. Einigen Kommentatoren erscheint es heute einleuchtend, dass die literarischen Texte dieser Zeit begannen, eine skeptische, pessimistische Wendung in eine dystopische Richtung zu nehmen.

Sowohl Defoe als auch Swift beschäftigten sich mit dem Kontrast zwischen einem Leben der Einfachheit – in irgendeinem Sinn entsprechend der Natur zu leben – und einer zunehmend komplexer werdenden europäischen Zivilisation. In einem Zeitalter, das anfällig dafür war, die Tugenden des Fortschritts zu verkünden, nahm die Skepsis im Hinblick auf seine Vorteile oft die Gestalt von Nostalgie gegenüber früheren und reineren Formen der sozialen und politischen Institutionen an. In der Mitte des Jahrhunderts begann Rousseau, das Thema zu erforschen.

RASSELAS.

PRINCE OF ABISSINIA.

Die Kombination eines Aufrufs zur Einfachheit mit einer radikalen, normalerweise republikanischen Politik (oft durch Sparta, manchmal auch durch Morus inspiriert) war zu einer explosiven Mischung geworden. Große Menschenmengen strömten zusammen, um Omai, den berühmten Otaheitaner, zu sehen, der nach Captain Cooks Reisen nach Neuseeland durch Großbritannien reiste. Tausende andere wurden von Geschichten über von Tieren aufgezogene „wilde Kinder" gefesselt.[4] Dieser Enthusiasmus sollte zweifellos dabei helfen, einen revolutionären Impuls anzuheizen. Es näherte sich der Moment, in dem Utopia allgemein als im Hier und Jetzt realisierbar wahrgenommen wurde, ohne Unterstützung der Macht der Vernunft und zumindest teilweise durch das Bild, dass die Armen ein genauso beneidenswertes Leben genießen könnten wie die Reichen.

Omai (Mai), Sir Joseph Banks and Daniel Charles Solander, von William Parry, ca. 1775–76. Das Porträt zeigt Joseph Banks und Dr. Daniel Solander, die Captain Cook 1768 auf seiner ersten Reise in den Südpazifik begleiteten. Sie waren auch dabei, als der Tahitianer Omai im Jahr 1774 Großbritannien besuchte.

Die einfachste Erklärung für den zunehmenden Drang nach Einfachheit ist die Empfindung von Nostalgie über den Verlust des langsameren Rhythmus des landwirtschaftlichen Lebens, worüber sich die in dieser Zeit zunehmend urbanisierte europäische Bevölkerung beklagte. Die Faszination, die von einem primitiven Urzustand der Menschheit ausging, kann zum Teil dadurch erklärt werden, dass der wissenschaftliche Fortschritt mit einer Wiederbelebung des religiösen Glaubens einherging. Die Rückkehr zu einem Goldenen Zeitalter oder in das Paradies wurde immer noch für denkbar gehalten. Zur gleichen Zeit säkularisierten jedoch Naturforscher wie Hugo Grotius und Samuel von Pufendorf christliche Schöpfungsberichte, um einen Ursprung der primitiven Gütergemeinschaft zu erklären, und bezeichneten die Einführung des Privateigentums und des Handels als Weg zu einer überlegeneren Gesellschaft.

Die weitverbreiteten, zersetzenden Wirkungen des zunehmenden Luxus blieben ein beständiges Thema der Utopien des 17. und 18. Jahrhunderts. Es ist schwierig, ein Buch zu finden, in dem nicht auf der einen Seite das nostalgische Bedauern über die verschwundenen Welten mit einfachen und zufriedenen Menschen ausgedrückt wird und auf der anderen Seite über die Dekadenz und Degeneration der modernen Gesellschaft geklagt wird. Letzteres zeigt sich besonders in der späteren viktorianischen Angst vor dem Artenrückgang infolge der darwinistischen Debatte. In dem anonymen Werk *Private Letters from an American in England to his Friends in America* (1769) haben Luxus, Lasterhaftigkeit, Eitelkeit und Untätigkeit Großbritan-

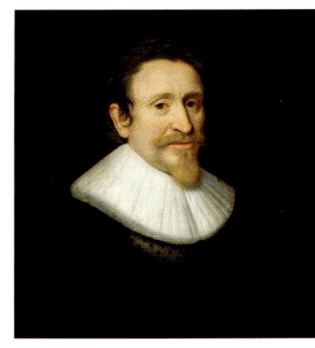

nien in solch einem Ausmaß korrumpiert, dass seine Regierung nach Amerika verlegt worden ist. Auch Robert Paltocks *The Life and Adventures of Peter Wilkins* (1750) zeigt einen komplexen Dialog zwischen Anstand und Primitivismus und warnt, dass, sobald die Menschen den Überfluss kennengelernt haben, sie eher das Leben preisgeben würden als zu ihrem Urzustand zurückzukehren. Eine der weitreichendsten Erörterungen dieser Thematik im Großbritannien des späten 18. Jahrhunderts ist die Schilderung Bowmans in *The Travels of Hildebrand Bowman* (1778), die auf Besuchen in vier sich in unterschiedlichen Stadien der wirtschaftlichen Entwicklung befindenden Ländern basiert. In Bonhommica, der Tudor-Ära nachempfunden, ist der Konsum von Delikatessen eingeschränkt und Aufrichtigkeit und Tugend herrschen vor. Aber in dem von König Gorgeris (Georg III.) beherrschten Luxo-Volupto hat der sich ausdehnende Handel die Geschmäcker verfeinert und die moralischen Vorstellungen geschwächt.[5] Hier, wie in vielen Utopien dieser Zeit, ist es charakteristisch, dass die Armen den Reichen nacheifern. Auch wenn der soziale Rang einmal gesetzlich durch die Kleidung festgelegt wurde und sich Luxusgesetze durchgesetzt haben, existieren heute solche offensichtlichen Kennzeichnungen nicht. Eine neue Atmosphäre von Gleichheit scheint der Leidenschaft für Handel und Verkehr zu folgen. Dies wird oft als ein beunruhigender Prozess dargestellt.

So kommt es immer häufiger zu der Aussage, dass die Modernität sowohl psychologisch als auch physisch größeres Unbehagen, Unglück, Unwohlsein und Unordnung mit sich bringe. Wie die Texte der Zeit wiederholt bestätigen, sorgt die Entstehung von Reichtum für ein ständiges Gefühl von unerfüllter Sehnsucht. Auch die Entfremdung und Isolierung des Einzelnen – zunehmend gefordert zu sein durch den Wettstreit mit anderen, ohne die Geborgenheit der Familie, des Klans, Stammes, Dorfes und Priesters, ist eines der großen Themen der Psychologie und Soziologie des 19. und 20. Jahrhunderts – sollte zu dieser Zeit in utopischer Form auftauchen.

Die utopische Literatur bot als Kontrast zu dieser zunehmend verworrenen Differenziertheit eine „natürliche Gesellschaft" an, in der es eine größere Zufriedenheit gab. In dem Buch *The Adventures & Surprizing Deliverances* von James Dubourdieu (1719) zum Beispiel begegnen wir der Nation der „Kinder der Liebe".

Hier mischen sich Tiere unters arglose, schamlose menschliche Volk und es gibt keine Begierde nach Reichtum; es existieren weder Regierung noch Gerichte. Die Herrschaft wird durch die ältesten männlichen Familienangehörigen ausgeübt, die alle öffentlichen Versammlungen leiten und die wichtigen Entscheidungen im Hinblick auf Ehe und Verhaltensregeln treffen. *A Description of New Athens in Terra Australia Incognita* (1720, Autor unbekannt) beschreibt einen christlichen Staat, der auf Wohltätigkeit beruht;

Löhne und Preise sind reguliert, die Unterdrückung der Armen ist beseitigt und Rechtsanwälte sind, wie in Morus' *Utopia* und vielen anderen Utopien, verboten. Simon Beringtons Buch *The Adventures of Sig. Gaudentio di Lucca* (1737) zeigt ein Land im Inneren von Afrika mit reichlich Nahrung und einer fortschrittlichen Zivilisation, in dem Gleichheit unter der gütigen Herrschaft der patriarchalischen Führer gewährleistet wird, die für eine gerechte Verteilung des Eigentums sorgen. Eine verkehrte Welt, in der die Reichen verachtet werden, findet sich in Baron Holbergs *Niels Klims Reise in die Unterwelt* (1741). Schriftsteller und Leser neigen oft dazu, zu glauben, dass Menschen, denen man auf einer imaginären Reise begegnet, nur dann tugendhaft sein können, wenn sie eine reinere Form des Christentums praktizieren. So beschreibt John Kirkby in seinem Buch *The Capacity and Extent of the Human Understanding Exemplified in the Extraordinary Case of Automates* (1745) eine Insel mit einer Ordnung, die auf unverdorbenen christlichen Praktiken beruht: Sich die Tugend der Einwohner aus einer anderen als der christlichen Quelle entsprungenen Perspektive vorzustellen, wäre jedoch viel subversiver gewesen.

Im Anschluss an die Reisen der Kapitäne Cook und Bligh wurde der Südpazifik ein bevorzugter Zielort für solche Schilderungen. Zu den wichtigen späteren Texten dieser Periode gehörte Denis Diderots *Nachtrag zu Bougainvilles Reise* (1772), das Tahiti nachdrücklich als den Inbegriff des tropischen

Denis Diderot (1713–1784)

Der führende französische Philosoph der Aufklärung, Denis Diderot, war auch Herausgeber der enorm einflussreichen *Encyclopédie* (1751–72), der bahnbrechenden intellektuellen Abhandlung dieser Epoche. Die Encyclopédie sollte schließlich fünfunddreißig Bände umfassen und enthielt Beiträge von Voltaire, Rousseau, Holbach, Turgot, Raynal und anderen, nicht zuletzt auch von Diderot selbst. Bekannt geworden durch seinen philosophisch-materialistischen und mechanistischen Ansatz gegenüber der Natur, hatte er ein Interesse an den Urgesellschaften, das teilweise durch seine Freundschaft mit Jean-Jacques Rousseau angefacht wurde. Für Rousseau war der Kontrast zwischen dem künstlichen (unechten) gegenüber dem natürlichen Menschen ein zentrales Thema in vielen seiner Schriften. Diderots Anliegen führten zu seiner extrem spekulativen Schrift *Nachtrag zu Bougainvilles Reise* (1772). In dieser vertrat er die These, dass von allen Naturvölkern die Polynesier am wenigsten von Sünde oder Laster korrumpiert und auf die zentrale Bedeutung der sexuellen Freiheit fokussiert seien, zu der Polygamie, Promiskuität und Inzest gehören würden. Die Vermeidung von Heuchelei war ein sehr wichtiges utopisches Thema. Hier nahm Diderot Charles Fouriers mehrere Jahrzehnte später erfolgende Spekulationen vorweg. Diderot war auch für andere Arbeiten bekannt, darunter *Rameaus Neffe* (begonnen 1761), *D'Alemberts Traum* (1769) und die *History of the Two Indies* (1772–81).

Paradieses im Südpazifik einführte, „ein Arkadia vor dem Sündenfall, biblisch und klassisch",[6] wie ein Schriftsteller es bezeichnete, vielleicht nach der britischen Eroberung von 1766, bei der den Seeleuten nach einem blutigen Kampf zur Besänftigung Frauen angeboten worden waren. Der in Dialogform geschriebene *Nachtrag* kontrastiert die französischen Sitten im Hinblick auf Privateigentum und religiöse Heuchelei mit dem in Tahiti praktizierten gemeinschaftlichen Besitz von Frauen und Gütern. Als einer der führenden religiösen Kritiker des Zeitalters verwendete Diderot solche Beschreibungen vor allem als Angriff auf die Heucheleien des Katholizismus. Die *Reise* ist als Ausschmückung von Rousseaus Zivilisationskritik betrachtet worden, wobei der primitive Eingeborene als „unschuldig und liebenswürdig" portraitiert wurde, „wann immer sein Frieden und seine Sicherheit unberührt blieben".[7] Bis zum Ende des 18. Jahrhunderts war der Kult des „edlen Wilden" fest im europäischen Denken verwurzelt. Doch dies reflektierte, wie bereits erörtert worden ist, einen Dialog zwischen Primitivismus und Fortschritt innerhalb des utopischen Genres, der bereits viel früher eingeführt worden war.

Die Darstellung des Primitiven war auch eng mit Satiren der Zivilisierten verbunden. Die sanfteren Satiren dieser Periode riefen zu einer unverfälschteren nationalen Politik auf, bevor der durch den Handel erzielte Reichtum den politischen Prozess korrumpieren könnte. So greift das Buch *The Voyages, Travels & Wonderful Discoveries of Capt. John Holmesby* (1757) die Ver-

William Godwin (1756–1836)

William Godwin, der Begründer des englischen philosophischen Anarchismus, ist besonders als Autor einer wichtigen Abhandlung des politischen Denkens, *An Enquiry Concerning Political Justice* (1793), bekannt geworden. William Godwin, als Baptist erzogen und für die Beschäftigung in einem Ministerium bestimmt, gab in den 80er Jahren des 18. Jahrhunderts seinen religiösen Glauben auf und wandte sich dem Journalismus und der Literatur zu, um damit seinen Lebensunterhalt zu bestreiten. *Political Justice* begründete seinen Ruf als Verteidiger der individuellen Freiheit: Der Text weist entschieden alle Formen der Einmischung in das Recht des Individuums zurück, sich sein eigenes Urteil zu bilden. Doch in späteren Auflagen wurden einige seiner extremeren Formulierungen verändert und *The Enquirer* (1797) platzierte ihn auf die Seite der Zivilisation. Godwin beeinflusste Robert Southey, William Wordsworth und Samuel Taylor Coleridge und brachte sie dazu, über einen „pantisokratischen" Versuch des gemeinsamen Lebens und Arbeitens nachzudenken. Dazu sollte an den Ufern des Susquehanna River im heutigen Pennsylvania eine Siedlung entstehen. Das Experiment wurde nicht verwirklicht, aber Godwin wurde besonders durch den Roman *Caleb Williams* (1794) ein bekannter Romanautor und später Berater des Begründers des britischen Sozialismus, Robert Owen. Er heiratete Mary Wollstonecraft und war der Vater von Mary Shelley.

dorbenheit der auf Finanz- und Handelsinteressen beschränken Whigs aus der Perspektive der tugendhaften, landbesitzenden konservativen Magnaten an. In Großbritannien beschworen viele solche Texte die Figur eines „Patriotenkönigs" herauf, der zwischen den sich streitenden Gruppen – die zunehmend als moderne politische Parteien zum Vorschein kamen – vermittelt und die Korruption aus dem Land verbannt. Patriarchalismus wurde oft als Mittel gegen politische Zwietracht empfohlen. Während dieser Zeit wurde auch eine große Anzahl von anderen Satiren veröffentlicht, die sich besonders auf die soziale und politische Verdorbenheit konzentrierten. Einige der bekanntesten Satiren verhöhnten auch durch *Utopia* selbst auftauchende Vorstellungen. Eine der beeindruckendsten dieser Satiren ist Edmund Burkes *A Vindication of Natural Society* (1756), die der künstlichen beziehungsweise politischen Gesellschaft einen einfacheren, glücklicheren Idealzustand der Natur gegenüberstellt. Das Buch war so erfolgreich, dass es später überall als Werbung für die Verdienste dieses Idealzustands gelesen wurde.[8]

Die zunehmende Gleichheit in der Gesellschaft des 18. Jahrhunderts zeigte sich auch in der utopischen Darstellung von Frauen, die ihr Leben in so hohem Maß selbst kontrollierten, wie das nie zuvor der Fall war. In *The Island of Content* (1709) erreichen Frauen „Vorrang in allen Bereichen mit Ausnahme der Herrschaft in der Familie: Sie jagen zuerst, essen zuerst, trinken zuerst, gehen als Erste zu Bett und haben eine seltsame Freiheit beim Entdecken ihrer Zuneigungen, ohne hierbei den mindesten Skandal auf sich zu ziehen".[9] In Frankreich erörterte Louis Rustaing de Saint-Jory in dem Werk *Les femmes militaires* (1736) die Rechte der Frauen in der Ehe. Schriftsteller wie Delarivier Manley (*The New Atlantis*, 1709) und Eliza Haywood (*The British Recluse; or, The Secret History of Cleomira*, 1722) zeigten weibliche Freundschaft in einer stark idealisierten Form. Zwei bedeutende britische Werke, Sarah Scotts *Millennium Hall* (1762) und Mary Hamiltons *Munster Village* (1778), beschreiben abgesonderte Rückzugsorte, an denen Frauen beträchtliche Bildungschancen genießen und ihr Leben im Wesentlichen ohne männliche Hilfe organisieren, mit einer daraus resultierenden Zunahme von Altruismus und Kooperation.

Kapitel 7

Revolution und Aufklärung

Amerika, Frankreich und erneuerte Welten

Detail eines Kupferstiches, das den
Moment nach der Hinrichtung
von König Ludwig XVI. von
Frankreich am 21. Januar 1793
festhält. Die Hinrichtung von
Ludwig durch die Guillotine ist
eines der mächtigsten Symbole
für das heraufziehende moderne,
demokratisch-revolutionäre Denken und die Reaktion auf den
Absolutismus der Monarchie.

Utopia wird pragmatisch, wenn es aufhört zu träumen, zu hoffen und
zu spekulieren und stattdessen fordert, dass die Welt sich gemäß
ihrem eigenen Bild erneuert. Dieser Moment, wenn sich die Grenzen des
Möglichen weit in Richtung des anscheinend Unmöglichen ausdehnen,
tritt in der modernen Ära am auffallendsten auf und ist mit dem revolutionären Impuls verknüpft. Von der Englischen Revolution Mitte des 17. Jahrhunderts über den amerikanischen Unabhängigkeitskrieg von 1776 bis
zur Französischen Revolution 1789 und darüber hinaus setzt sich eine riesige Anzahl von Menschen für eine fundamentale gesellschaftliche und
politische Veränderung ein. Nicht nur die absolutistische Monarchie, auch
die Aristokratie, die Religion und sogar das Patriarchat wurden durch
einen neuen Egalitarismus herausgefordert, für den die utopische Tradition
keine große Rolle spielte.[1] Während dieser Zeit wird der millenaristische
Reformeifer noch immer mit Vorschlägen für eine Verfassung, der Förderung einer vom Volk ausgehenden politischen Souveränität und der gele-
gentlichen Wiederbelebung des „Kommunismus" eines Thomas Morus verbunden. Aber das, was das moderne politische Utopia definiert, ist sein
säkularer Charakter, seine Forderung, das gute Leben im Hier und Jetzt
zu schaffen, und nicht auf ein imaginäres Irgendwo zu verweisen. Diese
säkulare Idee wurde zukunftsweisend und orientierte sich am Fortschritt.
Gegenüber den Errungenschaften der Menschen des Altertums empfand
man keine Nostalgie, sondern konzentrierte sich beharrlich auf eine Erneuerung der Institutionen und fragte, welcher Art die Menschen sein mussten,
die diese Erneuerung in Gang bringen konnten. Vielleicht im gleichen
Verhältnis, wie sie ihr Vertrauen an die Ewigkeit verloren, wurden die
Anhänger der Moderne nervös, ungeduldig und besorgt darüber, wie sie
das Beste aus ihrem Leben machen können. Da die Vorstellung eines
Himmels durch eine andere ersetzt worden war, forderten sie deren sofor-
tige Umsetzung. Die Englische Revolution leistete einen immensen Beitrag
zu diesem Prozess. Der klassische Republikanismus wurde wie die christliche Begeisterung für ein gereinigtes, frommes Gemeinwesen wiederbelebt.

RECHTS: Holländische Radierung (Faltdruck), Hinrichtung
König Karls I. von England am
30. Januar 1649 vor dem Ban-
kettpalast in London. Engel sehen
zu. An das Datum des Todes von
„Karl dem Märtyrer" sollte noch
lange nach der Restauration, sowohl von Republikanern als auch
von Royalisten, gedacht werden.

UNTEN: Holzschnitt, der einen
englischen Musketier des amerikanischen Bürgerkrieges zeigt,
aus der ersten Hälfte des 17. Jahrhunderts, nach dem holländischen Künstler Jacques de Gheyn.
Die Vorstellung von einer bewaff-
neten Bürgerschaft sollte eine
zentrale Idee des republikanischen
Denkens im 17. Jahrhundert
werden.

Der Aufstand gegen Karl I. – der zu seiner Hinrichtung im Jahr 1649
und zur Errichtung der englischen Republik (bis 1660) führte – war im
Wesentlichen politisch. Doch waren viele der Ansicht, er habe religiöse Zwischentöne besessen. Einige puritanische Sektenanhänger behaupteten, dass
diese Ereignisse die Errichtung des gottgefälligen Staates und die Niederlage
des Antichristen ankündigen, wenn nicht das Millennium selbst. Die weitaus wichtigste politische Utopie dieser Periode, James Harringtons *The
Commonwealth of Oceana* (1656), sollte den nachhaltigsten und tiefgrei-
fendsten Einfluss während der Französischen Revolution und in der Zeit
danach haben. Dies hat J. G. A. Pocock ausführlich dargelegt.[2] Harrington
stellte sich ein an Venedig erinnerndes Gemeinwesen vor, in dem es Gewal-
tenteilung, geheime Wahlen und eine Legislative gibt, die aus zwei Kam-
mern oder Häusern besteht. Beschränkungen des Landbesitzes sollten die
politische Stabilität sicherstellen. Solche Ideen wurden von Schriftstellern
wie Henry Neville, John Moyle, Algernon Sydney und John Toland weiterentwickelt. Das Buch *The Free State of Noland* (1696) erweiterte diese literarische Tradition. In vielen der literarischen Utopien der Restaurationszeit
war jedoch die Monarchie die bevorzugte Regierungsform. Radikalere politische Experimente kamen erst nach der sogenannten „Glorreichen Revolution" von 1688 wieder zum Vorschein.

James Harrington (1611–1677)

Der englische Republikaner, Soldat und Politiker James Harrington ist der Autor von *The Commonwealth of Oceana* (1656). Geboren am 3. Januar 1611 in Northamptonshire, besuchte Harrington das Trinity College, Oxford, verließ es aber ohne Abschluss. Er reiste für mehrere Jahre auf dem Kontinent, diente in der Armee, und trotz seiner republikanischen Ansichten war er persönlich König Karl I. treu ergeben. *Oceana* – Oliver Cromwell gewidmet, den Harrington als einen Gesetzgeber wie Moses oder wie den athenischen Staatsmann Solon betrachtete – ist vielleicht die am wenigsten verschleierte, „realistischste" aller Utopien und besteht in erster Linie aus Vorschlägen für eine Verfassung, welche die Monarchie durch eine gerechtere und stabilere Regierung ersetzt. Freiheit beruht hierbei auf der gebotenen Geltendmachung der Staatsbürgerschaft, die auf Unabhängigkeit basiert und daher nicht von Abhängigen oder Dienern wahrgenommen werden kann. *Oceana* sollte später großen Einfluss auf die amerikanischen Revolutionäre des späten 18. Jahrhundert ausüben. Harrington starb am 7. September 1677 nach langer Gefangenschaft.

Zwei der wichtigsten Begriffe des Utopismus des 18. Jahrhunderts waren die gulliverianische Satire und das Inselparadies der Robinsonade (siehe S. 88). In dieser Zeit erschienen auch deutlicher politisch ausgerichtete literarische Arbeiten. Im Essay *Idea of a Perfect Commonwealth* (1752) erlegt David Hume dem Eigentum keine Beschränkungen auf, aber er sucht nach einem politischen Gleichgewicht zwischen Handels- und Landbesitz, um politische Konflikte zu reduzieren. Andere Werke wiesen die vorhandene Verfassung als extrem chaotisch zurück; in *The Island of Content* (1709, Autor unbekannt) wird zum Beispiel eine unbeschränkte Erbmonarchie empfohlen. Aber viele utopische Vorschläge waren einer gewissen Kombination von Traditionen verpflichtet, die auf Platon, Morus und Harrington beruhten. In Großbritannien versuchten die meisten, die Möglichkeit einer tugendhaften Unabhängigkeit in Anbetracht der Korruption durch die Exekutive zu demonstrieren, der wachsenden Tendenz der Armen zu widerstehen und den luxuriösen Lebensstil der Reichen zu imitieren. Die Harrington-Tradition zeigt sich durch häufige utopische Forderungen nach Ämterrotation, durch Vorschläge für ein Agrargesetz, um den privaten Landbesitz einzuschränken, und durch Empfehlungen, mithilfe von Bürgermilizen die Armeen der korrupten Monarchen abzulösen. James Burghs *An Account of the First Settlement, Laws, Form of Government, and Police, of the Cessares, A People of South* (1764) folgt eindeutig den Traditionen der Spartaner und denen von Thomas Morus.

UNTEN: Titelseite von James Harringtons *Oceana* (Auflage von 1737). *Oceana*, Oliver Cromwell gewidmet, war ein verborgener Plan für eine Modellrepublik. Die Ungleichheit an Landbesitz hielt Harrington für eines der dringendsten sozialen Probleme des Zeitalters.

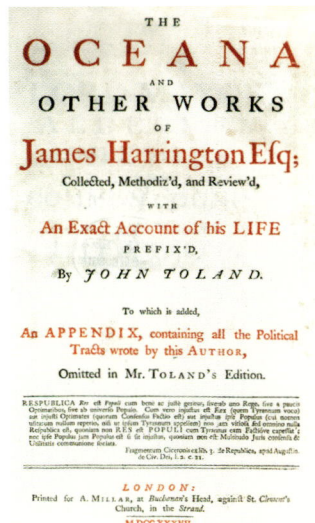

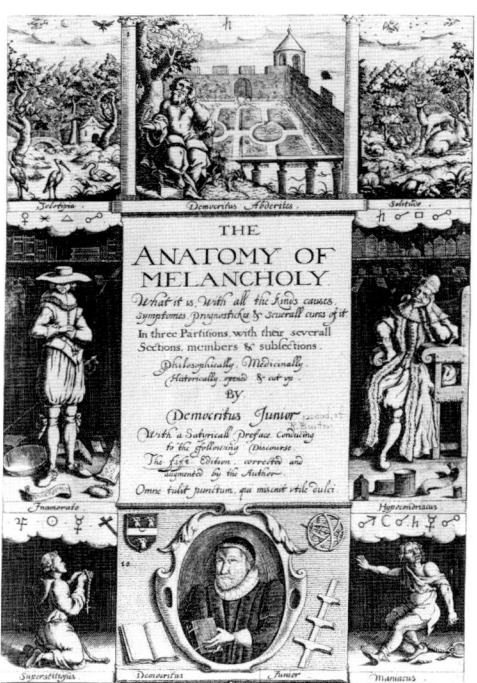

Titelseite der 1638 veröffentlichten Auflage des Buches *The Anatomy of Melancholy* von Robert Burton. Obwohl eigentlich eine medizinische Abhandlung, enthält Burtons Werk einen Bericht über die vollständige Erschließung der Ressourcen des Staates wie auch Pläne für Renten, Nahrungsmittelproduktion und Beschäftigung.

Hier war das Ziel, dass „jeder einen gleichen Anteil haben sollte, sodass wir jede stolze, ehrgeizige und zerstörerische Leidenschaft überprüfen und Reichtümer wie auch Armut verbannen können".[3] Luxus- und Agrargesetze helfen dabei, diese Gleichheit zu behaupten. Der Abbau von Gold und Silber ist verboten und der Handel beschränkt, Luxus wird als das größte soziale Übel betrachtet. Aber Burghs Herrschaftssystem ist auch intolerant gegenüber Katholiken und verbietet Glücksspiel, unzüchtige Bücher und Theateraufführungen – wie üblich ist Utopia für Aufrührer und Wüstlinge kein angenehmer Ort.

Die Tradition von Thomas Morus zeigt sich auch in Gabriel-Etienne Morellys berühmtem Werk *Le Code de la nature* (*Das Naturgesetz*, 1755), das den gemeinsamen Besitz von Waren sowie allgemeine Arbeit vorsieht. Die Kinder werden teilweise gemeinsam aufgezogen. Alle tragen bis zum Alter von dreißig die gleiche Kleidung und alle Bürger über fünfzig sind Gouverneure. Bis zum Ende des Jahrhunderts wurde der Begriff utopisch eindeutig durch gemeinsamen Grundbesitz definiert; der Enthusiasmus dafür wurde nach der Französischen Revolution in verschiedenen Formen wieder neu entfacht – *An Essay on Civil Government* (1793, Autor unbekannt), basierend auf William Godwins Ideen (siehe Kasten, S. 96), empfiehlt solch ein System, wie auch das in den Vereinigten Staaten veröffentlichte Utopia John Lithgows, *Equality – A Political Romance* (1802).

Das 17. und das frühe 18. Jahrhundert brachten auch eine Anzahl von Beispielen hervor, die als „Vollbeschäftigungsutopien" bezeichnet worden sind. Hier wurde die gesellschaftliche Organisation manchmal national, manchmal auf kommunaler Ebene umstrukturiert, um die ökonomische Produktivität zu maximieren. Die volle Verwendung der Ressourcen ist ein zentrales Thema in der von Robert Burton in *The Anatomy of Melancholy* (1621) beschriebenen idealen Gesellschaft. Hier werden Altersrenten, das Entwässern von überschüssigem Land, die Regulierung der Nahrungsmittelpreise und die staatliche Anstellung von Ärzten und Rechtsanwälten gefordert, aber „keine Bettler, Gauner, Vagabunden oder untätige Personen" geduldet.[4] Zu den späteren Beispielen für diese Form gehört *The Poore Man's Advocate* (1649) von Peter Chamberlen, in der eine Staatsbank die Besteuerung und die Einnahmen zentralisieren soll, um die Armen im Bergbau und in der Landwirtschaft zu beschäftigen; *A Way Propounded to Make the Poor Happy* (1659) von dem holländischen Mennoniten Pieter Plockhoy, der den gemeinsamen Besitz an Gütern auf freiwilliger Basis fordert, und

John Bellers *Proposals for Raising a College of Industry* (1695), in dem der Vorschlag unterbreitet wird, dass Arbeitshäuser für die Armen die Vorteile des gemeinschaftlichen Lebens mit der Hingabe an nützliche Arbeit verbinden könnten. Zwei zum Ende des Jahrhunderts veröffentlichte Arbeiten, *An Essay Concerning Adepts* (1698) und *Annus Sophiae Jubilaeus, The Sophick Constitution: or, The Evil Customs of the World Reformed* (1700) propagieren auch das Leben in Schulen mit einheitlicher Kleidung, gemeinsam geteilten Gütern und der Verdammung frivoler Bestrebungen; allen wird geraten, „einfacher als die Quäker" zu leben und sich die christliche und spartanische Gleichheit zu eigen zu machen. In diesen Texten wird auch letztmalig die Alchemie zu einem zentralen utopischen Gegenstand gemacht (siehe Seite 152/153).

Auch feministische Themen wurden in den Utopien dieser Periode diskutiert. Im frühen 18. Jahrhundert erschien eine außergewöhnliche Diskussion über die Vorteile des Matriarchats und die Übel des vorhandenen europäischen Ehesystems in Form von James Lawrence' *Empire of the Nairs; or the Rights of Women, A Utopian Romance* (1811, zweite Auflage). Hier wird das Matriarchat als eine wichtige Tugend angesehen, und das Vaterschaftskonzept ist unbekannt. Zum Ende des Jahrhunderts wird die Ehe in Utopia im Allgemeinen freiwilliger, weniger an die Mitgift gebunden und leichter durch eine Scheidung zu beenden als in früherer Zeit. Hier war Utopia, wie so oft, weiter als die Liberalisierung der öffentlichen Meinung. Lawrence' Arbeit war auch eine Variation des beliebten Genres von der morgenländischen Geschichte, in dem orientalische Standorte dazu dienten, das Leben

Jean-Auguste-Dominique Ingres, *Odaliske mit Sklavin,* 1842. Dieses Bild wurde auf Anweisung von König Wilhelm I. von Württemberg angefertigt und zeigt eine Odaliske (ein weibliches Mitglied eines türkischen Harems), liegend und der Lautenmusik lauschend. Manche sind der Ansicht, dass Ingres die Auffassung vertrat, Frauen würden in einen Harem gehören.

Handbemalte Radierung, ca. 1770–80, mit dem Titel *Die Zerstörung der königlichen Statue in New York.* Sie zeigt die Zerstörung eines Reiterstandbilds von König Georg III. von England am 9. Juli 1776 durch eine Gruppe Menschen, bei denen es sich wohl um Sklaven handelt.

im Harem, das idealisierte islamische Gemeinwesen und ähnliche exotische Phänomene zu beschreiben.

Die Gründung der Vereinigten Staaten von Amerika markiert einen eindeutigen Scheidepunkt in der modernen Politik. Aber es ist strittig, welches die utopischen Aspekte des amerikanischen Unabhängigkeitskrieges waren. Aufstände in Kolonien waren nichts Ungewöhnliches; seit dem Altertum gab es Republiken, die sich solche Kolonien hielten. Das politische System des Mächtegleichgewichts, das die Amerikaner einführten, basierte zu einem Teil auf der britischen Verfassung. Es sollte die Exzesse der menschlichen Natur ein für allemal bändigen. Auch eine revolutionäre Begeisterung, um die Rebellion noch zu überbieten, war nicht beabsichtigt. Aber was an dieser Erfahrung utopisch war, war die ihr zugrunde liegende, vorwiegend protestantische, teilweise millenaristische Begeisterung: In Verbindung mit der Vorstellung von einem üppigen, fast freien Land und praktisch unbegrenzten Möglichkeiten sollte dies schließlich die Vereinigten Staaten zum Ziel für Millionen von Auswanderern machen. So verdankte auch der relative Egalitarismus der amerikanischen Verfassung den Konzepten Harringtons

LA DESTRUCTION DE LA STATUE ROYALE A NOUVELLE YORCK.

Die Zerstörung der Königlichen Bild | La Destruction de la Statue royale
Säule zu Neu Yorck   *A Paris chez Basset Rue S.t Jacques*   à Nouvelle Yorck

New York. Ellis Island. weg. No. 3163 E

viel, in denen er die Notwendigkeit sah, den Einfluss von Landbesitzern auszugleichen.

Das verführerische Bild des 16. Jahrhunderts von der Neuen Welt wurde in eine Vision von Amerika verwandelt, in der die Straßen mit Gold gepflastert waren – eine Vorstellung, die später durch die wirklichen Goldräusche noch gefestigt wurde – und die Felder für ergiebige Ernten sorgten. Dies entspricht vielleicht mehr dem bäuerlichen Bild des Landes von Cockaygne als Utopia. Aber wieder einmal sollten die Ureinwohner den größten Teil des Preises für den Überfluss der Immigranten zahlen.

Die Erstürmung der Bastille in Paris am 14. Juli 1789 markierte einen ebenso entscheidenden Moment (vor der bolschewistischen Revolution von 1917) im modernen politischem Utopismus. Der Abstand zwischen den Ereignissen, die den Aufstand der amerikanischen Kolonisten provozierten, und jenen, die den Sturz des französischen „Ancien Régime" auslösten, war beträchtlich. Die Vereinigten Staaten waren ein neues Land mit reichlichem und billigem Boden, erfüllt von protestantischen, endzeitlichen und millenaristischen Erwartungen seit ihrer Besiedlung im 16. Jahrhundert. Frankreich war ein altes, korruptes Land. Hier war ein viel größerer intellektueller Sinneswandel nötig, um fundamentale Reformen zu entwerfen. Ein solcher Sinneswandel war, zumindest zu Beginn, oft antireligiös: es gab neue Feste der Revolution – darunter eines, das die Verehrung der Göttin der Vernunft proklamierte –, die die formellen Zeremonien der früheren Glaubenssysteme verspottete. Führende Vertreter der Aufklärung wie Voltaire und Denis Diderot (siehe Kasten, S. 95) übten rigorose Kritik an der herrschenden Grundordnung.

Für diese Autoren wurde der Fortschritt der Menschheit durch einen
Angriff auf den vom Katholizismus gepflegten Mystizismus begleitet. Um
die Pläne von lästigen Priestern, den engsten Verbündeten einer korrupten
Monarchie und parasitären Aristokratie, zu durchkreuzen, war uneinge-
schränkte Vernunft notwendig. Und Schriftsteller wie Louis Sébastien Mercier stellten sich vor, dass es nur einer „lauten Stimme" bedürfe, um „die
Mehrheit aus ihrer Lethargie zu wecken" und die Monarchie zu Fall zu bringen.[5] Viele glaubten, dass die Menschheit im Begriff war, aus einem Koma
zu erwachen: Die Menschen, die ihre Souveränität spürten, würden ihre
Ketten abwerfen und niemals wieder eingekerkert werden. Aus dieser Ka-
tharsis würden Weisheit und Tugend entstehen. Es ist nicht erstaunlich, dass
das Konzept der Demokratie danach viele utopische und sogar millenaristische Zwischentöne haben sollte.

Aber sollte die Revolution als eine vorwärts gerichtete Bewegung, vielleicht in Nachahmung der neuen Theorien kommerzieller Modernität, die
von Schriftstellern wie Adam Smith eingeführt wurden, verstanden werden
oder sollte sie auf eine Rückkehr zu einem ursprünglichen Zeitalter der Tugend abzielen? Für den berühmtesten Mitwirkenden an Frankreichs revolu-
tionärem Impuls, Jean-Jacques Rousseau, den Lykurg seiner Epoche, ging es
nicht um wirtschaftlichen Fortschritt. In seinem *Discours sur l'origine et les
fondements de l'inégalité parmi les hommes* (1755) berichtet er von einer säku-

larisierten Version des Sündenfalls. Hier wurde ein
harmonischer Naturzustand eines nicht institutio-
nalisierten Staates, in dem es kein Eigentum gab,
durch die Auferlegung eines strengen Sozialvertrages
der Reichen mit den Armen, der Letztere auf ewig
an ein extrem ausbeuterisches System des Privateigentums fesselte, brutal beendet. Im *contrat social*
(1762) schlug Rousseau vor, dass die Armen wieder
die Kontrolle über den Reichtum und die politische
Korruption ausüben sollten. Er behauptete kühn,
dass die Menschheit „frei geboren" werde, mit anderen Worten: ursprünglich unschuldig, aber sich jetzt
„überall in Ketten"[6] wiederfinde. Auf diese Weise
regt er zu einer unmittelbaren Identifizierung mit

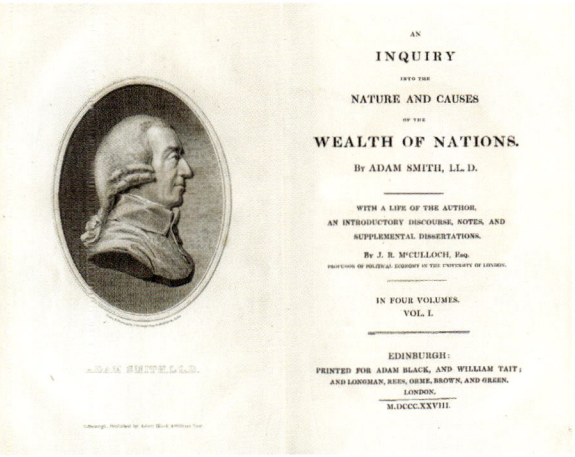

dem christlichen Mythos des Garten Eden und dem Sündenfall an. Wohl-
weislich hielt er die wichtige Frage offen, ob und wie solch eine Gesellschaft
aus den Ruinen einer implodierenden alten Monarchie wie Frankreich
geschaffen werden könne, aber er glaubte tatsächlich, dass eine Rückkehr
zu tugendhafter Reinheit unmöglich sei.

Aber wie sowohl Hegel als auch Napoleon später einräumten, gab er der
Revolution ihren vielleicht wichtigsten Impuls, durch die neue Doktrin
von einer Volkssouveränität, die er mit einer Wiederbelebung der republikanischen Tugenden verknüpfte. Seine Anspielungen im Hinblick auf den
Primitivismus sollten von den nachfolgenden Generationen aufgenommen

OBEN: Umschlag und Titelseite
von Adam Smith' *Wealth of Nations*
(1776). Der Text von Smith lieferte
das Paradigma einer liberalen Vorstellung von einem unbegrenzten
freien Handel, zunehmendem
Reichtum und einem relativ kleinen Bereich staatlicher Aktivität als
Bedingungen für den modernen
Fortschritt.

Jean-Jacques Rousseau (1712–1778)

Der französische Philosoph und politische
Theoretiker Jean-Jacques Rousseau war einer
der dominierenden Denker seiner Zeit. Seine
Schriften inspirierten die Akteure der Französischen Revolution. Er wurde am 28. Juni 1712 in
Genf, damals ein unabhängiger Stadtstaat, als
Sohn eines Uhrmachers geboren. Er lernte das
Handwerk des Kupferstechers und studierte
dann Musik. Nach seinem Umzug nach Paris
freundete er sich mit Diderot, Voltaire, d'Alem-
bert und anderen führenden Denkern der Aufklärung an. Rousseaus großer Ruhm beruhte
auf der Veröffentlichung von *Du contrat social*
(1762), einem Werk, das als intellektuelle Grundlage der Französischen Revolution bezeichnet

wurde. Seine Verbindung zum Utopismus
zeigt sich besonders in zwei früheren Arbeiten, *Discours sur les Sciences et les Arts* (1750)
und *Discours sur l'origine et les fondements
de l'inégalité* (1755). Im ersten dieser beiden
Werke beschreibt Rousseau, milder als in der
Vision von Thomas Hobbes, einen ursprünglichen Naturzustand, in dem sich allmählich
ein Ungleichgewicht zwischen Reichen und
Armen entwickelt. Rousseau wird häufig mit
dem Konzept des „edlen Wilden" und einer
Glorifizierung des Primitiven in Verbindung
gebracht, er war aber der Ansicht, dass jede
Rückkehr zu einem tugendhaften Staat
äußerst schwierig sein würde.

Französisches Revolutionsplakat (1789) mit einem Lobgesang auf die Einheit zwischen dem Volk und der Armee – Freiheit, Gleichheit, Brüderlichkeit oder Tod. Die Schaffung einer neuen Volksarmee erwies sich als entscheidend für die Existenz der neuen Republik, nachdem sie schnell von feindlichen Kräften umgeben war. Aber durch Paranoia wurde das Regime auch militarisiert und der Beginn der Terrorherrschaft beschleunigt.

werden, in Großbritannien insbesondere durch William Godwin in seinem Werk *An Enquiry Concerning Political Justice* (1793), die den Wunsch seiner jungen Anhänger – Samuel Taylor Coleridge, William Wordsworth und Robert Southey – Sweckten, eine „pantisokratische" Gemeinschaft in Amerika zu gründen (siehe Kasten, S. 96). Nach diesem System sollten die Arbeit und die Regierung gleich aufgeteilt und die Frauen von der schweren Arbeit befreit werden.

Die Französische Revolution sollte die Schablone für einen viel moderneren revolutionären Utopismus liefern, aber sie sollte auch die Mutation von Utopia in eine Dystopie aufzeigen. Die Revolution, ursprünglich bescheiden in ihren Zielen mit der Absicht, eine korrupte Monarchie, Aristokratie und Priesterschaft zu bändigen, taumelte gefährlich in den Republikanismus hinein, ermutigt von den ungezügelten Auswüchsen der Volksbegeisterung.

Unter dem Wahlspruch von „Freiheit, Gleichheit, Brüderlichkeit" wurde versucht, überall in der Welt ein Ideal kosmopolitischer republikanischer Bruderschaft zu verbreiten, das für einige das verloren gegangene Goldene

Zeitalter oder die Prinzipien der Natur widerspiegelte. Hierzu gibt es die Auffassung, dass jene, die am meisten eine Rückkehr zu solchen Prinzipien begehrten, auch am anfälligsten für das Blutvergießen waren.[7] Der Feudalismus wurde abgeschafft, Sklaverei verboten und Unterdrückung überall verurteilt.

Doch im Jahr 1793 hatten sich die Zeiten verändert. Von Anfang an umgeben von äußeren Feinden, begann die Revolution, wie der Gott Saturn, ihre eigenen Kinder zu verschlingen. Für viele lag ihre unheilvollste Entwicklung in dem Umstand, dass der Wunsch nach Verbesserung den Weg für den Wunsch nach Vollkommenheit bereitete. Tugend erforderte jetzt Terror und zunehmend wurde Monsieur Guillotines „heiliges" Instrument zu ihrem Gehilfen. Terror war „Tagesbefehl" laut der Anweisung der Jakobiner Ende des Monats August im Jahr 1793. Die Erwartungen wurden immer größer, und zwangsläufig waren immer weniger Menschen dazu in der Lage, ihnen zu entsprechen und sich zu ihren Höhen aufzuschwingen. Das Volk, so wurde gesagt, war erhaben und unfähig, Fehler zu machen, aber der Einzelne blieb zunehmend hinter den Erwartungen zurück. Unzulänglichkeiten, besonders militärische, deuteten auf moralische Verfehlungen hin und wurden als fehlender revolutionärer Eifer angesehen. General auf General hatte eine kurze und letzte Besprechung mit der Guillotine. Der Preis des Versagens war genauso überhöht wie die Papierwährung an den Finanzmärkten. Die Unfähigkeit, zur wahren Tugend zu gelangen, sollte bald gleichbedeutend damit sein, den Tod zu verdienen. All jene, die nicht Rousseaus Ideal vom allgemeinen Willen oder dem Begriff des Souveräns von Louis de Saint-Just gerecht wurden – das heißt jeder, der sich den gegenwärtigen Entwicklungen widersetzte –, wurde zum Außenseiter, zum anderen, zum Feind, der reif für die Vernichtung war. Was früher Ketzerei gewesen war, wurde jetzt das Abweichen von der Parteilinie. Aber in vielerlei Hinsicht war die Sprache der Religion vorherrschend: Das Ziel blieb die Vervollkommnung. Etwa 55 000 Menschen starben während der Schreckensherrschaft in den Jahren zwischen 1793 und 1794, als das Komitee für öffentliche Sicherheit juristische Gepflogenheiten über Bord warf und jene schuldig sprach, die schuldig aussahen, und sie, ohne ihnen das Recht auf Verteidigung zuzugestehen, hinrichten ließ. Schließlich wurden sogar die Anführer dieser Schreckensherrschaft – erst Danton, dann Robespierre – selbst zum Opfer und ohne Gerichtsverhandlung hingerichtet. Damit war ein gewisser Sinn für Ordnung wiederhergestellt.

Für viele spätere Kommentatoren war diese kolossale Verfinsterung der Versprechen der Revolution ein wichtiger Wendepunkt bei der Transformation von Utopia in eine Dystopie. Gelehrte wie Karl Popper sollten den Angriff auf das Ideal einer „offenen Gesellschaft" ausweiten und dabei in ihrem Denken bis zu Platon zurück gehen.[8] Aber nur wenige sollten bestreiten, dass der Geist des Mobs, die Rache der Ungebildeten und Unterprivilegierten jetzt losgelassen wurde und dass ihre Wut kaum Grenzen kannte. Dieser Geist sollte später noch oft zum Vorschein kommen, so nach 1917 in Russland, als etwa zwei Millionen Menschen hingerichtet wurden, und erneut während der chinesischen Kulturrevolution, als Tausende von Intellektuellen getötet oder brutal verfolgt wurden, und dann unter Pol Pot nach der kambodschanischen Revolution, um nur einige Beispiele zu nennen.

A faut esperer q'eu se jeu la finira bentot

Die Farbradierung (1789) symbolisiert die von den Reichen unterdrückte breite Masse. Sie spielt mit dem weitverbreiteten Groll über die schwere Last der Steuern, die den Armen unter dem Ancien Régime auferlegt wurden, und der Ungleichheit aufgrund der Steuerbefreiungen für die Aristokratie.

Doch die Französische Revolution war auf andere, positivere Weise utopisch. Ein neuer Kalender wurde eingeführt, um die Zeit zu bändigen, und vor allem um die Jahreszeiten herum gebildet (sein Urheber wurde im Jahr zwei der Revolution durch die Guillotine hingerichtet). Dem Chaos der historischen und feudalen territorialen Entwicklung wurde durch ein neues Gemeindesystem Ordnung gegeben. Die neue Gleichheit wurde in Volksfesten und durch eindrucksvolle Symbole wie den Baum der Freiheit, die phrygische Mütze und die Uniform der *sans-culottes* gefeiert. Symbole der alten Despotie wie die Bastille selbst wurden dagegen zerstört.

Trotz ihrer Schwächen lieferte die Französische Revolution das Modell für nachfolgende Revolutionen während der Neuzeit, insbesondere in Russland und China, danach in vielen anderen Ländern. In ihrem utopischen Aspekt, in den Schriften des Marquis de Condorcet, Godwins und anderer verband sie eine Vision des wissenschaftlichen und moralischen Fortschritts mit einem Ideal des politischen Fortschritts. Sie gab Anlass zu einer Vielfalt literarischer Utopien, obwohl vielleicht weniger als erwartet: *The Commonwealth of Reason* (1795) von William Hodgson ist ein wichtiges britisches Beispiel für die ideale politische Ordnung, untermauert von revolutionären Prinzipien, während die von Godwin in *Memoirs of Planetes* (1795) entworfene Vision das zukünftige utopische Regime als durch einen gewalttätigen Aufstand errichtet beschreibt.

Nicolas de Caritat, Marquis de Condorcet (1743–1794)

Der französische Philosoph Marquis de Condorcet wird heute als eine der wichtigsten Personen der späteren Aufklärung betrachtet. Verbunden mit den Girondisten während der frühen Phase der Französischen Revolution, war er gegen die Hinrichtung König Ludwigs XVI. und wurde inhaftiert. Nach der Zeit, in der er als Flüchtling lebte, starb er auf mysteriöse Weise, möglicherweise durch Suizid. Als Gegner der Sklaverei und weitreichender Denker war das Buch *Sketch for an Historical Picture of the Progress of the Human Mind* (1795) sein Hauptbeitrag zur Beurteilung der Modernität. Es verfolgt in zehn Stufen die Evolution sozialer Gruppen von Stammes- und Hirtenvölkern bis zur Gründung der Französischen Republik. Condorcet glaubte, dass der Fortschritt der Menschheit auf drei Säulen beruhe: der Abschaffung der Ungleichheit zwischen den Nationen, der Förderung von Gleichheit innerhalb jeder Nation und der „wahren Vervollkommnung" der Menschheit. Gemeinsam führen sie zum fortschrittlichsten Zustand einer Zivilisation, der nach seiner Meinung von den Franzosen und Angloamerikanern schon erreicht worden war. Das Kernproblem war daher, dies auf barbarische oder wilde Nationen auszudehnen, ohne die Rassenverachtung und die wachsende Ungleichheit zwischen Arm und Reich zu verschlimmern, etwas, was er verurteilte.

Weitaus wichtiger ist der Umstand, dass die Ideen der führenden Utopisten des 18. Jahrhunderts wie Gabriel-Etienne Morelly von revolutionären Verschwörern wie François-Noël Babeuf und Philippe Buonarroti, zwei wichtigen Begründern der modernen revolutionären kommunistischen Tradition, aufgenommen wurden. Sie stehen an der Schwelle zum Sozialismus. Dennoch sollten einige Überbleibsel des republikanischen Utopismus während der anschließenden Periode bleiben: G. A. Ellis beschreibt beispielsweise in *New Britain* (1820) ein großes Gemeinwesen, das mitten in den Vereinigten Staaten von Amerika angesiedelt ist. Das Geld ist abgeschafft worden, Arbeit und Handel werden sorgfältig reguliert, der Besitz von Eigentum ist beschränkt, Angestellte im öffentlichen Dienst arbeiten unbezahlt, und die dominierende Religion ist der Deismus. Soweit wie nur möglich haben Philanthropie und maßvolle Führung die Gesellschaft bis zu einem Stadium geführt, in dem praktisch keine Gesetze mehr erforderlich sind.

Liberty, is the Right and Happiness of all, for all by Nature are equal and free, and no one can without the utmost injustice become the Slave of his like.
Inscribed on the Athenian Statue of Liberty.

Pub: as the act directs, Apr. 9, 1798, by W. Hodgson, Newgate.

François-Noël Babeuf (1760–1797)

Der französische Revolutionär François-Noël Babeuf war Herausgeber der *Tribune of the People* (1794), die einen egalitären Kommunismus befürwortete. Beeinflusst von Gabriel-Etienne Morellys *Le Code de la nature* (*Das Naturgesetz,* 1755) und anderen Werken, entwickelte Babeuf die konspirative Tradition, die in den europäischen und russischen revolutionären Bewegungen vorherrschen sollte. Als Kind armer Leute am 23. November 1760 geboren, wurde Babeuf erst Arbeiter, dann Angestellter eines Notars. Zur Zeit der Französischen Revolution hatte er schon einen Plan für die Umverteilung des Eigentums entwickelt. Er war an einer Steuerrebellion beteiligt und befürwortete das Verpachten konfiszierter Ländereien der Kir-

che an die Bauernschaft. 1791 interpretierte er die Theorie des Naturgesetzes in Bezug auf ein „Agrargesetz", das die Umverteilung von gemeinsamem und brachliegendem Land an arme Bauern erlauben sollte. Zu Beginn des Jahres 1793 nahm er den Namen Gracchus an, um sich mit den alten römischen Befürwortern eines ähnlichen Planes zu identifizieren, und begann Überlegungen anzustellen, um Geld und Handel für den Einzelnen ebenso abzuschaffen wie Untätigkeit und gleichzeitig den Außenhandel mit Luxusgütern zu beschränken oder ganz abzuschaffen. Obwohl er kein Freund der Diktatur der Jakobiner gewesen war, wurde er während der Zeit des Direktoriums zum Tod durch die Guillotine verurteilt.

Kapitel 8

Ideale Städte

Vom Mittelalter zur Moderne

Die Suche nach Utopia lässt zwei entgegengesetzte Traditionen erkennen, eine ist im Wesentlichen ländlicher, die andere städtischer Natur. Aber Utopia hatte oft eine zutiefst mehrdeutige Beziehung zur Stadt. Hirtenvölker, die sich um Herden kümmern, brauchen keine Städte. In Regionen, wo die Natur reichlich und das Klima freundlich ist, sorgen einfache Gebäude nur für einen geringen Komfort. In der trägen Atmosphäre eines tropischen Paradieses, einer Grasbehausung oder einer etwas größeren Hütte für die erweiterte Familie ist alles vorhanden, was nötig ist, um den einen vom anderen abzugrenzen. Für eine kleine religiöse Gemeinschaft reicht die schlichte Eleganz von mehreren kleinen Holzgebäuden mit einem zusätzlichen Gemeinschaftshaus wie in einem Shakerdorf schon aus. Aber wenn landwirtschaftlich orientierte Gesellschafen an Größe und Komplexität zunehmen, schaffen sie sich nach und nach immer größere städtische Zentren. Und durch die Industrialisierung wird dieser Prozess noch beschleunigt.

In der Frühmoderne wurden die Förderung der Stadtplanung und der Entwurf von städtischen Räumen zu einem Mittel, soziale Kontrolle über utopische Pläne und Fantasien zu schaffen und aufrechtzuerhalten. Dies ergab sich nicht nur aus der zunehmenden Urbanisierung der gesamten Gesellschaft, sondern auch aus der spezifischen Funktion der utopischen Planung. Obwohl die Sozialordnung sowohl im ländlichen als auch im städtischen Umfeld von einer Mischung der Sitten und Gebräuche, Gesetze und Verfassungen und der sozialen Regulierung von potentiell störenden Formen des Verhaltens – wie Lasterhaftigkeit und sexuelle Rivalität – abhängt, tendieren ländliche Vorstellungen der idealen Gesellschaft nicht so sehr dazu, sich auf die formalen Darstellungen solcher Einschränkungen zu stützen. Eine soziale Ordnung ist weniger besorgniserregend, wenn keine Knappheit existiert. Je städtischer das Ideal ist, desto mehr strebt es nach Regulierungen, auch wenn diese „Regulierungswut" unter marxistischen Regimen durchaus auch in ländlichen Gebieten vorkommt.

Mit extremer Urbanisierung verwandelt sich das Bild der Stadt allmählich in eine Dystopie. Die restriktivsten, totalitärsten Versionen dieses bedrohli-

Temperamalerei auf einer Holzplatte von Taddeo di Bartolo, die den Bischof San Gimignano aus dem 14. Jahrhundert zeigt. Dieser hält ein Modell der gleichnamigen Stadt in der Hand (ca. 1391). Die Stadt ist für ihre Türme und ihre harmonische Schönheit berühmt.

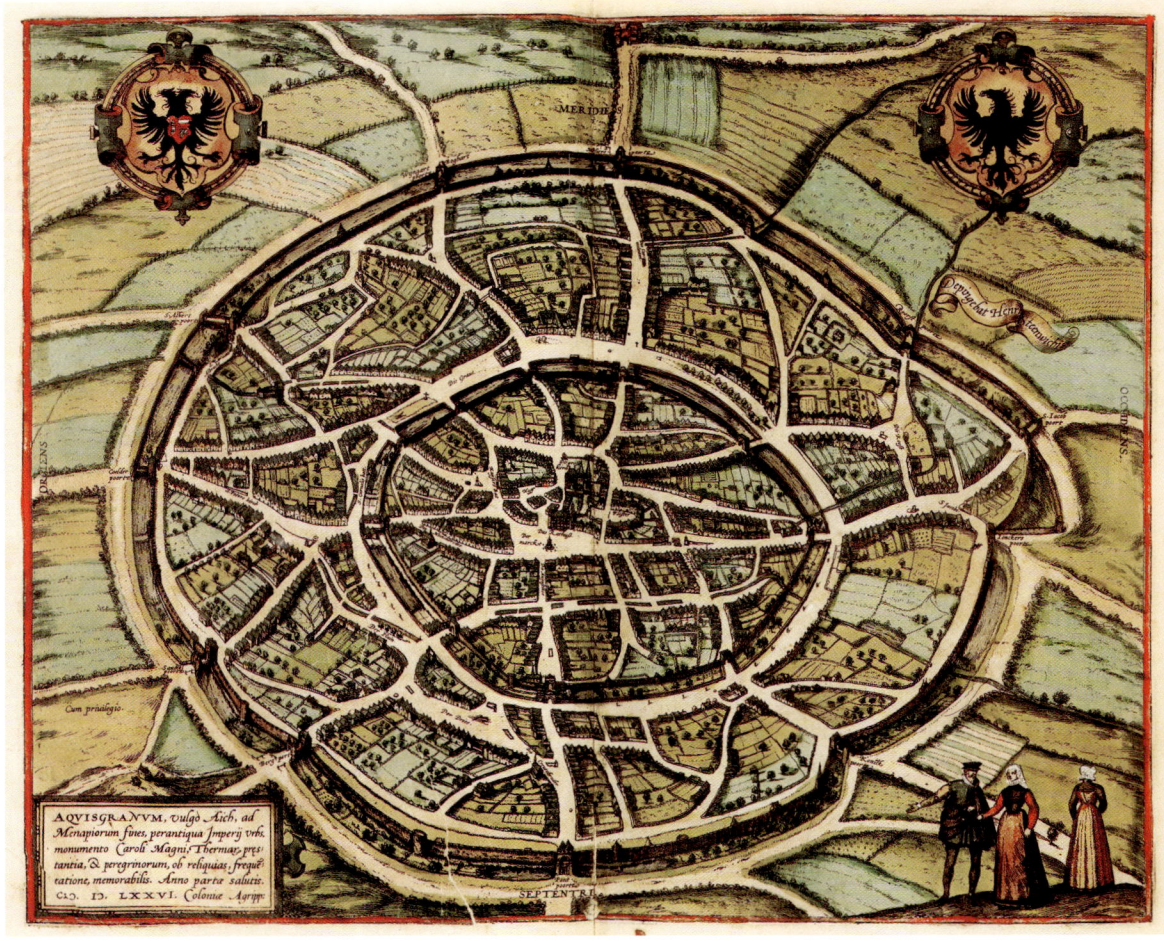

Karte von Aachen aus Franz Hogenbergs *Civitates Orbis Terrarum,* Band 1, 1572. Dieser handbemalte Kupferdruck vermittelt einen guten Eindruck von der begrenzten, kompakten Struktur vieler mittelalterlicher Städte.

chen Bildes teilen das menschliche Leben in kleine, eingeschränkte Räume des Lebens und Arbeitens auf – organisierte Einheiten, um das individuelle Leben maximal kontrollieren zu können.

Daneben befinden sich große öffentliche Räume, die von der Ideologie des herrschenden Regimes dominiert werden. Einige idealisierte städtische Räume (darunter Francis Bacons Beschreibung von Bensalem in *New Atlantis,* 1624, Charles Fouriers Phalansterium und die von Robert Owen vorgeschlagenen Gemeinschaften des frühen 19. Jahrhunderts) richten wenig oder gar keine Aufmerksamkeit auf dieses Konzept der Aufrechterhaltung von Recht und Ordnung. In anderen städtischen utopischen Vorstellungen sind die Gebäude als Teile eines Überwachungssystems konstruiert, das auf diese Weise den Gehorsam der Menschen erzwingt. So haben Architektur, Stadtplanung und sogar der Entwurf von ganzen Staaten immer eine wichtige Rolle in der utopischen Fantasie gespielt.

Die bewusste Planung von Städten und Großstädten geht auf die Antike zurück. Städtische Ballungsräume entstehen vorwiegend an Orten, die sich gut verteidigen lassen, an Flüssen, Brücken, natürlichen Handelswegen und in der Nähe von Ackerland. Wachsende Bevölkerungen, besonders Imperien, haben immer neue Konzepte für die Besiedlung von Städten entwickelt. Die ägyptischen Pyramiden, obwohl Monumente der Toten, können als die prototypischen Pläne für städtische Räume betrachtet werden, in denen die Funktionen von Unterbringung und propagandistischer Kontrolle – durch ihre pure Eindringlichkeit – vereint waren. Die Griechen bauten eine Reihe von gitterförmigen Städten, um in ihnen angemessen wohnen zu können, besonders in ihren Kolonien. Für die Römer gehörten eine sichere Wasserversorgung, öffentliche Bäder, ein gut ausgebautes Straßensystem, Tempel, Verwaltungsgebäude, Kasernen, Sportstätten und natürlich auch Wohnungen zu einer lebensfähigen Stadt. Als Karthago nach der Zerstörung durch die Römer wieder aufgebaut wurde, realisierte man alle diese Besonderheiten, und viele römische Kolonien und Militärlager wurden gitterförmig angelegt. Große öffentliche Räume wie das Forum in Rom wurden entworfen, um zu beeindrucken, wenn nicht gar zu überwältigen, um religiöse, politische und militärische Symbole miteinander zu verbinden und vor allem um den Patriotismus erwecken. Abgesehen von diesen praktischen Anliegen sind Städte manchmal in Harmonie mit den mutmaßlichen Prinzipien der Natur oder in Übereinstimmung mit mathematischen Prinzipien, Proportionen des menschlichen Körpers oder spirituellen und religiösen Vorstellungen entworfen worden. Die Stadt Gottes, das Neue Jerusalem, und die Vorstellung vom Himmel wurde mit Konzepten der idealen Stadt der frühen christlichen Zeit verbunden (siehe S. 33). Das mittelalterliche Europa produzierte auch eine Vielzahl städtischer mythischer Räume. Die legendäre Stadt Camelot, die auf den verschiedenen Beschreibungen des englischen Königs Artus beruhte, stammt aus dem 6. Jahrhundert, wurde in Sir Thomas Malorys *Le Morte d'Arthur* (1485) wieder erfunden und auch später erneut thematisiert, besonders in Lord Alfred Tennysons *Idylls of the King* (1891). Camelot wird normalerweise als ein Regime des Friedens und der Harmonie nach einer langen Zeit des angelsächsischen Bürgerkriegs dargestellt. Beschreibungen der Ritter der Tafelrunde deuten auf eine in gewisser Weise begrenzte Form der Monarchie hin.

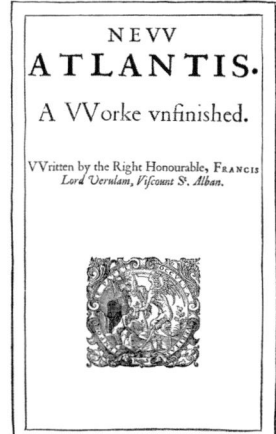

OBEN: Titelseite von Francis Bacons *New Atlantis* (Ausgabe von 1628). Dieses Werk ist der Prototyp eines Textes, in dem die moderne Idee des unbegrenzten wissenschaftlichen und technischen Fortschritts dargestellt wird.

UNTEN: Perspektivische Darstellung von Charles Fouriers Phalansterium (die ländlichen Bereiche und die Gärten werden nicht dargestellt), aus Victor Considérants *Description du phalanstère et considérations sociales sur l'architectonique,* erste Hälfte des 19. Jahrhunderts. Für Fourier hing das menschliche Glück entscheidend vom gemeinsamen Leben und Arbeiten in einer semi-ländlichen Umgebung ab.

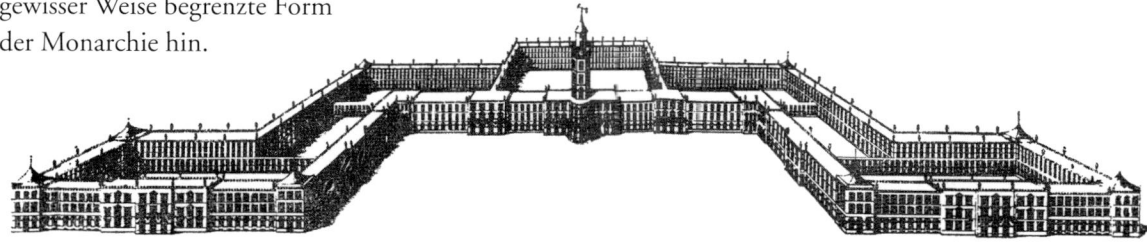

RECHTS: Ausschnitt aus Ambrogio Lorenzettis *Allegorie der guten und schlechten Regierung*, 14. Jahrhundert. Dieses berühmte Fresko, das die Wände vom Palazzo Pubblico in Siena schmückt, zeigt den guten Herrscher, umgeben von den Tugenden Glaube, Hoffnung und Wohltätigkeit.

UNTEN: Plan der idealen Stadt Sforzinda, 1457. Der Gestalter, Filarete, hoffte, dass sein Entwurf eines achteckigen Sterns mit einem kreisförmigen Wassergraben wie ein „gemeinsamer Organismus" funktionieren werde. Die Absicht war, einen Kontrast zu den engen und schmutzigen mittelalterlichen Städten zu schaffen. Dies wurde oft imitiert.

Als mutmaßliche Hauptstadt eines südenglischen Königreichs entwickelte sich Camelot von einer kleinen Festung zur Verkörperung der Ziele des mittelalterlichen Ritterstandes, zu denen Edelmut, Tapferkeit, Gerechtigkeit und Hingabe an das Gemeinwohl gehörten.

Die Tugenden und Weisheit ihres Zauberers Merlin wurden oft erzählt und immer wieder neu ausgeschmückt. Eine idealisierte Darstellung des höfischen Lebens gibt Mark Twains *A Connecticut Yankee in King Arthur's Court* (1886) auf satirische Weise. Hier bezieht Twain Stellung für die moderne Demokratie und gegen einen degenerierten Feudalismus.

Noch fantastischer waren indes die Bilder der Stadt in einem der einflussreichsten Mythen des Mittelalters, dem Land Cockaygne, einem säkularen Äquivalent zu jenen Luftschlössern, die zum ersten Mal bereits im 13. Jahrhundert beschrieben wurden. Hier wächst für den Menschen geeignete Nahrung in der Wildnis, gekochte Tiere bieten sich zum Verzehr an, und wenn man ein Alter von fünfzig Jahren erreicht hat, wird man wieder zehn Jahre alt. Auf diese Weise trotzen die Menschen dem Tod. Die Häuser sind aus Zucker gebaut und die Straßen sind mit Gebäck gepflastert. In Cuccagna, der italienischen Version dieser Fantasie der Völlerei, gibt es Brücken aus Salami, Flüsse, in denen Milch oder Wein fließt, und mit Rahmkäse bedeckte Berge. Zu arbeiten ist ein strafbares Vergehen.

Die idealen Städte des Mittelalters reflektierten oft eine Version des Konzepts vom Neuen Jerusalem. Sie werden dabei nicht nur als Verkörperung der spirituell vollkommenen Stadt Gottes, sondern auch als ein in ästhetischer Hinsicht idealer städtischer Raum betrachtet, genau wie Babylon und Rom nach ihrem Niedergang die menschliche Erniedrigung symbolisierten. Viele kreisförmige oder polygonale Entwürfe – wie jener von Anton Francesco Doni aus dem Jahr 1552 – waren Variationen von

Festungsanlagen, die, wie die strahlenförmig angelegten Stadt Palma Nova, die 1593 gebaut wurde, auch die Macht des Fürsten erweitern sollten.

Die Vorstellung, dass Städte die Ordnung fördern könnten, setzte sich im 14. Jahrhundert durch, als Allegorien von guten und bösen Regierungen auf die Mauern von einigen italienischen Städten gemalt wurden, zu denen auch Siena gehörte. Die Ideen der Renaissance in Bezug auf Ordnung, Gleichgewicht, Harmonie und Schönheit wurden in einer Vielzahl von Modellen des 15. und 16. Jahrhunderts kombiniert. Filaretes architektonische Pläne für die ideale Stadt von Sforzinda (1457–64) waren vermutlich die ersten dieser italienischen Vorschläge und wiesen zwei große Plätze innerhalb eines Kreises mit sechzehn radialen Speichen auf. Kreisförmige Piazze mit strahlenförmigen Speichen wie in Siena wurden in der Folgezeit sehr beliebt. Eine Unmenge von Türmen symbolisierte, wie in San Gimignano, den Drang nach oben, nach bürgerlichen Reichtum und Wettbewerbsfähigkeit. In *Utopia* von Thomas Morus fanden rationale Prinzipien auf einer Insel mit vierundfünfzig identischen, von Mauern umgebenen Städten in einer Entfernung von vierundzwanzig Meilen (achtunddreißig Kilometern) zueinander ihre Anwendung. Terrassenförmig angelegte Straßen, zwanzig Fuß (sechs Meter) breit, mit großen Gärten an der Rückseite und sich automatisch öffnenden Türen, um alle einzulassen, unterstreichen die öffentliche Natur des Eigentums. Feuerfeste Dächer und verglaste Fenster zeigen technische Neuerungen an. Eine Vielzahl geplanter Städte in der kolonisierten Neuen Welt griff ebenfalls auf solche rationalistischen Prinzipien zurück. Einige Inkastädte wie Cuzco sind gleichermaßen einfallsreich strukturiert.

Klöster lieferten die Inspiration für andere Variationen der idealen Stadt. Wie von François Rabelais in *Gargantua und Pantagruel* (1532–69) beschrieben, ist die Abtei von Thélème (aus dem Griechischen für „Willen" oder „Wunsch") ein subventionierter Rückzugsort für die Aristokratie, vom Riesen Gargantua gegründet. Hier weisen wohlhabende Mitglieder die üblichen mönchischen Gelübde von Armut, Keuschheit und Gehorsam und den Drang nach Wissen und spiritueller Erleuchtung zurück. Der existierende Luxus wird nicht abgelehnt, sondern gewissermaßen sozialisiert, damit ihn alle genießen. Umfangreiche Gärten,

Karte von Cuzco aus Franz Hogenbergs *Civitates Orbis Terrarum*, Band 1, 1572. Diese seltene Darstellung der „Heiligen Stadt der Sonne" in der Neuen Welt zeigt im Vordergrund den König, der von Trägern getragen wird, in der Mitte den Palast und die Tempel zur Zeit der spanischen Eroberung.

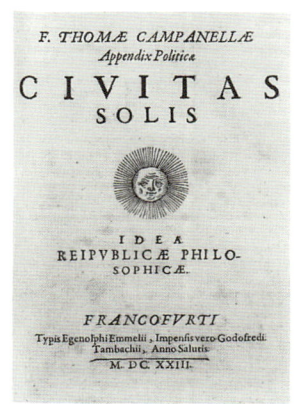

prunkvolle Möbel und zahlreiche Bequemlichkeiten ermuntern dazu, die Vergnügungen zu genießen – dies führt aber nicht zu Freizügigkeit, sondern zu einem geordneten Lebensstil, befreit von der Einmischung durch den Klerus. Das zentrale Gebäude der Abtei ist eine sechseckige, sechsstöckige Konstruktion mit sechs Türmen im Loiretal. Es umfasst über neuntausend reich dekorierte Zimmer und eine hervorragende Bibliothek. Rabelais' Text wird als Satire auf die religiöse Heuchelei angesehen. Er setzt das Klosterleben mit der Pracht des aristokratischen Luxus gleich und weist auch auf die Notwendigkeit hin, das Christentum zu reinigen und Geldgier, legale Hochstapelei und Untätigkeit zu verdammen.

Tommaso Campanellas *La città del sole* (*Der Sonnenstaat*, 1602) erzählt in Dialogform von der Existenz einer idealen Stadt in der südlichen Hemisphäre. Symmetrisch durch sieben Ringe geformt, verkörpert die Stadt die Beziehung zwischen utopischer sozialer Technik und der städtischen Raumplanung. Dekorationen an den Mauern wecken die Liebe zur Natur, die Achtung vor den Göttern und den Wissensdrang. Das Eigentum ist im kollektiven Besitz; auch die Ehefrauen, in einem platonischen System der auf Gesundheit ausgerichteten regulierten Erziehung, gehören allen. Ein vierstündiger Arbeitstag ist die Norm. Die Bildung für alle, sowohl in Naturwissenschaft als auch in landwirtschaftlichen Fertigkeiten, hilft, die soziale Gleichheit zu erhalten. Mit beträchtlicher Aufmerksamkeit wird das Sexualleben geregelt, indem die Promiskuität verboten und ein gewisser Körperkult gefördert wird. Das mächtige Gefühl des Patriotismus – das für Campanella letztlich die Form des Gehorsams gegenüber einer neuen universellen (spanischen) Monarchie annehmen sollte – wird durch die Sonnenanbetung zementiert, die durch viermal täglich zu verrichtende Gebete institutionalisiert

Tommaso Campanella (1568–1639)

Der italienische Philosoph und Schriftsteller Tommaso Campanella, als Kind einer armen Familie am 5. September 1568 in Kalabrien geboren, ist besonders als Autor von *La città del sole* (*Der Sonnenstaat*, 1602) bekannt geworden. Ausgebildet zum Dominikanermönch, studierte er Wissenschaft und Philosophie wie auch Kabalismus und Zarathustrismus. Er schrieb 1602 einen kritischen Bericht über die spanische Monarchie und sein Interesse an ketzerischen Ideen führte zu seiner Verhaftung durch die spanische Inquisition und einem Gerichtsverfahren im Jahr 1596. Nach seiner Freilassung unterstützte er eine Reformationsbewegung, die auf einer idealisierten religiösen und politischen Autorität basierte, die, wenn nötig durch Gewalt, errichtet werden sollte. Nach seiner erneuten Festnahme 1599 wurde er zu einer lebenslänglichen Freiheitsstrafe verurteilt und schrieb sein Hauptwerk, während er im Gefängnis in Ketten lag. Nach fast dreißig Jahren in Gefangenschaft genoss er am Ende seines Lebens eine kurze Periode der Freiheit, bevor er am 21. Mai 1639 in Paris starb.

Johann Valentin Andreae (1586–1650)

Der lutherische humanistische Gelehrte und religiöse Reformer Johann Valentin Andreae, Verfasser von *Fama* (1614) und *Christianopolis* (1619), vielleicht den berühmtesten Vorschlägen für eine ideale christliche Stadt, wurde am 17. August 1586 in Tübingen geboren. Er studierte Literatur, Musik, Kunst, Mathematik und Astronomie an der Universität, beherrschte sieben Sprachen und wurde lutherischer Kaplan. Er machte viele Reisen in Zentraleuropa und engagierte sich zunehmend dafür, die Gilden der Arbeiter zu organisieren und das Bildungssystem zu verbessern. In Calw führte er eine Schutzorganisation für die Arbeiter in den Tuchfabriken und Färbereien ein, die bis in das 20. Jahrhundert erhalten blieb. Er wird auch mit der Grün-

dung der Rosenkreuzer in Verbindung gebracht, einer an Alchemie, Astrologie und dem Okkulten interessierten geheimen Bruderschaft. Vor dem Hintergrund der Reformation und den ihr nachfolgenden Turbulenzen berichtet er in *Christianopolis* von einem Schiffbruch erleidenden Pilger, um eine Gesellschaft zu beschreiben, in der Bildung universell geworden ist und Frieden vorherrscht. Hier werden von der Staatsreligion Abweichende ausgewiesen. Die Regierung wird durch einen Senat und ein Triumvirat von Prinzen, das aus einem hohen Priester, einem Richter und einem Gelehrten besteht, ausgeübt. Es wird angenommen, dass *Christianopolis* auch Einfluss auf Bacons *New Atlantis* hatte.

wird. Die Einfachheit der Kost und strenge Leibesübungen helfen, die Langlebigkeit sicherzustellen.

Weitaus kunstvollere Pläne sollten bald folgen. Johann Valentin Andreaes *Christianopolis* (1619) beschreibt eine Hauptstadt mit etwa vierhundert Menschen, errichtet auf einem Hügel und arrangiert um einen mehr als 200 Meter großen Platz, der von vier Türmen umgeben wird. Es gibt eine öffentliche Straße und die Stadt ist in separate Bezirke für Verpflegung, Übungen, Militärdienstvorbereitungen und Schönheit eingeteilt. Die Stadt ist so konzipiert, um eine angemessene Versorgung mit Lebensmitteln, Medizin, Wasser und Verteidigungssystemen bereitzustellen. Handel und Verkehr wird in Übereinstimmung mit den Prinzipien der mittelalterlichen Gilden durch den Bezirk organisiert. Die meisten Facharbeiter bewohnen das Stadtzentrum, das von einem kreisförmigen Tempel und einer großen Bibliothek beherrscht wird. Die Bevölkerung von Christianopolis beteiligt sich gemeinsam am Straßenbau, Wachdienst und an der Landwirtschaft, aber jede Person folgt auch ihrem eigenen Gewerbe. Kleidung, Nahrung und Arbeitswerkzeuge werden von den zivilen Behörden verteilt, die auch die Wohnstätten zuteilen. Damit wird eine rigorose Gleichheit gewährleistet, auch wenn die

UNTEN: Die Stadt Christianopolis aus Johann Valentin Andreaes *Reipublicae Christianopolitanae descriptio,* 1619. Inspiriert sowohl von Morus als auch von Campanella, entwickelte Andreae ein Konzept für mittelalterliche Gilden der Handwerker und Bruderschaften und zeigte auch seine Bewunderung für den Stadtstaat von Genf.

Mahlzeiten privat eingenommen werden. Kleidung und Möbel sind einfach; „Eitelkeit, Extravaganz" und das „Gepäck der Ungerechtigkeit" werden geächtet.[1] Die Kinder werden schon früh von ihren Eltern getrennt, und obwohl die Frauen die gleiche Bildung genießen wie die Männer, verrichten sie die häusliche Arbeit. Die Stadt schließt Bettler und andere „Taugenichtse" aus, aber sie sollen gebessert werden und werden deshalb nur milde bestraft. Wie in Bacons *New Atlantis* wird in einem Labor wissenschaftliche Forschung betrieben.

Das 18. Jahrhundert erlebte eine Vielzahl von Versuchen im Bereich der architektonischen Innovation. Die berühmte von Claude-Nicolas Ledoux in den 70er Jahren des 18. Jahrhunderts errichtete Salinenstadt umfasste eine große kreisförmige Stadt, die durch ein Tor betreten wurde. In ihrem Zentrum befanden sich das Haus des Direktors und eine Kirche, die die Produktionsstätten überragte. An die Häuser der Arbeiter, nachts beleuchtet, schlossen sich Gärten mit Obst und Gemüse an. Jenseits davon befanden sich weitere Verwaltungsgebäude. Andere Pläne in dieser Zeit sind Variationen dieser Beispiele, bei denen ebenfalls eine geometrische Genauigkeit anzutreffen ist. Einige Großstädte wie Sankt Petersburg und eine Reihe von kleineren Städten wurden in jener Epoche geplant.

Das 19. Jahrhundert war das große Zeitalter der europäischen sozialistischen Gemeinschaften (siehe S. 128–138). Sie bestanden häufig in Anordnungen in der Form eines Parallelogramms. Hier waren große Teile der Bewohner jeweils in einem einzigen zentral gelegenen Gebäude untergebracht, um dadurch die effiziente Verwendung der Ressourcen zu gewährleisten (auf

RECHTS: Claude-Nicolas Ledoux' Plan für die königliche Saline in Arc-et-Senans in Franche-Comté. Dieser Plan, verbunden mit Vorschlägen für eine „ideale Stadt" mit dem Namen Chaux (1904), stellt die Industrie als von zentraler Bedeutung für die gute Ordnung einer modernen Gesellschaft dar.

GEGENÜBER OBEN: Der Kupferstich zeigt das Familistère von Guise in der Normandie, gebaut vom Ofenhersteller und Anhänger Charles Fouriers, Jean-Baptiste André Godin, 1859–80, um seine Arbeiter und deren Familien unterzubringen, auch als Verkörperung des Potentials solcher Vorschläge betrachtet.

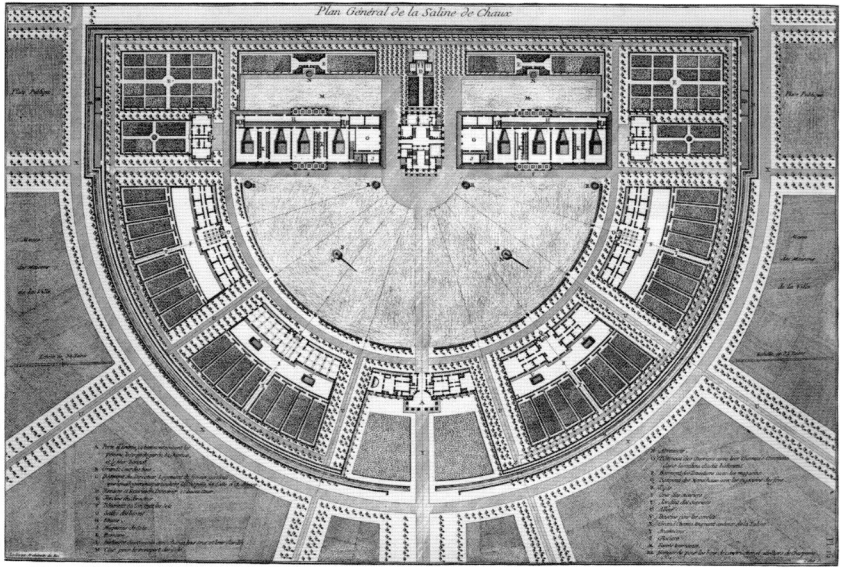

diese Weise wurde die ökonomische Überlegenheit des gemeinschaftlichen über das private oder einzelne Leben demonstriert). Gärten und Fußwege wurden oft um die zentralen Gebäude herum geplant, Fabriken und industrielle Einrichtungen in einer gewissen Entfernung von den Wohngegenden.

Ein Beispiel dieses Typs wurde in Guise in der Normandie von Jean-Baptiste André Godin zwischen 1859 und 1880 errichtet. Hier ermöglichte ein System von inneren Galerien die Bewegung um einen Hof, der Raum für Gespräche bot und auch für Licht, Platz und die Zirkulation von Frischluft sorgte.

Für größere Kolonien wurde oft ein gitterförmiges System vorgeschlagen. In der Hauptstadt von Icaria in Etienne Cabets *Voyage en Icarie* (*Reisen in Icaria*, 1840) kreuzen zum Beispiel fünfzig Boulevards fünfzig Avenuen im rechten Winkel, während die Wohnblöcke jeweils fünfzehn Wohnungen und Gärten aufweisen. Drei öffentliche Zentren, eines in der Mitte und eines an jedem Ende der Stadt, und die Errichtung von Fabriken und Schlachthöfen an der Peripherie der Stadt unterstützen die Verwirklichung der städtischen Ordnung. Robert Owens Gemeinschaften, wie sie zum Beispiel von Stedman Whitwell und seinem Kollegen John Minter Morgan dargestellt werden, folgen dem Muster eines Parallelogramms. Andere Pläne für Modellstädte, die auf sozialistischen Prinzipien basieren, stammen von James Silk Buckingham (für die Stadt Victoria, 1841) und von Robert Pemberton, der Pläne für den Aufbau einer Kolonie entwarf. Benjamin Ward Richardsons Konzept in *Hygeia* berücksichtigte das zunehmende Problem der Abwasser- und Abfallentsorgung.

Auch Unternehmer entwarfen und bauten in dieser Zeit verschiedene industrielle Städte und Dörfer. In Titus Salts

UNTEN: Plan von Etienne Cabets Icaria-Ansiedlung auf einem 39 Morgen großen Grundstück in Cheltenham, Missouri. Die Ansiedlung kostete 25 000 $ und existierte von 1857 bis 1864. Das Essen wurde hier gemeinsam eingenommen und im Gegensatz zur Nauvoo-Icaria-Gemeinschaft blieben die Kinder bei ihren Eltern.

Dorf von Saltaire, erbaut in Yorkshire Mitte des 19. Jahrhunderts, wurde am einen Ende eine Gemeindekirche und am anderen Ende der Eingang zu Salts Textilfabrik errichtet.

Ähnliche Dörfer in England waren Port Sunlight, mit dessen Errichtung 1888 begonnen wurde, um Seifenarbeiter unterzubringen, und Bourneville, das 1895 von dem Schokoladenhersteller George Cadbury aufgebaut wurde. In den Vereinigten Staaten entstanden Pullman City in Chicago sowie vergleichbare Fabrikstädte. Dass das Konzept der sozialen Kontrolle ein entscheidender Aspekt des architektonischen Entwurfs war, zeigte sich nicht nur bei den Städten. Jeremy Benthams berühmtes Modellgefängnis, das Panoptikum, wurde so gebaut, dass die Insassen, die in strahlenförmigen, um ein Zentrum herum errichteten Gebäuden untergebracht wurden, ständig von diesem Zentrum aus überwacht werden konnten.

Mit dem Fortschreiten des Jahrhunderts schufen die Vereinigten Staaten viele ähnliche Gebäudekomplexe in Form eines Gittermusters, von der City of Savannah in Georgia ab den 1730er Jahren bis hin zur neuen Hauptstadt Washington D. C., wobei hier auch kreisförmige Muster verwendet wurden. Haussmann gestaltete Paris neu, das danach als die schönste moderne Stadt Europas galt, mit vielen großen Ringen, beeindruckenden Boulevards und zahlreichen Grünflächen.

Am Ende des 19. Jahrhunderts kam es als Reaktion auf die Industrialisierung zu einer Reihe von Entwürfen, insbesondere in der Literatur, in denen eine ländlichere Version des städtischen Lebens erschaffen wurde. Dazu gehört William Morris' mittelalterfreundliches *News from Nowhere* (1890). Die riesige und überfüllte Metropole, so wurde behauptet, nähre den Teufelskreis von Armut, Alkohol und Verbrechen. Ein sauberes, tugendhaftes Leben für die Armen könne nur erreicht werden, indem man sie in Kolonien auf dem Land umsiedele, wie General Booth von der Heilsarmee vorschlug. Oder die Stadt selbst könne einem radikalen neuen Konzept unterworfen werden. Visionäre wie Patrick Geddes schlugen vor, sie müsse zivilisiert werden, und dazu sei es notwendig, sie auf eine annehmbare Größe zu reduzieren. Damit setzte man auch die Idee durch, dass jedes wahre Utopia mit der Nachbarschaft beginnt. Eine der wichtigsten dieser Bestrebungen war die Gartenstadtbewegung. Sie wurde durch die Veröffentlichung von Ebenezer Howards *To-morrow: A Peaceful Path to Real Reform* (1898) in Gang gesetzt und war ein Versuch, Edward Bellamys übermäßig städtische und technokratische Betonung zu korrigieren, in der Hoffnung, dass der Besitz von Land schließlich abgeschafft werden würde. Die Ergebnisse von Howards Arbeiten waren die Errichtung von Letchworth und mehreren anderen Gartenstädten, in denen dem Gleichgewicht von Wohnen, Grünflächen und Raum für den bürgerlichen Geist Priorität eingeräumt wurde. Die

moralische Dimension, nachbarschaftliche Kooperation durch eine ausgewogene Stadtplanung zu fördern, sollte später unter anderem durch Percival und Paul Goodmans *Communitas* (1947) unterstützt werden. Solche Texte stellten die Frage, ob Städte zum Leben oder zur Förderung des Handels gestaltet werden sollten. Auch war eine nostalgische Stimmung aufgrund des Verlusts des Lebens auf dem Dorf oder in Kleinstädten in dieser Zeit weit verbreitet, wie in Sherwood Andersons *Winesburg, Ohio: A Group of Tales of Ohio Small Town Life* (1919).

Im 19. Jahrhundert dehnten sich die Städte nach außen aus, aber im 20. Jahrhundert wuchsen sie massiv nach oben. Schon früh versinnbildlichten Büros und Wohnungen in Hochhäusern das architektonische Streben in großen Städten wie Chicago und New York. Im Gegensatz zu späteren Konstruktionen aus Glas und Stahl waren diese frühen Beispiele oft raffinierte, sehr gut ausgearbeitete Innovationen, die auf dem Jugendstil und anderen Stilrichtungen basierten. Die moderne Bewegung in der Architektur wurde im 20. Jahrhundert von Le Corbusier – diesen Namen hatte Charles-Edouard Janneret angenommen – und Tony Garnier angeführt. In Le Corbusiers Plan „Ville pour trois millions d'habitants" (Stadt für drei Millionen Personen, 1922) werden Wolkenkratzer in Parks gesetzt, der öffentliche Nahverkehr und Kommunikationsnetze werden vorrangig ausgebaut und das Wohnen ist nach gesellschaftlichen Schichten aufgeteilt. In seinem „Plan voisin" (Nachbarschaftsplan, 1925) machte Le Corbusier den Vorschlag, das Zentrum von Paris abzureißen, um Platz für Wolkenkratzer zu schaffen, und in

William Morris (1834–1896)

Der englische Designer, Schriftsteller und Sozialist William Morris war eine wichtige Person in der Kunstgewerbebewegung und Autor der in der späten viktorianischen Epoche sehr bekannten Utopie *News from Nowhere* (1890). Geboren am 24. März 1834, studierte er als Kind einer vermögenden Familie in Oxford, wo er mit Edward Burne-Jones und anderen Künstlern verkehrte. Dort geriet er unter den Einfluss von John Ruskin. Er betrieb eine Werkstatt, Morris and Company, um Möbel und Dekorationen, hauptsächlich im mittelalterlichen Stil, herzustellen. Er schuf auch eine Vielzahl von poetischen Arbeiten, insbesondere *The Life and Death*

of Jason (1867) und *The Earthly Paradise* (1868). Nachdem er sein Leben als ein politisch Konservativer begonnen hatte, beschäftigte er sich Ende der 70er Jahre des 19. Jahrhunderts zunehmend mit der imperialen britischen Politik und dann mit der Innenpolitik. Schließlich wandte er sich in den 90er Jahren dem Sozialismus zu. Er hielt viele Vorträge über die Notwendigkeit, die kreative Kunst in den Prozess der Arbeit zu integrieren und die äußere Umgebung des menschlichen Lebens schön zu gestalten, um die Menschlichkeit zu fördern. Dies waren Themen von zentraler Bedeutung für die in den *News from Nowhere* vorgestellte sozialistische Zukunftsvision.

Ebenezer Howard (1850–1928)

Der englische Stadtplaner Ebenezer Howard war auch der Autor von *To-morrow: A Peaceful Path to Real Reform* (1898), neu aufgelegt als *Garden Cities of To-morrow* (1902), das die Vorstellung von der Gartenstadt als einem idealen Lebensarrangement einführte. Er wurde am 29. Januar 1850 in London geboren, wurde dann Angestellter und wanderte 1871 in die Vereinigten Staaten aus, wo er eine Zeit lang Landwirtschaft in Nebraska betrieb. Nach seinem Umzug nach Chicago machte er Bekanntschaft mit Benjamin Ward Richardsons *Hygeia, or, the City of Health* (1876), das ihn davon überzeugte, dass „eine Art Ehe zwischen Stadt und Land" einen intelligent gestalteten städtischen Raum am besten definieren würde. Zurück in London, befasste er sich oberflächlich mit Spiritismus und geriet unter den Einfluss von Peter Kropotkin und Henry George. Die Vorstellung des Letzteren vom „unverdienten Gewinn", der von den Landlords angehäuft wurde, wurden sehr bedeutsam für Howards ökonomische Ideen, genau wie die Wiederveröffentlichung einer Abhandlung von Thomas Spence durch H. M. Hyndman im Jahr 1882. Inspiration schöpfte er auch aus den Arbeiten von Edward Bellamy, obwohl er schließlich mehr mit William Morris sympathisierte. Seine feste Überzeugung war, dass eine einzelne, im gemeinsamen Besitz gehaltene Gartenstadt, erfolgreich geführt, Inspiration für die Verjüngung der ganzen Gesellschaft liefert. Zu seinen Lebzeiten wurden zwei Gartenstädte gebaut: Letchworth (1903) und Welwyn Garden City (1920).

UNTEN: Gartenstadtkonzept von Ebenezer Howard, ursprünglich veröffentlicht in *Garden Cities of Tomorrow,* 1902. Trotz des geometrischen Aufbaus beruht der Entwurf auf einem Gleichgewicht des städtischen und ländlichen Lebens.

seinen späteren Plänen für die „strahlende Stadt" schlug er vor, dass jeder in ihnen leben soll. Er lieferte beeindruckende Pläne für Städte wie Rio de Janeiro, São Paulo, Montevideo und Algier und konstruierte gewaltige Gebäude, besonders in Marseille (1947–52).

Aber dieses Wohnen in Bienenstöcken überzeugte nicht alle. Schriftsteller wie Ralph Borsodi drängten auf eine Dezentralisierung der Wohnstätten. Architekten wie Frank Lloyd Wright und Hannes Meyer, ein Direktor der Bauhausschule, die ursprünglich nach dem Ersten Weltkrieg in Weimar entstanden war, entwickelten innovative Einzelunterkünfte. In einer Konzeption für Broadacre City empfahl Lloyd Wright, die Vereinigten Staaten von Amerika mit Tausenden von dezentralen Anwesen neu zu besiedeln, um auf diese Art den Unterschied zwischen Land und Stadt abzuschaffen.

Manche haben die Bauweise nach oben als entfremdend, entmenschlicht, hässlich und unpersönlich empfunden; andere insistierten, dass die Logik der kapitalistischen Entwicklung und die Unterordnung aller Pläne unter kommerzielle Ziele, besonders die Schaffung einer effizienten, kontrollierten, auf billige Weise amüsierten Arbeiterklasse, zurückgewiesen werden müsse. In der Mitte des 20. Jahrhunderts wurde die experimentelle, am Menschen orientierte Architektur gefördert. Zu ihren Verfechtern zählen Schriftsteller wie Buckminster Walker, der nach Massenproduktionsverfahren suchte, um transportfähige, eigenständige Häuser zu bauen, die die individuelle Unabhängigkeit maximieren, sowie Lewis Mumford, ein Anhänger von Howard und erbitterter Feind von Le Corbusier, der ausdrücklich die städtische Umgestaltung mit utopischem Gedankengut in Verbindung brachte. Würde der Mensch oder die Maschine vorherrschen? Sollte das Haus der Anhang der Werkstatt beziehungsweise Fabrik sein oder umgekehrt? Würde die Kernfamilie sich in Festungen in Vororten zurückziehen oder sollte sie in öffentlich definierte Räume integriert werden? Würde die Normierung, wie der Philosoph Theodor W. Adorno beteuerte, immer Zentralisierung nach sich ziehen? Tendierte das Urbane, vielleicht zum Teil wegen seiner karnevalesken Möglichkeiten, zwangsläufig zu Babylon anstatt zur himmlischen Stadt?

Im späten 20. Jahrhundert wurden die optimistischen Sehnsüchte in vielen Städten von der Flucht in die Vororte, dem Anwachsen der Ghettos in den Innenstädten, steigenden Kriminalitätsraten und der Verschlechterung der früheren Mietshausstruktur heimgesucht. Da der Vorort zur Modellstadt für die Reichen wurde, verkamen viele Städte zu Einöden, die Abwärtsspirale ihrer Entwicklung wurde in Jane Jacobs *The Life and Death of Great American Cities* (1961) aufgezeichnet und in Vergnügungsparks wie Disneyland karikiert; einige sollten jedoch später eine städtische Erneuerung erleben. Soziologen wie Richard Sennett haben behauptet, dass ein gewisses Ausmaß an Chaos, Unruhe und Anarchie dienlich dabei sein kann, die menschliche Freiheit zu fördern.[2] Dennoch wurden weiter ganze Städte mit Wolkenkrat-

Der Pavillon von R. Buckminster Fuller für die New Yorker Weltausstellung von 1964/65. Die geodätische Kuppel, die auch serienmäßig hergestellt werden konnte, war sehr leicht, sehr energieeffizient und erlaubte eine große Vielzahl interner Gestaltungsmöglichkeiten.

zern gebaut. Für die britischen Architekten der Nachkriegszeit wurde das Hochhaus zum Modell ihrer Wahl; senkrechte Ghettos lösten die horizontalen ab.

Kosmopolitismus schien das Ideal zu sein, zu dem die Zukunft tendierte. Zu den ersten im modernen Stil erbauten Großstädten der Welt zählt Brasilia. Angekurbelt von Bewegungen wie Futurismus und Kubismus entwickelte die Sowjetunion nach 1917 eine wahre Fülle von einfallsreichen Plänen, darunter Konstantin Melnikovs Plan einer „grünen Stadt" von 1929, der zum Teil durch Fourier inspiriert worden war. Der sowjetische Stil führte vor allem zu einer unverwechselbaren Form des Wohnblocks, dem in China und anderswo nachgeeifert wurde, woraus jedoch oft nur enge und unbequeme Wohnbereiche resultierten. Die Neugestaltung Moskaus um einen grünen Gürtel und Wohnsatelliten herum, aber mit schwerer Industrieproduktion im Zentrum, war ein Ergebnis der kommunistischen Planung. Die erbarmungslose komplette Zerstörung des alten Peking ab 1980 war ein anderes.

Die politische Nutzung des modernen Designs war auch bei der totalitären Planung und Konstruktion offensichtlich. Die totalitäre öffentliche Architektur ist eindrucksvoll, einschüchternd, streng und militaristisch. Große Versammlungsflächen wie das Nürnberger Stadion, der Rote Platz oder der Platz des Himmlischen Friedens funktionieren durch die Konzentration auf den Führungskult und auf die überwältigende Macht der anonymen, aber vereinigten Massen. Große Prachtstraßen erlauben die Bewegung von Menschenmengen und deren leichte militärische Kontrolle. Die Gebäude können die heroischen oder mythischen Facetten einer bestimmten Ideologie des Regimes sein, wie in Italien, und werden oft in einer gewaltigen Größenordnung geplant – wie eines von Hitlers Lieblingsprojekten, Albert Speers neuer Vision von Berlin, das in Germania umbenannt werden sollte. Riesige Portraits, Flaggen und andere Symbole verstärken die Unterordnung

des Einzelnen unter die Gemeinschaft. Weniger Sorgfalt wurde der Errichtung von Konzentrationslagern gewidmet, in denen ab den 40er Jahren des 20. Jahrhunderts mehrere Millionen Menschen in den dystopischsten aller städtischen Räume eingepfercht wurden. Und in einige Fällen, besonders unter den Roten Khmer in Kambodscha, symbolisierte die Stadt selbst Degeneration und Sünde und nur das begrenzte Dorf- und Landleben wurden in Ehren gehalten, da nur dort die Reinheit des bäuerlichen Ideals eines „wirklichen Menschen" aufrechterhalten wurde.

Mit dem Beginn des 21. Jahrhunderts ist eine gewisse Umkehr im Prozess des städtischen Zerfalls festzustellen. Viele innovative Designs ab den 60er Jahren von Architekten wie Paolo Soleri integrierten ökologische Themen in ihre Pläne. Entwürfe wie Biosphäre II in Arizona nennen die Nachhaltigkeit ihr zentrales Ziel. Magnetische Züge, Windparks und gewaltige Wüsten, die Sonnenenergie generieren, sind vertraute Bilder in zeitgenössischen Darstellungen der nachhaltigen Zukunft.

Große Städte erfordern auch beherrschende Gebäude wie das Pantheon von Rom oder Paris, das Britische Museum, die Paläste von Königen und Aristokraten wie Versailles, Warschaus Palast der Kultur, Hitlers Reichskanzlei, Symbole von Reichtum und Macht oder Vergnügungsstätten wie Opernhäuser und Theater. Große Gebäude sind oft selbst kleine Städte, haben oft vermeintlich klassische oder moderne Tugenden verkündet und sind mit den Symbolen von militärischer Herrlichkeit, religiösem Pomp und bürgerlicher Autorität geschmückt worden. Solche symbolisch bedeutsamen Gebäude wie die neue Bibliothèque Nationale de France in Tolbiac wurden am Ende des 20. Jahrhunderts errichtet. Aber noch weitaus verbreiteter war die Entwicklung des Einkaufszentrums, eines Imports aus den Vereinigten Staaten, in dem Hunderte von Läden Waren in einem riesigen Raum anbieten, um ein allumfassendes Kauferlebnis zu offerieren.

Biosphäre II in den Catalina Mountains in der Nähe von Oracle, Arizona. Die Universität von Columbia beabsichtigte, Wissenschaftlern zu erlauben, für eine gewisse Zeit in ihrem verschlossenen Gebäude in Form eines Bioms zu leben und zu arbeiten, um die ökologischen Bedingungen dieses Lebensraumes zu testen.

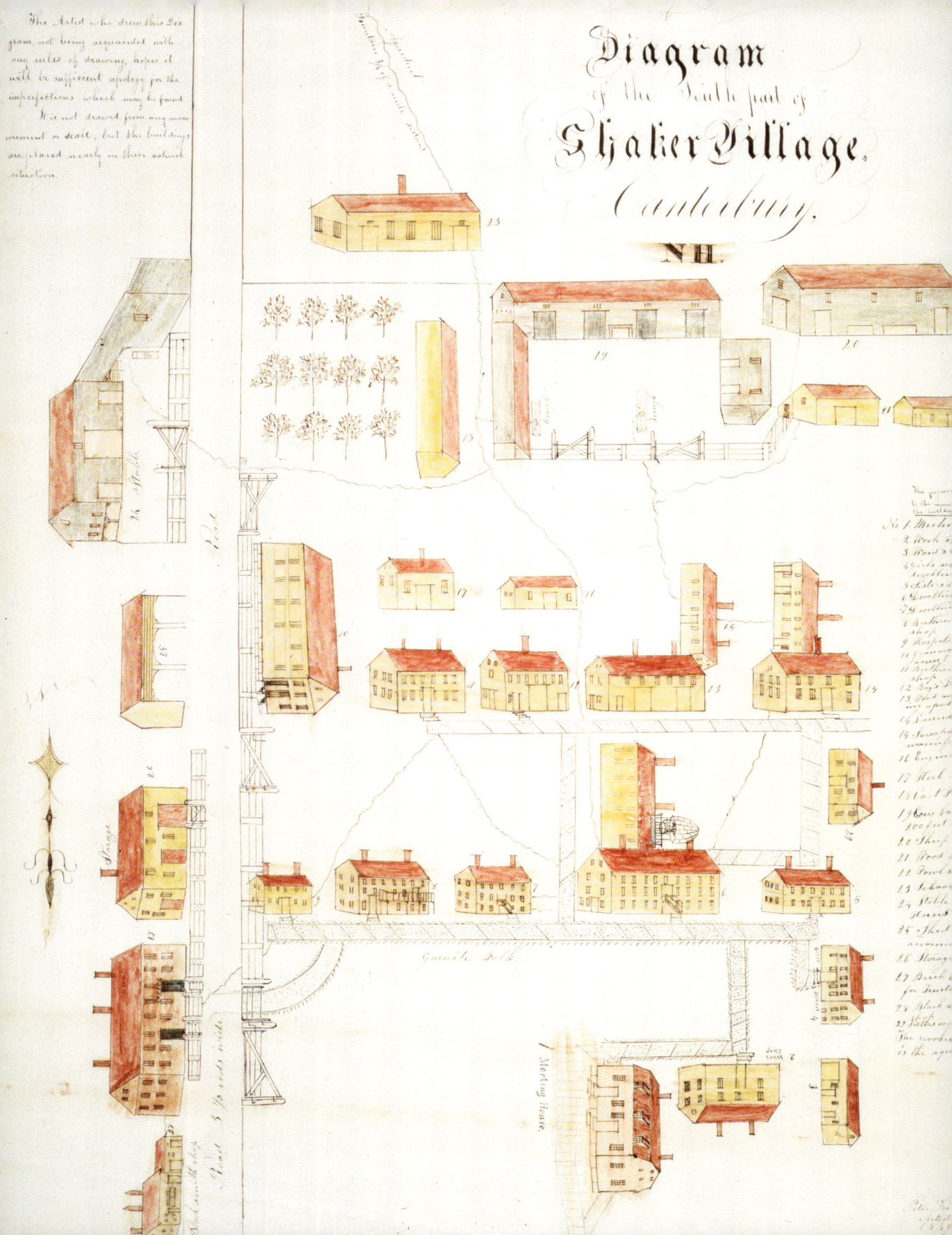

Kapitel 9

Utopia als Gemeinschaft

Von den Shakers zu den Hippies

Utopismus kann teilweise als Versuch betrachtet werden, ein verloren gegangenes Gemeinschaftsgefühl wiederzugewinnen, oder in Anbetracht des sozialen Zerfalls durch das Festlegen von Gesetzen, Verfassungen und Organisationsformen neue Bindungen zu schmieden, die ein größeres Ausmaß an sozialer Pflicht, Ordnung und oft Gleichheit realisieren, als dies in größeren Gesellschaften möglich ist. Historiker verwenden den Begriff „intentionale Gemeinschaft", um die Bildung von Lebens- und Arbeitsarrangements durch eine Gruppe von normalerweise nicht zusammengehörigen Personen, freiwillig vereint durch eine gemeinsame Aufgabe, zu beschreiben. Die Gemeinschaften betrachten sich oft als Mitglieder einer größeren Familie. Das Kloster ist eine solche prototypische Gemeinschaft, wie auch viele Formen der kolonialen Experimente. Viele sind begrenzt gewesen und ziemlich schnell fehlgeschlagen, aber andere hatten einen beträchtlichen Erfolg. Die moderne kommunitaristische Bewegung ist aufgrund ihrer begrenzten kollektivistischen Organisation unverwechselbar. Ob religiöses Sektierertum oder ein säkularer Sozialismus für die Ideologie sorgen: Die meisten modernen Gemeinschaften haben die Last und die Erzeugnisse der Arbeit geteilt, oft seit vielen Jahren.

Die wichtigsten modernen kommunitaristischen Entwicklungen haben in den Vereinigten Staaten von Amerika stattgefunden, oft als Teil eines Prozesses der religiös und später politisch bedingten Ansiedlung, um der Verfolgung in Europa zu entkommen. Etwa neunzig Gemeinschaften wurden zwischen 1780 und 1860 in den Vereinigten Staaten gegründet. Bis 1914 gab es mindestens zweihundert weitere und viele wurden im weiteren Verlauf des 20. Jahrhunderts aufgebaut. Diese Versuche sind als ein integraler Aspekt der Entwicklung der Vereinigten Staaten, ja der Gesellschaft insgesamt, angesehen worden, besonders, wenn man die Wellen der religiösen Erweckungsbewegung beachtet, die seit seiner Gründung über das Land hinweggefegt sind und die zeitweise eng mit der Ausdehnung des Grenze nach Westen verbunden waren.

Der amerikanische Kommunitarismus begann im 17. Jahrhundert, genauer im Jahr 1663, in Delaware mit Niederlassungen des holländischen

Gezeichnetes *Diagramm des Südteils des Shakerdorfs,* ein Teil von Canterbury, New Hampshire, von Peter Foster, 1849. Die Gemeinschaft, die Ralph Waldo Emerson als ein ideales „protestantisches Kloster" beschrieb, hatte 2003 noch sieben Bewohnerinnen.

Mennoniten Peter Cornelius Plockhoy und des französischen Separatisten Jean de Labadie, der eine mönchische Herrschaft mit erzwungenem Zölibat, gleicher Arbeit und spartanischen Lebensbedingungen einführte. Ab dem späten 17. Jahrhundert unternahmen eine Reihe deutscher Pietisten und Sektenanhänger ähnliche Versuche, zu ihnen gehörten auch die Dunker, von denen manche auch das Zölibat und die Gütergemeinschaft praktizierten und deren bekannteste Niederlassung Ephrata in Pennsylvania war.

Der moderne Kommunitarismus stammt aus dem späten 18. Jahrhundert und war anfangs im Wesentlichen konfessionell und darauf konzentriert, in der Neuen Welt vor allem Religionsfreiheit zu suchen, wie die Pilger ein Jahrhundert zuvor. Eine der erfolgreichsten frühen Bemühungen dieser Art waren die Kolonien der Shaker (Zitterer), von denen manche bis zum heutigen Tag erhalten geblieben sind. Die Shaker waren aus Großbritannien emigriert, geführt von der Prophetin der zweiten Ankunft, „Mutter" Ann Lee (1736–84), die die zentrale Bedeutung der weiblichen Führung betonte. Von Mount Lebanon, New York, aus (1787) sollten sie schließlich über zwanzig Niederlassungen in Connecticut, Maine, Massachusetts und bis in den Westen nach Indiana gründen. Sie lebten zölibatär und konnten daher nur durch das Gewinnen von neuen Mitgliedern wachsen. Die vibrierende religiöse Kultur der Shaker mit ihrem tranceähnlichen Tanzen, der innova-tiven Musik, der mächtigen Verbindung von Gemeindefrömmigkeit und ökonomischem Wohlstand – besonders ihre Möbelentwürfe werden bis heute weiter produziert – erwies sich als ein wirksames Erfolgsrezept.

Wie die Shaker suchte eine Reihe von konfessionellen deutschen protestantischen Sekten nach Religionsfreiheit in den Vereinigten Staaten von Amerika. Die bekannteste von ihnen waren die als Rappisten bezeichneten lutherischen Separatisten, die von George Rapp (1757–1847) angeführt wurden. Sie begannen nach der Auswanderung damit, ihre Güter aufgrund ihrer christlichen Überzeugung und in Anbetracht der schlimmen ökonomischen Situation zu teilen. Zwischen 1805 und 1862 gründeten sie und ihre Separatisten ein Dutzend Gemeinschaften, von denen eine (Economy, Pennsylvania) 1847 1200 Mitglieder hatte und bis 1905 existierte. Auch sie praktizierten das Zölibat. Die Rappisten waren erfolgreich mit ihren Webereien, ihrer Landwirtschaft, ihren Sägewerken und anderen industriellen Unternehmungen. Ebenfalls zu nennen sind die Zoariten, die 1817 in die USA auswanderten und sich in Ohio niederließen, wo sie bald das Zölibat und nach 1845 auch die gemeinsame Erziehung der Kinder aufgaben.

Pennsylvania von Katherine Milhous, 1894. Dieses Plakat, das für den Bezirk Lancaster wirbt, zeigt eine amische Familie. Milhous produzierte eine Serie von farbigen Abbildungen des Lebens der Amischen, die deren unverwechselbare Kleidung, die Hochzeitsbräuche, die Religion und die Kultur zeigen.

Sie kochten gemeinsam, aber speisten innerhalb der Familien. Obwohl ihre Gemeinschaft gut gedieh, gaben sie das kommunistische Prinzip Ende der 1890er Jahre auf, woraufhin die Organisation zerfiel. Eine andere Gruppe von deutschen Pietisten gründete verschiedene Amana-Kolonien in den 1850er Jahren. Anfangs auf gemeinschaftlichen Prinzipien basierend, wurde die Gemeinschaft später in erfolgreiche private, aber kooperierende Unternehmen im Bereich der Landwirtschaft und Manufaktur umorganisiert und existiert so bis zum heutigen Tag.

Die Niederlassungen der Amischen und der Hutterer sind weitere Beispiele für erfolgreichen Kommunitarismus. Die Hutterer, deren Ursprünge auf die Wiedertäufer des frühen 16. Jahrhunderts zurückgehen, emigrierten ab den 70er Jahren des 19. Jahrhunderts nach Nordamerika. Bis 1991 hatten sie in den Vereinigten Staaten von Amerika und Kanada mehr als dreihundert Gemeinschaften mit über zwanzigtausend Mitgliedern gegründet. Wie die Mennoniten zeichnen sich sowohl die Amischen wie auch die Hutterer durch unverwechselbare Kleidung, Formen der Ehe und der Vermögenswerte aus, und natürlich auch durch einen starken Glauben, der in täglichen Gemeindegottesdiensten seinen Ausdruck findet. Die Männer der Hutterer tragen Bärte und kleiden sich vorwiegend in Schwarz. Die Amischen weisen alle modernen Maschinen so weit wie möglich zurück.

Noch erfolgreicher in Bezug auf die Anzahl der Mitglieder war das Mormonentum. Angeführt von Joseph Smith (1805–44) und Brigham Young (1801–77), entstand die Bewegung durch eine angebliche Offenbarung gegenüber Smith durch den Engel Moroni, die eine Ergänzung der Bibel betraf, das Buch Mormon. Da sie ständig verfolgt und aus New York vertrieben wurden, zogen sie weiter nach Westen und gründeten eine Stadt bei Nauvoo, Illinois, die auf Parzellen von 2,5 Quadratkilometern basierte, mit öffentlichen Gebäuden im Zentrum. Jede Parzelle war in Abschnitte von einem halben Morgen – einem Fünftel eines Hektars – aufgeteilt, zu denen ein Haus gehörte. Mit maximal 25 000 Einwohnern war es die größte Stadt des Bundesstaates, und es gab Pläne, ein zentrales „Jerusalem" mit einem Tempel und einer Residenz für einen Propheten zu bauen. Schließlich wurden die Mormonen noch weiter nach Westen, in die Wüstenregionen von Nordwestamerika, getrieben.

Lithographiedruck einer Mormonenfamilie von Bernarda Bryson, ca. 1930. Der Mann, zwei Ehefrauen und sieben Kinder befinden sich vor ihrem Wohnsitz, mit mehreren Gebäuden der Gemeinschaft im Hintergrund. Obwohl nicht offiziell gebilligt, wird die Polygamie weiterhin von einigen Mormonen praktiziert.

A MORMON FAMILY

1846 zogen sie ins heutige Utah und gründeten die Hauptstadt Salt Lake City. Heute hat die mormonische Kirche über sieben Millionen Anhänger und ist die fünftgrößte amerikanische Glaubensgemeinschaft. Seit ihrer Gründung hat diese Religionsgemeinschaft viele Formen kommunaler Organisation verwirklicht und auch unterschiedliche Eigentumsverhältnisse ausprobiert. Was aber durch all diese Jahre geblieben ist, ist das Engagement für soziale Gleichheit und zur Linderung von Armut. Einige Mitglieder praktizieren noch immer Polygamie, obwohl dies offiziell nicht mehr gebilligt wird. Die Missionstätigkeit und der Beitrag des Zehnten vom Einkommen sorgen für die Erweiterung und den Wohlstand der Kirche.

Beide Begründer des britischen und französischen Sozialismus, Robert Owen und Charles Fourier, bauten auf kommunitaristische Experimente aus der Zeit des frühen 19. Jahrhunderts und später. Owens Fabrikdorf in New Lanark in Schottland war im Grunde keine solche Gemeinschaft, da es von Owen selbst als Manager und Miteigentümer der Einrichtung geleitet wurde und nicht in dem Sinne sozialistisch war, dass die Gewinne geteilt wurden. Jedoch führte Owen bestimmte Merkmale in die Lebensorganisation seiner Belegschaft ein, die darauf hinweisen, dass er beabsichtigte, das Dorf in diese Richtung zu entwickeln. Etwa zweitausend Menschen lebten zu der Zeit in New Lanark, als Owen die Gemeinschaft verwaltete (etwa von 1800 bis 1825). Während dieser Zeit erhöhte er die Reallöhne, förderte die Ausbildung der Kleinkinder, beseitigte Unrechtmäßigkeiten, richtete einen beitragsbezogenen Krankheits-, Versehrten- und Altersfonds ein, hielt kleine Diebstähle und Trägheit im Zaum und organisierte das Dorf in Nachbarschaftsabteilungen, aus denen Mitglieder gewählt wurden, um Streitereien zwischen den Bewohnern zu schlichten. Zuweilen als „Glückliches Tal" bezeichnet, war das modellhafte Fabrikdorf ein immenser Erfolg, da es Tausende von Besuchern aus der ganzen Welt anzog und der Beweis dafür war, dass kapitalistische Prinzipien mit dem Wohlbefinden der Arbeiter vereinbart werden konnten. Heute ist das Dorf ein Weltkulturerbe und ein wichtiges erhalten gebliebenes Beispiel für den industriellen Kommunitarismus des 19. Jahrhunderts.

Jedoch markiert New Lanark nur die Geburt von Owens Vision. Von 1817 an widmete er sich zunehmend dem Problem der Armut. So wurden die Armen in Landgemeinden gebracht, wo Güter und Arbeit gerecht aufgeteilt wurden.

Der große mormonische Tabernakel in Salt Lake City, Utah, fotografiert im Jahr 1868. Mit seinen Abmessungen von 75 × 45 Metern, seinem Dach, das auf 46 Steinsäulen ruht und von hölzernen Pflöcken und Rohlederriemen gehalten wird, ist das Gebäude das wichtige soziale und kulturelle Zentrum der „Kirche Jesu Christi der Heiligen der Letzten Tage".

Robert Owen (1771–1858)

Der walisische Sozialreformer Robert Owen war der Begründer des britischen kommunitaristischen Sozialismus. Geboren in Newtown, durchlief er bei einer Reihe von Textilhändlern seine Lehre und wurde später Fabrikmanager in Manchester. Im Jahr 1800 übernahm er das Management der New-Lanark-Mühlen. Hier trug er ein beträchtliches Vermögen zusammen und verbesserte zur gleichen Zeit erfolgreich die Arbeits- und Lebensbedingungen. Wenig erfolgreiche Versuche, Besitzer anderer Manufakturen dazu zu überreden, einen ähnlichen Kurs zu übernehmen, fielen mit einer Wirtschaftskrise nach den napoleonischen Kriegen zusammen, und Owen schlug vor, die städtischen Armen in „Parallelogramm-Gemeinschaften" auf dem Land umzuquartieren, wo die Erträge der Arbeit dann allen zugutekommen könnten. Das entstehende soziale System, von Mitte der 20er Jahre des 19. Jahrhunderts an als Sozialismus bezeichnet, stand im Kontrast zu dem individuellen System des „billig zu kaufen und teuer zu verkaufen" oder zum Wettbewerb zwischen Individuen. In den 30er Jahren wurde Owen ein wichtiger Organisator des Gewerkschaftsbundes und führte in den späten 30er und frühen 40er Jahren eine bedeutende sozialistische Bewegung in Großbritannien ein, während seine Queenwood-Gemeinschaft erhebliche Geldmittel ansammelte, bevor sie schließlich 1845 scheiterte.

Als sich die Owen-Bewegung von den 20er bis zu den 40er Jahren des 19. Jahrhunderts entwickelte, wurde eine Reihe von Versuchen unternommen, um den Erfolg von New Lanark zu wiederholen. 1824 erwarb Owen die fertiggestellte Siedlung für die New-Harmony-Gemeinschaft an den Ufern des Flusses Wabash in Indiana. Angelockt von Zeitungsanzeigen, wurde sie von Bewerbern überschwemmt. Nur wenige teilten Owens Idealismus, aber viele wünschten, sein Vermögen zu teilen. Schlecht ausgestattet und unzureichend organisiert, rebellierten sie gegen seine Bevormundung.

LINKS: Modell einer Siedlung für die zu gründende Gemeinschaft in „New Harmony", für Robert Owen vom Architekten Stedman Whitwell geplant. Die tatsächliche Gemeinschaft war weitaus weniger imposant, da sie nur aus einer Reihe von Bauernhäusern bestand, die von einer deutschen Pietistensekte gekauft wurde. Im Hintergrund ist das Industriegelände zu sehen.

Harmonie war bald Mangelware und das Experiment schlug binnen weniger Jahre fehl. Fast zwanzig andere Versuche wurden gemacht, um Mitte der 1840er Jahre in den Vereinigten Staaten von Amerika Kolonien einzurichten, die auf den Prinzipien von Owen beruhten, darunter eine in Kendall, Ohio (1826–29), und eine weitere in Wisconsin (1843–46), aber nur wenige überlebten mehr als ein Jahr.

In Großbritannien wurde in Orbiston südlich von Glasgow mit Owen-Gemeinschaften begonnen, Mitte der 1820er Jahre in Ralahine in Irland sowie in den 1830er Jahren in Manea Fen, Cambridgeshire und an anderen Orten. Eine konkurrierende Reihe von Kolonien der Chartisten, die unter anderem planten, die Armen auf das Land umzusiedeln, wurde in den 1840er Jahren gestartet, besonders in O'Connorville, Hertfordshire, benannt nach dem irischen Chartistenführer, Feargus O'Connor. Die wichtigste Anstrengung im Sinne von Owen wurde in den späten 1830er Jahren in einem Ort namens Tytherly, auch Queenwood oder Harmony genannt, in Hampshire ins Leben gerufen. Hier investierte Owen erhebliche Geldmittel aus einer aufkeimenden Bewegung von lokalen Niederlassungen, um eine modellhafte Institution zu schaffen. Keine Kosten wurden gescheut. Qualitativ hochwertige Materialien, darunter Importholz, wurden verwendet; ein Speiseaufzugsystem, das die Nahrung zum Esszimmer brachte und schmutziges Geschirr entfernte, konkurrierte mit jenen der besten Londoner Hotels. Kunstvolle Gärten wurden angelegt und eine feine, schlossähnliche

Charles Fourier (1772–1837)

Der französische Philosoph und kommunitaristische Sozialist Charles Fourier wurde am 7. April 1772 als Kind eines Leinenhändlers in Besançon geboren. Er wurde Textilkaufmann, verlor sein Vermögen während der Französischen Revolution und gelangte zu der Überzeugung, dass die wichtigsten Mängel der modernen Entwicklung durch eine Neuorganisation des Gemeinschaftslebens beseitigt werden können, in dem sich alles um ein zentrales Gebäude herum, das *Phalansterium,* abspielte. Abgesehen von dem Elaborat einer kunstvollen Metaphysik konzentrierte sich Fouriers Psychologie auf eine Beschreibung der Leidenschaften, wobei die Befriedigung der Bedürfnisse das Hauptziel des Gemeinschaftslebens sein sollte. Die Arbeit sollte in „attraktive Arbeit" verwandelt und im Wechsel geleistet werden, mit vielen zu verrichtenden Aufgaben während eines Tages, unterbrochen von erlesenen Mahlzeiten und reichlich Unterhaltung. Zu Fouriers wichtigsten Arbeiten gehört *Le nouveau monde industriel et sociétaire* (1829). Seine kühne Lobeshymne auf eine unbeschränkte Sexualität, *Le nouveau monde amoureux,* wurde erst 1967 veröffentlicht. Er starb am 10. Oktober 1837 und hatte eine große Gefolgschaft in Frankreich, den Vereinigten Staaten und an anderen Orten inspiriert.

Struktur errichtet. Aber das Land war von schlechter Qualität und während einer schwerwiegenden landwirtschaftlichen und industriellen Rezession brach die Kolonie in sich zusammen. Mit ihr verschwanden die Träume der kommunitaristischen Sozialisten: Ein interessierter Beobachter dieses Scheiterns war der junge Friedrich Engels, der einige Jahre lang eine nostalgische Zuneigung zu solchen Bemühungen hegte, bevor er einräumte, dass der Sozialismus in einem Staat und durch eine Revolution durchgesetzt werden müsse und nicht auf der Basis eines allgemeinen menschenfreundlichen Handelns.

In Frankreich waren die Anhänger von Charles Fourier von einigem intellektuellen Einfluss, aber ihre Versuche, ein *Phalansterium* (eine Kommune) zu gründen, waren weniger erfolgreich, obwohl eine Reihe von Anstrengungen unternommen wurde, besonders in Guise. Der Fourierismus hatte eine größere Wirkung in den Vereinigten Staaten, wo die Veröffentlichung von Albert Brisbanes *The Social Destiny of Man* (1840) mit einer Wirtschaftsrezession zusammentraf und eine neue Welle des Enthusiasmus für das Gemeinschaftsleben herbeiführte. Etwa dreißig Kolonien wurden zwischen 1841 und 1847 gegründet, auch wenn die meisten davon nur ein oder zwei Jahre existierten. Als etwa 1850 der ökonomische Wohlstand zurückgekehrt war, blieb nur noch eine erhalten, die Wisconsin Phalanx. Die berühmteste Gemeinschaft war die Brook Farm (1841–47), ursprünglich gegründet von einer Gruppe von Transzendentalisten, zu der auch Ralph Waldo Emerson und Henry David Thoreau gehörten. Die Brook Farm wurde fiktional in Nathaniel Hawthornes *Blithedale Romance* (1852) dargestellt. Etwa dreißig Mitglieder der Brook-Farm-Gemeinschaft in West Roxbury nahe Boston strebten danach, ein praxisnahes Christentum auszuüben. Die freiwillige Rotation der Arbeit wurde angewendet, obwohl sich die Intellektuellen bald vor den schwereren Aufgaben drückten und daraufhin finanzielle Probleme entstanden. Fouriers Innovationen wurden 1844 eingeführt, allerdings ohne lang anhaltenden Erfolg. Ähnliche Versuche wurden in Fruitlands und Hopedale gemacht. Bemerkenswert ist auch die nordamerikanische Kommune in New Jersey, die etwa dreizehn Jahre (1843–56) überdauerte. Hier wurde ein 45 Meter hohes, zentrales Gebäude mit Familienappartements, Bereichen für die Junggesellen sowie einem Esszimmer gebaut, das zweihundert Menschen Platz bot. Wie in anderen Fourier-Gemeinschaften spielten Frauen eine aktive Rolle. Die Rotation der Arbeit, vielleicht Fouriers zentrale ökonomische Idee, funktionierte die meiste Zeit erfolgreich.

Der französische sozialistische Kommunitarismus schloss auch Etienne Cabets Versuch mit ein, die Prinzipien seiner *Voyage en Icarie* (*Reisen in Icaria*, 1840) in der Neuen Welt zu verwirklichen. Cabet führte im Jahr 1848 eine Gruppe von Anhängern nach Texas, in der Hoffnung, dass eine

Etienne Cabet (1788–1856)

Der französische Sozialist Etienne Cabet der Autor von *Voyage en Icarie* (Reisen in Icaria, 1840), das eine populäre kommunitaristische Bewegung inspirierte. Er wurde am 1. Januar 1788 in Dijon geboren, wurde Rechtsanwalt und war Generalstaatsanwalt von Korsika, bevor er die Institution der Monarchie angriff und sich ins Exil nach London begab. Nach seiner Rückkehr nach Frankreich im Jahr 1839 beschrieb Cabet in seiner wichtigen utopischen Arbeit eine zum Teil auf den Ideen von Thomas Morus und Robert Owen beruhende idealisierte Gemeinschaft. Hier stützen ein allgemeines

Wahlrecht und eine direkte Demokratie die Regierung, die Arbeit ist universal, Waren und Dienstleistungen sind frei und werden von der Gemeinschaft geliefert. Die Gleichheit ist strikt vorgeschrieben, bis hin zu exakt gleichen Portionen von Nahrung, die zu den Essenszeiten serviert werden. Cabet zog schließlich nach St Louis, Missouri, wo er starb. Seine Ideale sind durch einen strengen Egalitarismus, die Ablehnung einer gewalttätigen Revolution und durch beträchtliche Einschränkungen der individuellen Freiheit gekennzeichnet.

Million Morgen (achtundneunzig Millionen Hektar) Land auf der Grundlage demokratischer, sozialistischer Prinzipien besiedelt werden würde.

Doch die ersten neunundsechzig Mitglieder wurden rasch durch eine Krankheit dezimiert. Cabet selbst traf 1849 ein, erwarb die aufgegebene Stadt von Nauvoo, Illinois, und herrschte in einer zunehmend autoritären Weise über zweihundert Mitglieder, verbot Alkohol wie auch Tabak und beauftragte Spitzel, die Bewohner zu überwachen. Die Gemeinschaft löste sich schließlich auf.

Die berühmteste Kommune in den Vereinigten Staaten im späten 19. Jahrhundert befand sich in Oneida, im Hinterland von New York, und wurde vom charismatischen John Humphrey Noyes geleitet.[1] Zuvor hatte Noyes einen religiösen Glaubenswechsel vollzogen und war von da an von Christus' nahe bevorstehender Rückkehr überzeugt. Kontrovers wurde seine Ansicht aufgenommen, wenn es keine Ehe im Jenseits gebe, könnten die sexuellen Beziehungen auf der Erde freier sein, als sie gegenwärtig waren. Noyes versammelte eine kleine Gruppe von „Perfektionisten" um sich herum und begann die „komplexe Ehe" innerhalb des Kontextes des „Bibelkommunismus" zu praktizieren. In der von ihm in Vermont aufgebauten Gemeinschaft war Gruppensex erlaubt, solange sich keine übermäßig starken individuellen Beziehungen entwickelten; eine Schwangerschaft sollte durch die Praxis des Coitus interruptus vermieden werden. Ein Prozess mit der Bezeichnung „gegenseitige Kritik" stellte die Öffentlichkeit aller Vorgänge sicher, obwohl Noyes, der eine autoritäre Kontrolle ausübte, sich ihm selbst nicht unterwarf. Nachdem er wegen Ehebruchs festgenommen wurde, zog die Gruppe nach Oneida, wo etwa 250 Mitglieder in einem Gebäude lebten, dem Mansion House.

Die Gemeinschaft begann das Experimentieren mit bestimmten Erziehungsmethoden, um überlegenere oder perfektere Menschen zustande zu bringen („Stirpiculture"). Mehrere Frauen wollten, dass Noyes selbst ihre Kinder zeugte; neun von achtundfünfzig während dieser Zeit geborenen Kindern waren sein eigener Nachwuchs.

Einige weitere kommunitaristische Versuche verdienen es, erwähnt zu werden. Nach dem amerikanischen Bürgerkrieg (1861–65) existierten an einer Vielzahl von Orten Kolonien von befreiten schwarzen Sklaven. Jüdische landwirtschaftliche Niederlassungen von etwa 1880 bis zum frühen 20. Jahrhundert wurden in New Jersey, South Dakota, Oregon und an anderen Orten errichtet. Andere Gruppen waren anarchistisch, marxistisch oder positivistisch geprägt. Unter den anarchistischen Gemeinschaften, die im späten 19. Jahrhundert in den Vereinigten Staaten entstanden, war die wohl berühmteste die Kolonie in Modern Times, die einerseits vom exzentrisch-individualistischen Wirtschaftswissenschaftler Josiah Warren und andererseits durch den Positivis-

OBEN: *Die Kinderstunde im oberen Wohnzimmer,* Oneida, New York, ca.1855. Das System der „komplexen Ehe" oder freien Liebe, das von John Humphrey Noyes im Jahr 1846 begründet wurde, führte zu einer wachsenden Anzahl von Kindern, die Noyes als gemeinschaftlichen Besitz seiner Vereinigung ansah und die deshalb gemeinsam erzogen wurden.

John Humphrey Noyes (1811–1886)

Der extravagante amerikanische kommunitaristische Sozialist John Humphrey Noyes war Begründer der Oneida-Gemeinschaft im Hinterland von New York und Erfinder des Systems der „komplexen Ehe", das dort praktiziert wurde. Geboren am 11. September 1811 in Brattleboro, Vermont, absolvierte er das College Dartmouth, begann Jura zu studieren und wechselte dann zur Theologie. In Yale erlebte er eine religiöse Erweckung und begann die Doktrin zu entwickeln, die er als Perfektionismus bezeichnete. Ab 1836 praktizierte Noyes seine Ideale in einer kleinen Gemeinschaft in Putney, Vermont, aber die dortige Feindseligkeit vertrieb die Gruppe 1848 nach Oneida, New York, wo sie

dreißig Jahre lang durch Herstellung von Fallen, Taschen und anderen Artikeln sowie durch das Einmachen von Obst erfolgreich lebte. Auf Basis dieser Gemeinschaft wurden weitere gegründet, die 1874 mehr als 280 Mitglieder hatten. Die Perfektionisten erklärten sich selbst als von Sünde völlig frei. Ihr Ziel bestand darin, neue, widerstandsfähigere Menschen zu zeugen und aufzuziehen. Arbeitsrotation wurde ebenfalls praktiziert. Nachdem Noyes' Führung ins Schwanken geriet und es zunehmend zu Spannungen kam, kehrte man zur Monogamie zurück. 1881 wurde die Gemeinschaft dann aufgelöst. Noyes starb in Kanada, wohin er geflüchtet war, um juristischer Verfolgung zu entgehen.

mus von Auguste Comte (siehe Kasten, S. 144) beeinflusst worden war. Warren (1798–1874) war anfangs ein Anhänger von Robert Owen, kritisierte aber bald die Organisation und Prinzipien der New Harmony und schlug stattdessen vor, dass die Umsetzung ihrer zentralen ökonomischen Idee, gerechter Handel oder Handelstätigkeit zu einem fairen Preis, um einen gerechten Lohn sicherzustellen, durch Ladengeschäfte verwirklicht werden solle. Diese sollten den Produzenten erlauben, ihre Waren direkt miteinander zu tauschen.

Drei Kommunen basierend auf diesen Prinzipien wurden in Ohio und Indiana zwischen 1827 und 1847 ins Leben gerufen. Warren präsentierte weiterhin das Prinzip der Souveränität des Individuums als Basis seines neuen Systems. Das 1851 gegründete Modern Times zählte intellektuelle Koryphäen wie Stephen Pearl Andrews zu seinen Mitgliedern und gilt als eine der frühesten anarchistischen und die freie Liebe praktizierenden Kommunen. Theosophen, Spiritisten, Vegetarier, Feministinnen, „General" William Booths Heilsarmee, die Anhänger von John Ruskin, Henry George und andere Sozialpropheten sowie viele kleinere Sekten haben mit anderen Experimenten ebenso Spuren im gemeinsamen Leben hinterlassen. Im späten 19. und frühen 20. Jahrhundert wurden Kalifornien und der pazifische Nordwesten zu Standorten von verschiedenen experimentellen Gemeinschaften. Einige von diesen basierten auf mystischen Prinzipien wie Thomas Lake Harris' Fountaingrove; einige waren spätere Entwicklungen von früheren Bewegungen wie Icaria Speranza; andere waren protoökologisch wie das Kaweah Cooperative Commonwealth, das zum Ziel hatte, die alten Mammutbaumwälder zu schützen.

Was die Gemeinschaftsbewegungen außerhalb der Vereinigten Staaten betrifft, so war die erfolgreichste Initiative des 20. Jahrhundert die von den Schriften Theodor Herzls inspirierte Kibbuzbewegung in Israel. Das Kibbuzideal von kollektiver Arbeit, gemeinsamem Produzieren und ökonomischer Unabhängigkeit, das eng mit dem Zionismus verbunden ist, begann mit der Gründung von Deganiah im Jahr 1909. Es erreichte seinen Höhepunkt in den 50er Jahren des 20. Jahrhunderts und erfuhr danach einen langsamen Rückgang, beschleunigt in den 80er Jahren, als die Mitglieder feststellten, dass die Attraktionen des städtischen Lebens die Tugenden einer enthaltsamen gemeinschaftlichen Existenz übertrafen. Auf ihrem Höhe-

punkt umfasste die Bewegung etwa zweihundert Gemeinschaften mit etwa neunzigtausend Mitgliedern.

Eine weitere Welle des kommunitaristischen Experimentie-
rens begann mit den sozialen Unruhen der 60er Jahre, die in
den Vereinigten Staaten und überall in anderen Teilen der
Welt zur Gründung Hunderter städtischer oder ländlicher
Kolonien führte. Zum Wahlspruch „Tune in, turn on, drop
out" (tune in: „Bleibe wiedergeboren, beginne ein neues
Leben, das deine Visionen widerspiegelt!"; turn on: „Finde
ein Sakrament, das dich zu Gott bringt und zu deinem eigenen Körper; geh über dich hinaus, verwandle dich!"; drop
out: „Befreie dich vom äußeren Drama, das so ausgehöhlt und
leer ist wie eine TV-Show!"), erweckt von den Träumereien
von Gurus wie Timothy Leary, lehnten Tausende von Hippies
und andere den Konventionalismus der bürgerlichen, spie-
ßigen Konsumgesellschaft zugunsten einer Ideologie von
Sinnlichkeit, freier Liebe und Drogenkonsum ab. Dies wurde
zuweilen mit verschiedenen New-Age-Philosophien, Protesten
und einer Antikriegspolitik kombiniert und oft mit einer Forderung nach
der Rückkehr zur Natur verbunden. Obwohl sie bald modifiziert wurde,
ihr Idealismus sich verwässerte und ihre verkaufsfähigen Erzeugnisse zur
Mainstreamkultur wurden, schuf die Bewegung ein immenses Reservoir des
sozialen Idealismus, und es gelang ihr schließlich, viele Tabus wie Drogen-
gebrauch, Sex und Schwangerschaft außerhalb der Ehe zu brechen. Etwa
zehntausend Gemeinschaften oder mehr wurden ab den 60er Jahren gebildet, mit mehr als 750 000 Mitgliedern, von denen manche bis zum heutigen
Tag erhalten geblieben sind.[2] Ihre Ziele waren unterschiedlich und um-
spannten Genossenschafts- und Lebensarrangements, Varianten des Eigen-
tumsbesitzes und das Festhalten an einer gemeinsamen Philosophie. Einige
wenige, wie die Diggers im Stadtteil Haight-Ashbury in San Francisco,
lebten in der Stadt. Unter den am längsten existierenden Gemeinschaften
finden sich die Twin Oaks in Virginia, die gegenwärtig etwa einhundert
Mitglieder haben, und die „Farm" in Tennessee. In derselben Zeit tauchte
eine Reihe von sektenähnlichen Gemeinschaften auf, ausgerichtet auf charis-
matische Führer, oft evangelischer Konfession. Auch Scientologen, Anhänger des Science-Fiction-Autors Ron Hubbard, und verschiedene Richtungen
des Hinduismus, besonders die Rajneesh-Gemeinschaft in Oregon, gehörten dazu. Die vielleicht bekanntesten der modernen Sekten waren David
Koreshs Branch-Dravidian-Sekte in Waco, Texas, die 1993 ein gewalttätiges
Ende nahm, und Jim Jones' Jonestown-Kult in Guyana, der 1977 in einem
Massensuizid endete.

Demonstration der Frauenbewe-
gung in New York, 26. August
1970. Obwohl der Feminismus ein
fester Bestandteil der radikalen sozialen Bewegungen dieser Periode
war, bewahrten die Kommunen
oft eine traditionelle Arbeitsteilung. Auch sexuelle Freiheit war
leichter zu erreichen als Gleichheit
im Hinblick auf Chancen und
Lohn in der breiteren Gesellschaft.

Kapitel 10

Das zweite Zeitalter der Revolution

Sozialismus, Kommunismus und Anarchie

Es wäre irreführend, alle Formen des Sozialismus als utopisch zu beschreiben. Marx und Engels verwendeten den Ausdruck, um ihre politischen Vorgänger zu verunglimpfen und um ihre wissenschaftliche Doktrin von früheren Formen des Sozialismus zu unterscheiden. Aber solche Differenzierungen können nicht länger aufrechterhalten werden. Der Tenor des utopischen Arguments lautet, wie bereits diskutiert wurde, dass eine bessere Gesellschaft denkbar ist, wenn menschliche Schwächen durch eine Reihe von Änderungen in Gesetzen, Verfassungen, Religionen, Architektur und sozialem Umfeld eingeschränkt werden. Der Sozialismus tauchte zum ersten Mal im frühen 19. Jahrhundert im unmittelbaren Anschluss an die Französische Revolution auf. Seine ursprüngliche zentrale Prämisse lautete, dass das Wirtschaftssystem, das im Europa des späten 18. Jahrhunderts dominierte, sowohl dabei versagt hatte, die Armen zu ernähren, als auch den wachsenden Egoismus und eine zwanghafte Begierde nach Luxus zu begrenzen. Die Antwort des Sozialismus auf diese Fragen war vielfältig und reichte von der Bereitstellung der kommunalen Milchversorgung bis zur Errichtung einer auf marxistischen Prinzipien beruhenden zentralisierten Staatswirtschaft. Nicht alle Formen des Sozialismus in dieser Zeit waren kommunistisch, und inwieweit der Begriff utopisch auf sie angewandt werden kann, hängt von ihrem Festhalten an einem rigorosen Egalitarismus, der vollständigen Abschaffung der Mechanismen des freien Marktes oder der Forderung nach einem Ethos der Selbstaufopferung für die Gemeinschaft ab.

Robert Owen (siehe Kasten, S. 133) war ein Sozialreformer, der Begründer des britischen Sozialismus und erfolgreicher Manager einer Baumwollmühle in Schottland. Seine Mühle wurde der Standort des berühmtesten Versuchs der Verhaltensforschung zu seiner Zeit. Owen war zweifellos von der potentiellen Macht der neuen Dampfmaschine und ihrer Fähigkeit, die menschliche Arbeit zu reduzieren, beeindruckt. Doch er hielt wenig davon, Hunderte von Arbeitern unter engen, überhitzten und gefährlichen Bedingungen „schuften" zu lassen, um hohe Gewinne zu erzielen. Er war nicht der Ansicht, dass der Kapitalist zu Recht die unbegrenzte Macht habe, die

Edouard Manet, *Commune de 1871: la barricade,* 1871. Dieses Aquarell zeigt die Hinrichtung von Kommunarden durch Versailler Truppen nach dem Scheitern ihres Aufstands. Marx hielt die Kommune und besonders das Prinzip der Wahl von politischen Führern der Arbeiterklasse für die erfolgreichste Demonstration der Durchführbarkeit seiner sozialistischen Theorien.

Belegschaft auszubeuten, und es gelang ihm, das Leben seiner Arbeiter zu verbessern.

Angesichts des Endes der Napoleonischen Kriege im Jahr 1815 und einer wachsenden Arbeitslosigkeit schlug Owen den Aufbau von Gemeinschaften vor, die ab 1817 Arbeitsformen einschlossen, die Selbstversorgung und Gewinnbeteiligung der Arbeiter sicherstellten. Er bezeichnete dies als das soziale System. Etwa ab Mitte der 1820er Jahre wurde das Wort Sozialismus verwendet, um dieses soziale System zu beschreiben. Ende der 1830er Jahre stellte man fest, dass die Sozialisten „beeindruckt waren von der Ähnlichkeit in vielen wichtigen Einzelheiten" zwischen dem Utopia eines Thomas Morus und „dem System, das sie einzuführen versuchen".[1]

Owen begann eine Reihe von kommunitaristischen Experimenten (siehe S. 132–135), die einen radikaleren Denkansatz im Hinblick auf Familie und Ehe unterstützten. So sollte beispielsweise die Scheidung leichter möglich werden. Ab Mitte der 1830er Jahre beharrte er darauf, die im Stil einer Demokratie durchgeführten Wahlen durch ein System der gesellschaftlichen Organisation und Regierung abzulösen, bei dem jeder nach und nach acht Stadien passieren musste. Dadurch sollte das vorhandene Klassensystem ersetzt werden. Zu diesen Stufen gehörten Bildung, Arbeit, Kontrolle, Führung der Gemeinschaft und die Beziehungen der Gemeinschaft zu anderen Gemeinschaften. Dieser apolitische Plan, verwurzelt in der vorangegangenen utopischen Tradition, sollte sich auch in späteren marxistischen Versuchen, Parteiflügel zu unterdrücken, widerspiegeln.[2] Wirtschaftlich wurden Owens Gemeinschaften dafür entworfen, die Produktion zum sofortigen Konsum zu organisieren, obwohl mit den Überschüssen Handel betrieben werden konnte. Das Verlangen nach Luxus werde durch die Bereitstellung von mehr freier Zeit für die Muße ausgeglichen. Schließlich sollten alle großen Städte von solch kooperativen Dörfern abgelöst werden. Die Ideen von Owen brachten einige literarische Utopien hervor, unter denen John Minter Morgans *The Revolt of the Bees* (1826) und John Francis Brays *A Voyage to Utopia* (1842) besonders hervorzuheben sind.

Der andere bedeutende kommunitaristische Sozialist des frühen 19. Jahrhunderts, Charles Fourier (siehe Kasten, S. 134) war wie Owen ein entschiedener Opponent gegen die Auswirkungen des Wirtschaftssystems auf den Charakter des einzelnen Menschen. Im Gegensatz zu Owen glaubte er nicht, dass ein vollständig kommunistisches System der Verteilung den Bedürfnissen der menschlichen Natur entspräche. Stattdessen schlug Fourier eine dreifache Verteilung der Gewinne in seinem Phalansterium oder den Kommunen vor, wobei ein Drittel der gesamten Einkünfte nach Kapitaleinsatz, fünf Zwölftel nach Arbeit und ein Viertel nach Begabung verteilt werden sollte.

Aber in anderer Hinsicht war Fouriers Plan fantastischer als der Owens. Das Leben im Phalansterium sollte von einem Prinzip „stürmischer Anziehungskraft" geleitet werden, wobei die Einzelnen ihrem Streben nach Vergnügen so weit wie nur möglich nachgeben würden, ohne Stigma oder Furcht vor Sünde. „Sexualgerichtshöfe" sollten ein Minimum an sexueller Befriedigung sicherstellen und Treffen organisieren, sodass persönliche Eifersüchteleien vermieden und das erotische Experimentieren ermutigt werden könnte. Wie bei Owens Gemeinschaften konzentrierten sich Fouriers Pläne auf ein großes zentrales Gebäude. Mehrere von diesen sind in Frankreich und den Vereinigten Staaten von Amerika errichtet worden. Zu den anderen frühen kommunitaristischen Sozialisten gehört Etienne Cabet, dessen *Voyage en Icarie* eine beeindruckende kommunistische Bewegung in Frankreich inspirierte. Der Roman beschreibt die in einhundert Provinzen eingeteilte und vom Icar geführte fiktionale Mittelmeerrepublik, in der ein strenger Egalitarismus herrscht, mit Regeln für die Ernährung, die Kleidung, das Heiratsalter und die Organisation der Arbeit.

Der letzte der frühen vormarxistischen Sozialisten war Henri de Saint-Simon, der die neu auftauchende industrielle Gesellschaft analysierte. Er schlug vor, den Feudalismus durch einen friedfertigen, föderativen europäischen Staat zu ersetzen.

Henri de Saint-Simon (1760–1825)

Der französische Adlige Henri de Saint-Simon half den amerikanischen Revolutionären bei ihrem Kampf gegen Großbritannien, verzichtete auf seinen Titel und sollte zu einem der führenden Sozialtheoretiker im Frankreich des frühen 19. Jahrhunderts werden. Durch Spekulationen verlor er nach der Revolution von 1789 sein gesamtes Vermögen. Seine wichtigste Schrift beschäftigte sich mit der Entwicklung einer neuen Form der Gesellschaft, die er als Industrialismus bezeichnete. Er wurde von Jean-Baptiste Say und dem Marquis de Condorcet beeinflusst. Seine Abhandlung *Réorganisation de la société européenne* (1814) schlug ein Europäisches Parlament vor, das bei Streitfällen schlichten sollte, um so einen universalen Frieden zu garantieren. Von 1816 bis 1818 gab er die Zeitschrift *L'Industrie* heraus und

weitere Veröffentlichungen folgten in den nächsten Jahren. Seine zentralen Thesen in diesen Arbeiten konzentrierten sich auf die Notwendigkeit produktiver Arbeiter. Sowohl Kapitalisten als auch Arbeiter sollten gemeinsam für einen reibungslosen Übergang vom Feudalismus oder dem militaristischen Stadium der Gesellschaft zu einem an der Maximierung der Produktivität orientierten, friedlichen System sorgen. In seiner Arbeit *Nouveau Christianisme (Neues Christentum,* 1825) plädierte er für eine geeinigte Variante des Christentums, durch die der Prozess der sozialen Transformation unterstützt werden könne. Viele der Ideen Saint-Simons wurden später von einigen seiner Anhänger wie Auguste Comte, Barthélemy-Prosper Enfantin und Pierre Leroux weiterentwickelt.

Nach seiner Vision sollten Wissenschaftler und Verwaltungsbeamte die meisten der traditionell der Regierung zugeordneten Funktionen übernehmen. Die Politik sollte durch die „Verwaltung der Dinge" verdrängt werden (eine Idee, die Marx attraktiv fand). Die Anhänger Saint-Simons, die Mitte des 19. Jahrhunderts einen beträchtlichen Einfluss in Frankreich hatten, legten einen Schwerpunkt auf den Feminismus und eine neue Religion, die die geistige Autorität mit dem säkularen Staat verband. Auguste Comte, der Sekretär von Saint-Simon, erweiterte diese Themen, um eine neue „Religion der Menschlichkeit" zu beschreiben, und entwarf seine eigene dezentralisierte Version eines europäischen Utopia der Zukunft. Er wurde einer der heftigsten Kritiker der sich in der Mitte des 19. Jahrhunderts ausdehnenden Imperien Frankreich und Großbritannien.

Inwieweit der von Marx und Engels geprägte Sozialismus als utopisch bezeichnet werden kann, ist umstritten. Die hier verwendete Definition des Utopismus kennzeichnet eine fantasievolle Vorausplanung einer besser geordneten Gesellschaft (nicht einen perfektionistischen Traum), die eine Lösung für schmerzliche soziale und politische Probleme offeriert. Nach dieser Definition kann Marx als der größte aller modernen utopischen Schriftsteller betrachtet werden, zum einen, weil er die bei weitem einflussreichste Person gewesen ist, und zum andern, weil er den utopischen Entwurf – die Gütergemeinschaft – auf eine viel größere Bevölkerung bezog als jemals zuvor.

Auguste Comte (1798–1857)

Als französischer Philosoph, Anhänger und Student von Marquis de Condorcet und Henri de Saint-Simon war Auguste Comte ein entscheidender Begründer der Sozialwissenschaft, die er 1830 zunächst Soziologie nannte. Er wurde in Montpellier geboren und 1816 von der École Polytechnique in Paris verwiesen, da er eine Studentenrebellion angeführt hatte. Comte war von Saint-Simons Bericht über die industrielle Gesellschaft und vom Prozess der Säkularisation des Wissens fasziniert. Letzteres klassifizierte er als dreistufig – religiös, metaphysisch und positiv – und nannte sein eigenes System Positivismus, um damit dessen wissenschaftlichen Charakter zu kennzeichnen. Sein sechsbändiges Werk *Cours de philosophie positive* (1830–42) zog eine Vielzahl von Menschen an, zu denen vorübergehend auch John Stuart Mill gehörte. Comtes Utopismus zeigt sich in seinem Vorschlag, alle größeren Staaten in kleinere Einheiten zu zerschlagen, in denen die bürgerliche Identität aktiver gedeihen könne. Er empfahl auch eine idealisierte Regierung aus Wissenschaftlern und Industriellen, die die weltliche Autorität bilden sollten, und ein auf Paris konzentriertes Priestertum, das die geistige Autorität durch die Förderung der „Religion der Menschlichkeit" vorantreiben würde. Sein vierbändiges *Système de politique positive* (1851–54) umriss die Hauptmerkmale seines Systems. Er war auch ein führender Antiimperialist. Sein Einfluss in Großbritannien und in Südamerika war beträchtlich.

Der Ausgangspunkt von Marx war, wie bei Owen, eine Beurteilung der schädlichen Auswirkungen der Arbeitsteilung auf die Arbeiterklasse und der wachsenden Tendenz des kapitalistischen kommerziellen Systems, das eine zunehmende Armut auf der Seite der Massen und eine Konzentration der Reichtümer in den Händen weniger verursachte. Im *Kommunistischen Manifest* schlugen Marx und sein Mitstreiter Friedrich Engels (1820–95) ein hochzentralisiertes System der ökonomischen Verwaltung vor, in dem das Kredit- und Transportwesen sowie die Produktionsweise generell vom Staat verwaltet werden und die Verteilung auf einer kommunistischen Basis erfolgt. Was Engels betrifft, so hatte er in seiner Jugend eine kurze Affinität zum Kommunitarismus und war stark vom „Owenismus" beeinflusst worden. Marx beschrieb 1845 das ideale Menschenleben als eines, in dem es möglich sei, am Morgen zu jagen, am Nachmittag zu fischen, am Abend Vieh zu züchten und sich nach dem Abendessen mit Kritik zu beschäftigen, ohne zu eng durch irgendeine dieser Aktivitäten definiert zu werden. Solche im Grunde genommen fourieristischen Ambitionen verschwinden jedoch in den späteren Arbeiten der beiden Autoren, obwohl insbesondere in Marx' Schriften über die Pariser Kommune (1871) die Bereitschaft, föderalistische anstelle von zentralistischen Plänen zu erwägen, offensichtlich ist. Eine weitere utopische Vorstellung drückt sich in der These aus, dass der Nationalismus verschwinden werde, sobald ein Weltbürgertum, das auf einem Gemeinschaftsgefühl, der Identität

Karl Marx (1818–1883)

Der deutsche politische Philosoph und Wirtschaftswissenschaftler Karl Marx, (gemeinsam mit Engels) Begründer des modernen Kommunismus, ist der wichtigste sozialistische Autor und der einflussreichste weltliche Schriftsteller aller Zeiten. Marx wurde am 5. Mai 1818 in Trier geboren, besuchte die Universität in Bonn und danach in Berlin, wo er die Philosophie von Georg Wilhelm Friedrich Hegel kennenlernte und sich im radikalen Journalismus engagierte. In Paris traf er Friedrich Engels, den Sohn eines deutschen Kaufmanns, mit dem ihn eine intellektuelle Freundschaft verband. Nach der fehlgeschlagenen Revolution von 1848 wurde Marx aus Paris ausgewiesen und ging nach London, wo er sein weiteres Leben dem Studium der

politischen Ökonomie widmen sollte. *Das Kommunistische Manifest* (1848) und *Das Kapital* (1867) sind seine bekanntesten Werke. Spätere Veröffentlichungen waren die sogenannten Pariser Manuskripte von 1844, in denen er die Möglichkeit der Schaffung einer nicht durch die Arbeit entfremdeten kommunistischen Gesellschaft untersucht, und *Die deutsche Ideologie* von 1845/46, die das fouieristische Ideal von der Rotation der Arbeit aufnimmt. Ein bedeutender zeitgenössischer Kritiker von Marx war der russische Anarchist Michail Bakunin. Nach dessen Definition kann man Marx nicht als einen utopischen Sozialisten bezeichnen, dieses Etikett treffe vor allem auf seine sozialistischen Vorgänger wie Robert Owen, Charles Fourier und Henri de Saint-Simon zu.

der Arbeiter und dem proletarischen Bewusstsein beruht, geschaffen wird.

Die Sprache Marx' in seinen frühen Arbeiten, insbesondere sein Anspruch auf eine „vollständige Erlösung der Menschheit", weist Parallelen zu millenaristischen Traditionen früherer Zeiten auf. Verschiedene Autoren sind daher zu der Auffassung gelangt, dass Marx auf eine Reihe millenaristischer Thesen aus dem Judentum und Christentum zurückgriff und sie in eine deterministische Geschichtstheorie überführte.[3]

Die utopische Qualität der Gedanken von Marx und Engels zeigt sich in vielfältiger Weise. So zum Beispiel in ihren Annahmen über die robustere Soziabilität und andauernde Selbstaufopferung der Arbeiterklasse und in ihrem Glauben an die Fähigkeit von zentralisierten Wirtschaftsformen, so effektiv wie der Markt zu produzieren und zu verteilen. Auch ihr Vertrauen auf die historische Unvermeidlichkeit einer erfolgreichen proletarischen Revolution und einer sich daran anschließenden, zeitlich begrenzten „Diktatur des Proletariats", die dann durch ein vollständig demokratisches Regime abgelöst wird, sind Kennzeichen ihres Utopismus. Marx und Engels vertraten auch die Auffassung, dass der Sturz des Kapitalismus zwangsläufig gewalttätig sein müsse und eine reinigende Wirkung auf seine Übeltäter haben werde; einige spätere Marxisten waren dann der Ansicht, dass es auch einen parlamentarischen Weg zum Sozialismus geben müsste.

Diese Ideale wurden durch die bolschewistische Revolution von 1917 zum Totalitarismus pervertiert. Marx verzichtete jedoch auf die Tradition einer moralisierenden, spartanischen Einstellung zum Luxus und schlug stattdessen ein sich ausdehnendes System der Produktion vor, um die wachsenden menschlichen Bedürfnisse zu befriedigen. Die arkadischen und pastoralen Motive des kommunitaristischen Sozialismus fehlen weitgehend bei den späteren Visionen von Marx und Engels. Aber diese Ideen wurden unter anderem von Thomas Carlyle (1795–1881) aufgenommen, dessen *Past and Present* (1843) eine idealisierte Version des feudalen Paternalismus präsentiert, verbunden mit einer industriellen Strategie nach Saint-Simon, aber auch von William Morris (siehe Kasten, S. 123), dessen berühmte utopische Romanze *News from Nowhere* (1890) ein London ohne giftige Industrien, mit kleinerer Fläche und weniger Einwohnern beschreibt, in dem die Menschen zu kreativer Arbeit ermutigt werden und die Verwaltung der Gesellschaft auf lokaler Ebene stattfindet. Auch Morris beschrieb, ungewöhnlich für einen utopischen Schriftsteller, einen Weg zur idealen Zukunft, bei dem das kapitalistische System gewaltsam überwunden werden muss, gewissermaßen als Auftakt zu einer neuen Gesellschaftsform. Sein Gedicht *The Earthly Paradise* (1868–70) zeigt auch viktorianische Verbindungen zu früheren Formen des Millenarismus.

Soldaten und Arbeiter, Protagonisten der bolschewistischen Revolution, Petrograd, 1917. Der Sturz des Zaren, dem der Zusammenbruch von Russlands Kriegsanstrengungen gegen Deutschland folgte, resultierte aus dem endgültigen Sieg der von Lenin geführten kleinen russischen marxistischen Partei im November 1917. Nach Jahren des tumultartigen Bürgerkrieges und ökonomischer Unruhen wurde Stalin der Nachfolger Lenins und etablierte eine Schreckensherrschaft, um seine verbliebenen Gegner in den Jahren 1937/38 zu vernichten.

Der Anarchismus wird oft als Teil der utopischen Tradition betrachtet. Die moderne Anarchie begann mit William Godwin (siehe Kasten, S. 96), einem Berater von Owen, aber wie dies auch beim Sozialismus der Fall ist, führten anarchistische Ideen zu einem breiten Spektrum verschiedener Positionen und beträchtlicher interner Uneinigkeit. Die meisten Anarchisten strebten nach der Schaffung einer nicht zwanghaften „staatenlosen Gesellschaft", in der es keine oder nur eine minimierte Führung gab, die Produktion mehr auf Konsum denn auf Profit ausgerichtet war und die Gesellschaft dezentral in kleinen Kommunen organisiert war. Einige der extremeren individuellen Formen von Anarchie, wie jene, die mit Max Stirners *Der Einzige und sein Eigentum* (1845) verbunden werden, bieten allem Anschein nach keine reale alternative Vision der Gesellschaft, sondern sind Fantasien einer individuellen Ichbezogenheit. In einigen späteren Formen ist dies oft rechtebasiert, wie in Robert Nozicks *Anarchy, State and Utopia* (1974). Einige Anarchisten beschäftigten sich mit kommunitaristischen Experimenten. Andere wie Benjamin Heywood, Lysander Spooner und Emma Goldman leisteten wesentliche Beiträge zur anarchistischen Theorie in den Vereinigten Staaten.

In Europa sorgten die führenden Schulen des Anarchismus des 19. Jahrhunderts, die mit Pierre-Joseph Proudhon, Michail Bakunin und Peter Kropotkin verbunden werden, für langlebige und eindrucksvolle Visionen einer alternativen Organisation der Gesellschaft. Proudhon (1809–65), der sich als erster Autor selbst als Anarchist bezeichnete, vertrat die Auffassung, dass geistige Unabhängigkeit eine der größten Fähigkeiten sei, die der Einzelne besitzen kann.

Seine ideale Gesellschaft war durch eine gemeinschaftliche, kooperative Struktur definiert, in der die Macht so weit wie nur möglich dezentralisiert wurde. Der Proudhonismus blieb ein bedeutender Trend im französischen Sozialismus in den letzten Jahrzehnten des 19. Jahrhunderts.

Bakunin strebte im Gegensatz zu Marx nach einer Revolution durch die Bauern und nicht durch die Proletarier. In seinem Glauben, dass die Menschheit im Grunde genommen gesellig und von einem Trieb nach Frei-heit besessen sei, forderte er eine durch Egalitarismus, gemeinsamen Besitz und eine föderative Verwaltung gekennzeichnete zukünftige Gesellschaft. In seiner Schrift *Staatlichkeit und Anarchie* (1879) prophezeite er zutreffend, dass das politische Ideal von Karl Marx in einer Diktatur über die Arbeiter-klasse und nicht in einer Diktatur durch die Arbeiterklasse ende.

Auch Kropotkin (1842–1921) bestand auf Gemeinschaftsvermögen, maximaler Dezentralisierung und freiwilliger Kooperation im Produktions-prozess. Leo Tolstoi und Mahatma Gandhi (siehe Kasten, S. 57) gehören zu den berühmtesten Vertretern der anarchistischen Tradition im folgenden Jahrhundert, während anarchistische, kollektivistische Kommunen bei den Republikanern während des Spanischen Bürgerkriegs weit verbreitet waren (1936–39) und auch in Italien, Argentinien, Frankreich und an anderen Orten errichtet wurden.

Michail Bakunin (1814–1876)

Der russische Anarchist und politische Schriftsteller Michail Bakunin war der be-rühmteste Kritiker des marxschen Kommu-nismus zu Lebzeiten von Karl Marx. Bakunin wurde in privilegiertem Milieu auf einem An-wesen nahe Moskau erzogen, diente in der Garde des Zaren, aber er lehnte die Behand-lung der Polen durch Russland ab. 1840 ging er nach Berlin, dann nach Paris, beteiligte sich an den europäischen Revolutionen von 1848 und schrieb einen *Aufruf an die Slawen* (1848), worin er eine unabhängige Föderati-on der slawischen Republiken vorschlug. Anschließend wurde er inhaftiert und nach Sibirien verbannt, von wo aus ihm die Flucht in die Vereinigten Staaten gelang. In der Schweiz der 1860er Jahre wurde er zu einem der führenden anarchistischen Denker und Aktivisten. Durch seinen Beitritt zum Inter-nationalen Arbeiterverein (oder der Ersten Internationale) wurde er Marx' wichtigster Opponent in der Organisation: Marx gelang es schließlich 1872, den Allgemeinen Rat der Ersten Internationale nach New York zu verle-gen, um zu vermeiden, dass er ganz unter den Einfluss Bakunins und seiner Verbündeten ge-riet. Bakunin beteiligte sich kurz am Aufstand in Lyon in den Jahren 1870–71 und unter-stützte die Pariser Kommune von 1871, über die er die Schrift *Die Pariser Kommune und die Idee des Staates* (in *La révolution sociale, ou La dictature militaire*) schrieb. Viele seiner bekannteren Arbeiten wie *Gott und der Staat* wurden erst nach seinem Tod herausgegeben.

Während einige Anarchisten Pazifisten waren, wandten sich andere, besonders in Russland, terroristischen Aktionen zu und setzten Gewalt ein, um den Zaren zu stürzen. Hier wurde das klassische Problem, wie man die ideale Gesellschaft bilden kann, mit einer komplexen Debatte über die Beziehung zwischen Mittel und Zweck verflochten; im Zentrum stand die Frage, ob Gewalt weitere Gewalt nach sich zieht oder ob die Gewalt gerechtfertigt ist wegen der Gewalt, die ausbeuterische und repressive Regime einsetzen, um die Macht dieser Systeme zu erhalten. Diese Argumente spielten dann auch in den antikolonialistischen und antiimperialistischen Bewegungen ab dem späten 19. Jahrhundert eine bedeutende Rolle.

Das 19. Jahrhundert erlebte die bedeutsamsten utopischen Experimente in der Geschichte der Menschheit, bevor durch die Schaffung von kommunistischen Systemen in Russland und China auf einen Schlag die Hälfte der Weltbevölkerung dem utopischen Programm des gemeinsamen Eigentums folgte. Es ist auch keine Übertreibung, diese Epoche als Höhepunkt des seit dem 17. Jahrhundert entstandenen westlichen Ideals des wissenschaftlichen und technischen Fortschritts zu beschreiben. Nun wurde zunehmend angenommen, dass die Regulierung des menschlichen Verhaltens in neuen Formen der Gesellschaft der wachsenden Tendenz in Richtung Egoismus und Ungleichheit entgegenwirken könnte, die der Kapitalismus des späten 19. Jahrhunderts als Norm zu unterstellen schien. Aber die ideale Gesellschaft, wie sie von den Sozialisten dieser Periode entworfen wurde, war ein realisierbares Ziel, definiert durch größere Gleichheit, soziale Gerechtigkeit, eine harmonischere Einstellung zur Umgebung und ein zufriedenstellenderes Gleichgewicht von Arbeit und Vergnügen. Ebenso wie diese Ideale die früheren Fragen von Thomas Morus widerspiegelten, sollten sie auch in einer Vielzahl von Formen im folgenden Jahrhundert aufgegriffen werden.

Future New York, "The city of Skyscrapers."

© MOSES KING

Kapitel 11

Die Erfindung des Fortschritts

Rationalismus, Technik und Modernität als Utopia

Postkarte der „Stadt der Wolkenkratzer", New York, ca. 1913, herausgegeben von Moses King. Das erste Bauwerk, das als Wolkenkratzer bezeichnet wurde, war das Tower Building am Broadway 50, ein zehnstöckiges, 40 Meter hohes Gebäude. Im Jahr 1913 gab es eintausend solcher Gebäude, darunter der Woolworth Tower mit einer Höhe von 240 Metern.

Die Verbindung von Wissenschaft und utopischen Sehnsüchten ist im Wesentlichen ein Produkt des 17. Jahrhunderts. Zuvor gingen praktisch alle Utopien von einem statischen oder idealen Zustand der Dinge aus, bei dem die Vorwärtsentwicklung durch wissenschaftliche Forschung und technologische Entdeckung ohne Bedeutung und sogar potentiell kontraproduktiv war. Seitdem hat sich Utopia, abgesehen von einer energisch bekämpften primitiven Widerstandsbewegung, zunehmend auf die Wissenschaft gestützt, so dass beides unentwirrbar miteinander verbunden und der wissenschaftliche Fortschritt zur wichtigsten Ideologie der Moderne wurde.[1] Bereits im 16. Jahrhundert wies der französische Historiker Jean Bodin die alte Forderung nach einem ursprünglichen Goldenen Zeitalter zurück und vertrat stattdessen die Auffassung, dass sich der zukünftige Fortschritt durch neue Erfindungen entfalte. Im frühen 17. Jahrhundert wurden in Johann Valentin Andreaes Utopie *Christianopolis* (siehe S. 119) wissenschaftliche Fragen behandelt. In diesem idealen Staat war das Geld abgeschafft, der Reichtum durch den Stein der Weisen geschaffen und der Wissenschaft wurde eine zentrale Rolle im sozialen Leben eingeräumt, indem das Laboratorium, die Apotheke und der Anatomiehörsaal als staatliche Institutionen eingerichtet wurden.

Aber der Text, der den Geist aus der Flasche ließ, war Francis Bacons *New Atlantis*, etwa 1624 verfasst und posthum im Jahr 1627 veröffentlicht. Das Werk wurde der Prototyp für alle anschließenden Utopien, die auf wissenschaftlichen und technologischen Grundlagen beruhten. Die von Bacon dargestellte autarke Insel Bensalem ist ein gut bestelltes Patriarchat, in dem das Eigentum verteilt wird, um die Armut zu lindern. Salomons Haus, ein Zentrum für wissenschaftliche Forschung, ist in der Erzählung allgemein und auch für den Erfolg der beschriebenen Gesellschaft von entscheidender Bedeutung. Hier wird das Experimentieren mit dem Ziel, „das Wissen von den Ursachen und den geheimen Bewegungen der Dinge und das Erweitern der Grenzen des menschlichen Reiches, das Zustandebringen aller möglichen Dinge"[2] zu erreichen, gefördert. Grundsätzlich bedeutete dies, zu experimentieren, um die Qualität der Nah-

Francis Bacon (1561–1626)

Der englische Staatsmann, Wissenschaftler und Gelehrte ist am besten als Autor von *New Atlantis* (1624) bekannt. Bacon wuchs am Hof von Elisabeth I. auf und besuchte das Trinity College, Cambridge. Er studierte Jura in Gray's Inn und bekam 1582 die Zulassung als Rechtsanwalt. Als Mitglied des Parlaments wurde er in den Adelsstand erhoben und machte unter König James I. Karriere. So wurde er erst zweiter Kronanwalt, Bewahrer der königlichen Siegel und 1618 Justizminister. 1621 wurde er zum Viscount von St. Albans erhoben, aber im gleichen Jahr aufgrund der Annahme eines Bestechungsgeschenks zu einer Zahlung von 40 000 £ verurteilt. Die Geldstrafe wurde erlassen, aber der Skandal bedeutete das Ende seiner öffentlichen Karriere. Als Autor von *The Advancement of Learning* (1605) und *Novum Organum* (1620), zwei der bekanntesten philosophischen Werke dieser Epoche, war Bacon ein engagierter Empirist und eine wichtige literarische Person der Renaissance.

rungsmittel, der Medizin, der Manufaktur und der Wissenschaft zu verbessern.

Ausschlaggebend ist ein patriarchalischer Staat, der im Sinne des Gemeinwohls handelt und diese Forschung fördert. Doch in der Praxis kann es eine Einladung gewesen sein, an der Natur herumzubasteln, nur um sie zu beherrschen und damit die Büchse der Pandora mit ihren grauenvollen Geheimnissen zu öffnen. „Ich verstehe wie", sollte Winston Smith in George Orwells 1984 – *Nineteen Eighty-Four* (deutsch: *1984,* 1949) sagen. „Ich verstehe nicht warum." Bacon hätte es ihm schon sagen können.

Rechts: *Der Alchemist,* Kupferdruck von Pieter Brueghel dem Älteren, 1558. Die Abbildung stellt einen armen Alchemisten dar, der seine Familie ruiniert hat. Ein Wortspiel in Brueghels (hier nicht gezeigter) Inschrift, „al gemist", zeigt an, dass „alles ruiniert ist".

Zur Zeit von Bacon hatte sich die neue Wissenschaft noch nicht von der Alchemie der Renaissance und ihrer utopischen Suche nach dem legendären Stein der Weisen, der Nichtedelmetalle zu Gold verwandelt, und nach einem Trank der Unsterblichkeit getrennt. In den frühen Jahrzehnten des 17. Jahrhunderts waren „Eingeweihte", die im Geheimen fieberhaft schufteten – manchmal obskure Sekten wie die Rosenkreuzer nachahmten – und ein enthaltsames Leben im Kloster führten, während sie der Natur ihre letzten Geheimnisse entrissen, noch Teil der Utopien. Viele utopische Autoren dieser Periode wie Johann Amos Comenius, Tommaso Campanella und der Arzt Peter Chamberlen waren daran interessiert, die Langlebigkeit durch medizinische Reformen, die Veränderung der Kost und die Verbesserung des Lebens der Armen zu erreichen. Es wurde vermutet, dass Geheimgesellschaften wie die Freimaurer utopische Ambitionen hegten, während von den hermetischen Philosophen – Anhängern von Hermes Trismegistus, dem legendären ägyptischen Autor von magischen und alchemistischen Werken – angenommen wurde, dass sie die heilige Weisheit vom Osten nach Europa gebracht hätten. Es wurde auch die Meinung vertreten, dass die Rosenkreuzer politische Ziele hätten, so zum Beispiel die Idee, die Monarchie durch die Herrschaft einer philosophischen Elite zu ersetzen. Ähnliche Motive zeigten sich später in der Mutmaßung, dass die Französische Revolution aus der Verschwörung einer philosophischen Sekte, den Illuminati, heraus entstanden sei, um alle Monarchien in Europa zu stürzen.

Ein bekannter Text, der sich mit diesen Fragen beschäftigt, war Gabriel Plattes' *A Description of the Famous Kingdome of Macaria* (1641). Der Text war dem wissenschaftlichen Denken des preußischen Emigranten Samuel Hartlib verpflichtet und zielte darauf ab, die Wirtschaft unter die Kontrolle von fünf parlamentarischen Räten zu bringen, wobei die Wissenschaft ihren Beitrag dazu leisten sollte, Produktion und Arbeit anzukurbeln. Ein „Kollegium der Erfahrung" sollte die wissenschaftliche Forschung (einschließlich der Alchemie) zentralisieren und beaufsichtigen und zielte auf „die Errichtung eines tausendjährigen Königreichs Gottes auf der Erde" ab.[3] Dies inspirierte wahrscheinlich ein anderes bekanntes puritanisches Utopia, Samuel Gotts *Nova Solyma, The Ideal City; or Jerusalem Regained* (1648).

In Folge der Englischen Revolution wurden viele Themen des mittelalterlichen Utopismus, insbesondere die Alchemie, zugunsten modernerer Vorstellungen vom wissenschaftlichen Experimentieren und der sich daraus ergebenden Sozialtechnik abgelöst. Das wichtigste Ergebnis war die Schaffung eines modernen Fortschrittsideals. Eine der bedeutenden Fantasien des 17. Jahrhunderts war Margaret Cavendishs *The Blazing World* (1666), das weitreichende intellektuelle Spekulationen über die großen wissenschaftlichen Fragen der Zeit und eine Reihe kunstvoller Spekulationen über ihr mögliches Ergebnis enthält.

Dennoch spielen wissenschaftliche Themen in den meisten Utopien des 18. Jahrhunderts keine zentrale Rolle. In Texten wie *The Island of Content* (1709) wird Ärzten der geschuldete Respekt aufgrund der Tatsache entgegengebracht, dass sie wegen der Angst vor Melancholie und der Furcht vor dem Tod als Lebensversicherung anzusehen seien.[4] Ebenso werden Krankenhäuser in ähnlichen Schriften oft gelobt, aber in anderen herrscht ein Misstrauen gegenüber Kurpfuschern und Apothekern vor (zum Beispiel in *A Description of New Athens in Terra Australis Incognita,* 1720).[5] Schon bald sollte eine tiefer gehende Mehrdeutigkeit in Bezug auf die Ergebnisse wissenschaftlicher Untersuchung zum Vorschein kommen. Das 19. Jahrhundert war eine Epoche des fast ungezügelten Optimismus, in dem ein zunehmendes Gefühl für die Beherrschung der Natur durch die Entdeckung von Strahlung, Elektrizität und Kältetechnik und wachsende Fortschritte in den Bereichen Medizin, Nahrungsanbau und Geburtenkontrolle entstand und allgemeinen Wohlstand und zunehmende Langlebigkeit zu versprechen schien. Das moderne Utopia – städtisch oder vorstädtisch, voller arbeitssparender Geräte, um das Vergnügen zu maximieren und den Schmerz zu minimieren – sollte am vollständigsten in der Mitte des 20. Jahrhunderts erblühen. Aber zuvor schien die Wissenschaft zunehmend alles Mögliche zu versprechen: In *Cromwell the Third; Or, the Jubilee of Liberty* (1886, Autor unbekannt) wird Elektrizität verwendet, um die Toten wieder zum Leben zu erwecken. Es gibt auch Mutmaßungen über die Schattenseite der Wissenschaft, die Sorge, dass nicht alle Forschung ohne Eigeninteresse betrieben wird oder dass unter der Oberfläche eines scheinbaren Gemeinschaftssinnes üble Motive lauerten.

Mehr als jeder andere Text war es Mary Shelleys *Frankenstein* (1818), der das Thema der Suche nach Unsterblichkeit wieder aufleben lassen sollte und dabei zufällig ein Untergenre der Science Fiction schuf, das bis heute sehr beliebt geblieben ist. Reich an faustischer Ironie bringt *Frankenstein* im Alleingang das optimistische Aufklärungsideal von Fortschritt und Entdeckung ins Wanken und enthüllt eine weitaus dunklere Schattenseite. Den vielen einträglichen Entdeckungen des 19. Jahrhunderts müssen schließlich die weitaus zweifelhafteren Erfindungen wie Maschinengewehre, Giftgas und ab 1914 Luftbombardements gegenübergestellt werden. Das wissenschaftliche Utopia und die wissenschaftliche Dystopie sollten Hand in Hand vorwärts in eine zunehmend unsichere Zukunft marschieren. Mitte des 20. Jahrhunderts konnten einige literarische Darstellungen des wissenschaftlichen Strebens nur schizophren erscheinen.

Von allen späteren Werken des 19. Jahrhunderts, die den boomenden Optimismus dieses Zeitraumes ausdrückten, hatte Edward Bellamys *Looking Backward 2000–1887* (1888) den größten Einfluss. Das Buch wurde der bekannteste amerikanische utopische Text, der sich allein in den Vereinigten Staaten über 400 000-mal verkaufen sollte. Im Jahr 1864 konvertierte Bellamy. Als er seine Glaubensüberzeugungen verlor, blieb er dennoch davon überzeugt, dass sowohl eine „Religion der Solidarität" vom comteschen Typ geschaffen als auch eine große soziale Vereinigung errichtet werden könne, die Gerechtigkeit, Beschäftigung, industriellen Fortschritt und Stabilität garantiert. In *Looking Backward* erwacht der junge Bostoner Julian West aus einem Traum und findet sich in einer idealen Welt wieder, in der die Übel des „exzessiven Individualismus" ausgerottet worden sind. Das bisher vorherrschende System von anarchischem Wettbewerb und Privateigentum ist allmählich von einem harmonischen, kooperativen Staat abgelöst worden, in dem alle Aktionäre sind. Produktion und Verteilung sind zentral organisiert, auch wenn es ein breites Spektrum von Gewerben und Berufen gibt. Die meisten Menschen dienen vierundzwanzig Jahre in der Industrie; „Drückeberger" werden eingesperrt und leben von Wasser und Brot. Frauen können Pflichten in der Industrie übernehmen oder Mütter werden. Geld ist durch ein System von nicht übertragbaren Krediten abgelöst worden, die auf eine Nationalbank eingezahlt und mit einem kreditkartenähnlichen Gerät abgehoben werden. Es gibt gleiche Bezahlung für gleiche Arbeit.

Unter den vielen Geräten, die die Arbeit erleichtern, gibt es fliegende Autos. Die Stadtbewohner werden durch Baldachine, die über die Fußwege

Edward Bellamy (1850–1898)

Der amerikanische Schriftsteller Edward Bellamy ist mit *Looking Backward 2000–1887* (1887) berühmt geworden, dem einflussreichsten Werk utopischer Literatur, das im 19. Jahrhundert erschien. Als Sohn eines baptistischen Pfarrers studierte Bellamy Jura, Wirtschaftswissenschaften und anderes und bereiste Europa, bevor er Journalist wurde, vor allem für die Springfield Union in Massachusetts. Er schrieb mehrere Romane, darunter *Six to One: A Nantucket Idyll* (1878), *The Duke of Stockbridge* (1879) und *Dr Heidenhoff's Process* (1880). Doch vor allem der Erfolg von *Looking Backward* verlieh ihm einen Kultstatus und führte zur Gründung von Dutzenden von Bellamy-Klubs und zur Bildung einer Art sozialistischer Bewegung, die für ökonomische Gerechtigkeit, technische Neuerung, allgemeine Arbeit und soziale Gleichheit auf Kosten der kapitalistischen Ausbeutung und des Konkurrenzdenkens im Individualismus warb. Die folgende Novelle *Equality* (1897) war weniger erfolgreich und Bellamy wurde von William Morris in *News from Nowhere* dafür angegriffen, dass er zu sehr auf die Technik vertraute, um den Menschen ein ideales Leben zu gewährleisten.

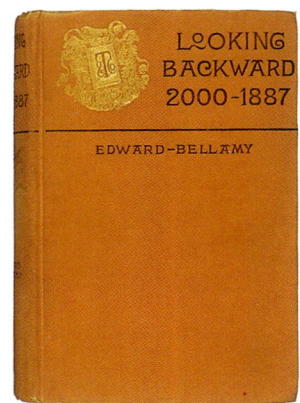

gespannt sind, vor schlechtem Wetter geschützt. Fernsehen und Radio existieren, aber es werden beträchtliche Ausgaben für Kunsthallen und andere öffentliche Kulturveranstaltungen getätigt. Die Öffentlichkeit und das Private sind sorgsam ausgewogen; Mahlzeiten werden in gemeinsamen Esszimmern eingenommen, aber die einzelnen Familien sitzen zusammen. Es gibt nur wenige Verbrechen, wenig Streitereien und keine Armee.

Auf der Grundlage der in Bellamys Text umrissenen Prinzipien wurden überall in Europa sowie in Südafrika, Indonesien und Neuseeland Gesellschaften gegründet; das Werk wurde 1893 auch ins Chinesische übersetzt. Diese beträchtliche Anziehungskraft gibt Zeugnis von der Tatsache, dass *Looking Backward* ein überzeugendes Bild von der Zukunft der Moderne offerierte – heute ist das Buch praktisch vergessen. Verschiedene andere Utopien des späten 19. Jahrhunderts zielten durch die Organisation der Arbeit, demokratische Kontrolle über ökonomische Institutionen und die Unterdrückung des kapitalistischen Monopols in erster Linie auf soziale und politische Gerechtigkeit. Zu den interessanteren zählen Theodor Herzkas *Freiland* (1890) und sein darauf folgendes Werk mit dem Titel *Eine Reise nach Freiland* (1894). Zu den mehr technologischen, städtisch orientierten Utopien gehören Chauncey Thomas' *The Crystal Button* (1891). Bellamy inspirierte auch eine Reihe von Satiren, darunter *Looking Further Backward* (1890) und *Looking Within* (1893), wie auch einige erwähnenswerte Imitationen wie *Caesar's Column* (1890) von Ignatius Donnelly. Zu diesem Zeitpunkt erhielt auch der feministische Utopismus einen Aufschwung, besonders durch Mary H. Lanes *Mizora: A Prophecy* (1889).

Die Vereinnahmung der Wissenschaft durch die Utopie im späten 19. Jahrhundert führte zu einer wachsenden Faszination für Maschinen, besonders für jene, die bei Reisen, Erkundungen und im Krieg verwendet wurden. In diesem Kontext waren die Arbeiten des großen französischen Schriftstellers Jules Verne (siehe Kasten, S. 167) von großem Einfluss. Verne verknüpfte zwei wichtige utopische Themen, die Abenteuerreise und den Gebrauch technischer Neuerung, um die Grenzen des menschlichen Wissens immer weiter hinauszuschieben. Tief in den Ozeanen, hoch in der Luft, weit unter der Erde waren seine Helden unermüdlich tätig, um die Natur im Dienst der Menschheit zu besiegen. Aber als das Jahrhundert voranschritt, zeichnete sich auch die Bedrohung durch immer zerstörerischere Kriege ab und Romane über bevorstehenden Krieg wie Admiral Columbs *The Great War of 1890* (1892) gewannen an Beliebtheit. Die Wolken begannen sich über dem vordergründigen Optimismus der vergangenen Dekaden zusammenzuziehen.

Diese Wolken begannen auch immer dunkler zu werden. Im späten 19. Jahrhundert nahm der Utopismus die darwinistische Evolutionstheorie

Titelseite von Edward Bellamys *Looking Backward 2000–1887*, 1888. Dies war das erste Buch, das über eine Million Mal verkauft wurde, und es führte zur Gründung der nationalistischen Partei, deren Ansichten regelmäßig in Bellamys ab 1891 erscheinender Zeitung *New Nation* veröffentlicht wurden.

auf und wiederholte ständig sowohl das Versprechen als auch die Drohung, die die Idee der „natürlichen Selektion" darstellte. Die Kontrolle der Geburtenrate und die Regulierung der Qualität des Nachwuchses waren seit der Zeit von Lykurg und Platon utopische Themen gewesen, und es ist deshalb wenig überraschend, dass utopische Autoren diese Konzepte noch einmal aufnahmen. In den späten 1880er Jahren zog die Eugenik eine Menge von Anhängern an. Eugenik war im Wesentlichen die Erfindung von Charles Darwins Vetter, Francis Galton, der in seinem Buch *Hereditary Genius* (1869) aufzuzeigen versuchte, dass menschliche Fähigkeiten und Begabungen erblich seien, und wenn solche Merkmale gezüchtet werden würden, von ihnen Gebrauch gemacht werden könne, um die Artenqualität der Menschheit zu verbessern. Dieses Argument inspirierte eine weitreichende literarische Diskussion. Es wäre verführerisch, aber auch irreführend, all dies als eine Spekulation abzutun, die letztlich in den Völkermord führte. Eugenische Themen wurden in dieser Ära auf dieselbe Weise positiv dargestellt wie dies heute mit der Gentechnologie geschieht. Und in der Tat können sie seit Platon als ein integraler Bestandteil im Utopismus gesehen werden, besonders in Bezug auf den Wunsch, die physische Gesundheit zu verbessern.

Was oft als „negative" Eugenik bezeichnet wird, nämlich Euthanasie und das Töten von „gesundheitlich geschädigten" Kindern, war damals wie heute viel umstrittener. Ellis James Davis beschreibt in *Pyrna: A Commune; or, Under the Ice* (1875) eine Gesellschaft, die unter einem Schweizer Gletscher lebt und die durch Gleichheit, gegenseitige Liebe und Gütergemeinschaft gekennzeichnet ist, es „gesundheitlich geschädigten" Kindern jedoch nicht erlaubt, zu leben. Das Gleiche ist in Grant Allens Kurzgeschichte *The Child of the Phalansterys* der Fall.[6] In John Petzlers *Life in Utopia* (1890) dürfen jene, die an Krankheiten wie Krebs leiden, nicht heiraten. In W. J. Saunders' *Kalomera: The Story of a Remarkable Community* (1911) ist es allen, die schlecht sehen oder hören oder auch nur schlechte Zähne haben, ebenfalls verboten, zu heiraten; in William Herberts *The World Grown Young* (1892) sind es Berufsverbrecher, die ausgeschlossen sind. Manchmal werden die Armen lediglich von der allgemeinen Bevölkerung getrennt; in dem anonymen *In the Future: A Sketch in Ten Chapters* (1875) bevölkern sie „neue Laboratorien, jedes eine Kombination von Asyl und Manufaktur", anderswo werden „Straßenaraber" (heimatlose, bettelnde Kinder) in separaten Institutionen erzogen, um aus ihnen „eine Art von überlegener Rasse" zu machen (in A *Thousand Years Hence: Being Personal Reminiscences as Narrated by Nunsowe Green,* 1882).[7]

Karikatur von Charles Darwin aus dem *London Sketch-Book* (1874) mit dem Titel „Wissenschaftlicher Durchbruch Darwin". Darwins Vorstellung von einer natürlichen Selektion stimmte für viele Menschen mit der traditionellen utopischen Betonung der Geburtenkontrolle und den Bemühungen, eine physisch perfektere menschliche Spezies zu schaffen, überein.

Die positive Darstellung von eugenischen Ideen wie der Reduktion der Familiengröße und dem Versuch, schädliche Krankheiten zu eliminieren, tendiert dahin, die wachsende Fokussierung auf die Eugenik als Hinwendung zu einer Dystopie zu verbergen, und ausschließlich auf die spätere Tradition, wie sie von Aldous Huxley in *Brave New World* geschildert wird, hinzuweisen. So fördert zum Beispiel die Wissenschaft in Henry Wrights Buch *Mental Travel in Imagined Lands* (1878) die besten Eigenschaften der Menschheit, besonders Großzügigkeit und Edelmut. Andere Arbeiten nahmen die Regelung der Ehe durch den Staat (G. Read Murphy, *Beyond the Ice*, 1894), die Beschränkung der Familiengröße (Andrew Acworth, *A New Eden*, 1896) und die staatliche Förderung der Hygiene (*Quintura: Its Singular People and Remarkable Customs*, 1886) auf. Kenneth Follingsbys *Meda* (1892) nennt das Thema der Überbevölkerung der Erde als Folge wahlloser Geburten, wie auch William Hays *Three Hundered Years Hence* (1881), in dem behauptet wird, dass gewaltige Rassenkriege aus der Überbevölkerung entstünden. Andere Rassenfantasien zeigten den Niedergang der weißen angesichts der Überlegenheit der schwarzen Rassen – zum Beispiel *The Reign of the Saints*, 1911, von John Travena, ein Pseudonym Ernest George Henhams. Zu den Satiren gehörte auch *Red England: A Tale of the Socialist Horror* (1900, Autor unbekannt), in der drei Ärzte alle Eheschließungen genehmigen und die Kinder ihren Eltern ab einem Alter von drei Monaten weggenommen werden, um sie vom Staat aufziehen zu lassen. Eugen Richters *Sozialdemokratische Zukunftsbilder* (1893) stellt die staatliche Kinderbetreuung satirisch dar. Und Schriftsteller wie Walter Besant verspotteten die Proklamation des vollständigen „Triumphs der Wissenschaft".[8]

Die Darstellungen des Fortschritts im 19. Jahrhundert wurden auch eng mit der europäischen imperialen Expansion verbunden.

Je schneller sich die europäische Technik entwickelte, desto offensichtlicher schien es zu sein, dass die Europäer als Rasse oder Volk überlegen waren. Viele Utopien, besonders in Großbritannien, spielten in den neuen Kolonien wie Australien und Neuseeland und legten oft protosozialistische Lösungen für koloniale Probleme nahe.[9] Mitte des 19. Jahrhunderts erschienen dann erstmals Satiren, die den Zivilisati-

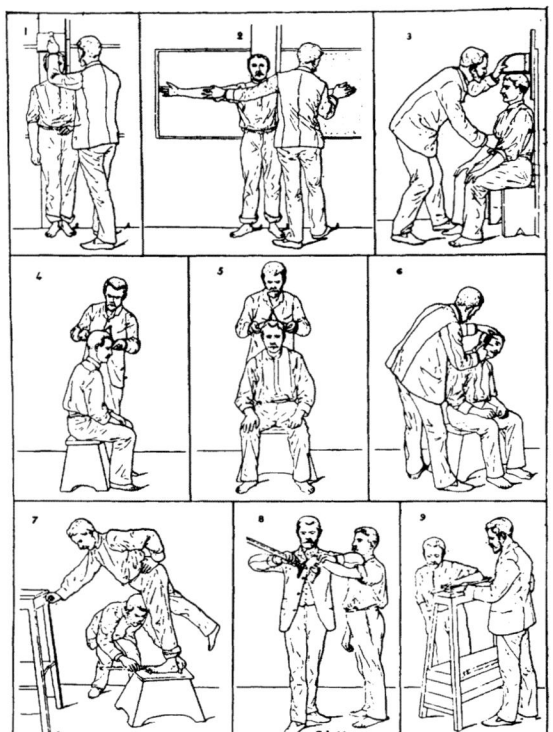

RELEVÉ
DU
SIGNALEMENT ANTHROPOMÉTRIQUE

onsauftrag der großen europäischen Kolonialstaaten verspotten. In *The History of Bullanbee and Clinkataboo: Two Recently Discovered Islands in the Pacific* (1828, Autor unbekannt) wird zum Beispiel ein tropisches Paradies durch die Einführung einer korrupten und abergläubischen Form des Katholizismus ruiniert. Auch *The Voyage of Captain Popanilla* (1827) von Benjamin Disraeli zeigt ein Land, in dem die abträglichen Wirkungen der europäischen Zivilisation offensichtlich sind.

Eine utopische Reaktion gegen den Fortschritt taucht in dieser Zeit als zentrales Thema auf. Ab dem frühen 19. Jahrhundert hatte eine Reihe von Kritikern der Urbanisierung und Industrialisierung damit begonnen, ihren Widerstand gegen die Modernität in utopischer literarischer Form auszudrücken. Unter ihnen waren Thomas Carlyle, John Ruskin und William Morris. Die Antwort auf den technologischen Utopismus kennzeichnet eine Anzahl anderer Texte des späten 19. Jahrhunderts. In William Dean Howells' *Traveller from Altruria* (1894) nutzt ein wohltätiges sozialistisches Regime die Technologie – in Form eines Transportsystems –, um seine Bevölkerung zu vereinigen, aber die Einwohner leben relativ einfach in hüttenähnlichen Gebäuden und essen einfache Speisen in gemeinsamen Esszimmern.

Morris' *News from Nowhere* (1890) spielt zwar in London, zeigt aber dennoch einen Rückzug von der bereits extremen Verstädterung des späten viktorianischen Englands und beschreibt ein positives Bild der Nation als Garten, „wo nichts vergeudet wird und nichts ruiniert wird, mit den erfor-

John Glovers Gemälde *Mr Robinson's House on the Derwent,* Van Diemen's Land, ca. 1838, zeigt ein typisches Kolonialhaus in Hobart, Tasmanien. Die idyllische ländliche Kulisse ist zum Teil dadurch erzielt worden, dass die Einheimischen während dieser Zeit systematisch ausgerottet wurden.

WALDEN.

By HENRY D. THOREAU,
AUTHOR OF "A WEEK ON THE CONCORD AND MERRIMACK RIVERS."

Die Titelseite von Henry David Thoreaus *Walden* (1854) zeigt die 3 × 4,5 m große Hütte in Walden Pond in der Nähe von Concord, Massachusetts, worin der Autor zwei Jahre verbrachte, um über die verschiedenen spirituellen und intellektuellen Probleme nachzudenken, die er später in seinem Buch erörterte.

derlichen Wohnstätten, Baracken und Werkstätten überall im Land verstreut, alle gepflegt und ordentlich und hübsch".[10] In dem Buch *A Crystal Age* (1887) von W. H. Hudson ist die Umgebung der matriarchalischen Gesellschaft bukolisch und pastoral, und das Leben ist ein asketischer Rückzug von einer korrupten und degenerierten Vergangenheit. Hudsons *Green Mansions* (1904) spielt in einem südamerikanischen Regenwald. Auch *Erewhon* (1872) von Samuel Butler zeigt eine idyllische Kulisse und stellt die beiden Ideale von technologischem Fortschritt und Sozialdarwinismus satirisch dar. In den Vereinigten Staaten stellt Henry David Thoreaus *Walden, or Life in the Woods* (1854) ein friedliches Leben ländlicher Einsamkeit in Harmonie mit der Natur der Komplexität, der Heuchelei und dem Materialismus der modernen urbanen Existenz gegenüber. *Walden* wurde ein Kultklassiker in den 1960er und 1970er Jahren. Zwei bekannte Südseeutopien von Herman Melville, *Typee* (1846) und *Omoo* (1847), beruhen auf den eigenen Reisen des Autors in die Region. Sie halfen, den Ruf der Inseln als idyllische tropische Paradiese zu zementieren, und beschreiben die letztendliche Zerstörung der einheimischen Kultur durch christliche Missionare.

Typee stellt den „reinen und natürlichen Genuss" der primitiven Gesellschaft unverblümt dem „größer werdenden menschlichen Elend" der „zivilisierten" Gesellschaften gegenüber, obwohl auch hier die Frauen immer noch die Hauptlast der häuslichen Arbeit tragen, während die Männer träge sind[11]

Henry David Thoreau (1817–1862)

Der amerikanische Philosoph, Naturforscher und Autor Henry David Thoreau war ein führendes Mitglied der Transzendentalistenbewegung. Geboren am 12. Juli 1817 in Concord, Massachusetts, zeigte er früh sein Interesse an Botanik und Zoologie wie auch an Literatur und vielen anderen Themen. Er machte 1837 seinen Abschluss an der Harvard University und wurde zunächst Lehrer; später arbeitete er im Familiengeschäft, das sich mit der Herstellung von Bleistiften beschäftigte. Im Juli 1845 begann Thoreau sein Experiment des einfachen Lebens und baute eine Hütte am Rand von Walden Pond, wo er zwei Jahre lang lebte. *Walden, or Life in the Woods* (1854) beschreibt

ein Leben der Einfachheit, gelebt in Harmonie mit der Natur und mit beschränkten Bedürfnissen. Die Erfahrung machte ihn weder zu einem Primitivisten noch zu einem Antikapitalisten. Nach seiner Weigerung, eine Kopfsteuer zu zahlen, führte dies bekanntermaßen zu seinem Essay über den zivilen Ungehorsam. Er schrieb eine Reihe von Werken gegen die Sklaverei und verteidigte John Brown, den Kämpfer gegen die Sklaverei. Obwohl er kein Anarchist war, war er nichtsdestoweniger eine wichtige Quelle für spätere Befürworter des gewaltlosen Widerstands wie Emma Goldman, Gandhi und Martin Luther King.

Paul Gauguin, *Herrliches Land (Te nave nave fenua),* 1892. Um dem „Künstlichen und Konventionellen" zu entkommen, verbrachte Gauguin seine späten Jahre auf Tahiti. Hier erkundete er das Motiv des weiblichen Körpers der Tahitianerinnen als Verkörperung des Exotischen, Primitiven und Wünschenswerten, ähnlich wie bei der christlichen Eva.

(Die Typees sollen außerdem Kannibalen gewesen sein). Gauguins Bilder von tahitianischen Frauen sollten später den künstlerischen Ausdruck dieser romantisierten Abbildung eines primitiven Idylls versinnbildlichen. Als sich das Jahrhundert seinem Ende zuneigte, verbreitete sich immer mehr ein Gefühl der allmählichen Verzweiflung und der Dekadenz sowie ein Gespür für einen drohenden Konflikt in Europa. Der Reiz des Primitiven wirkte nicht weiter fort.

Kapitel 12

Das Aufkommen der Science Fiction

Neue Welten über und jenseits von uns

Ob Science Fiction streng genommen ein Teil von Utopia ist – oder ob tatsächlich Utopia nur ein Zweig der Science Fiction ist –, ist heiß diskutiert worden. Der Begriff Science Fiction wurde erst 1929 von Hugo Gernsback geprägt. Ausgehend von der hier gegebenen Definition, nach der Utopia strikt ausgelegt vor allem eine formale Darstellung eines Strangs der Tradition eines idealen Gemeinwesens oder Stadtstaates ist, ist Science Fiction ein Untergenre, bei dem Wissenschaft und Technik vorherrschen – utopisch, wenn es positiv ausgedrückt, oder dystopisch, wenn es negativ verwendet wird. Manche Schriftsteller verwenden außerdem „sf" für „spekulative Fiktion", was eine viel breitere Definition zulässt und viel näher an dem Bereich der „utopischen Fiktion" ist. In der enger verstandenen Version sind Wissenschaft und Technik zentral für die Vision der Zukunft: Der Fokus liegt nicht auf verfassungsmäßigen, institutionellen, dem Gemeinwesen verpflichteten oder anderen Mitteln, um die menschliche Ordnung zu verbessern, größere Sicherheit, Harmonie, Glück oder irgendetwas anderes zu gewährleisten. Dennoch kann Science Fiction immer noch in erster Linie Gesellschaftskritik oder Satire sein.

Das Genre Science Fiction hat die allgemeine Vorstellungskraft in einer Weise beflügelt, welche die utopische Fiktion nie erreicht hat. Der moderne Film und das Fernsehen sind voller Science Fiction und seit Beginn des 20. Jahrhunderts haben Zeitschriften und Romane, die sich auf Science Fiction konzentrierten, einen immensen Zuspruch gefunden. Es sind sogar Sekten wie Scientology aus der Faszination über den Weltraum und UFOs entstanden. In der Tat ist der Weltraum die letzte Grenze der Menschheit, der letzte zu erobernde Bereich – und möglicherweise sogar der letzte Bereich, durch die sie selbst erobert wird. In der modernen Welt wurde die theologische Spekulation im Großen und Ganzen durch die Spekulation über Wissenschaft und Technik ersetzt.

Der kühne Ortswechsel der fantastischen Reise von der Erde in den Weltraum markiert für viele die Ursprünge der modernen Science Fiction.

Plakat von 1936 für die Filmproduktion des Romans von H.G. Wells, *Things To Come*. Der Film spielt in der britischen Stadt Everytown und zeigt ein Jahrhundert voller Plage und Krieg zwischen 1936 und 2036, in dem die Überlebenden nach der Zerstörung der Umwelt in unterirdischen Städten leben.

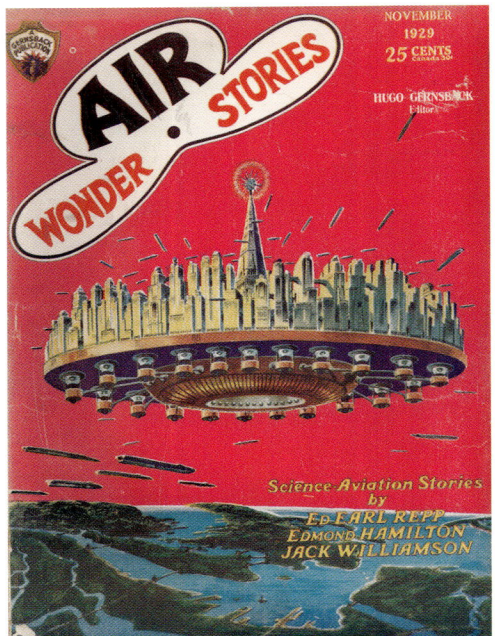

OBEN LINKS: *Air Wonder Stories,* ein frühes Science-Fiction-Magazin, herausgegeben von der Stellar Publishing Corporation, New York, November 1929, mit einem von Frank R. Paul gestalteten Cover. Obwohl nicht besonders erfolgreich, sorgten die Geschichten dafür, das Genre der Luftfahrtabenteuer populär zu machen.

OBEN RECHTS: Illustration des ersten Ballonfluges der Brüder Montgolfier am 21. November 1783 in Paris im Bois de Boulogne. Eine riesige Menge von etwa 200 000 Menschen versammelte sich in den Tuilerien, um die beiden Männer, Jean-François Pilâtre de Rozier und den Marquis d'Arlandes dabei zu beobachten, wie sie als Erste den Himmel besiegen.

Dieser einfallsreiche Sprung überschritt schließlich die Grenzen des utopisch Möglichen, da er alle Einschränkungen des Realismus oder der Plausibilität aufgab und sich auf Hypothesen konzentrierte, die eine Vielzahl von Welten betreffen. Dass Raumfahrt tatsächlich möglich sei, wurde früher natürlich nicht ernsthaft angenommen, erst gegen Ende des 19. Jahrhunderts, als der motorgetriebene Flug von H. G. Wells und anderen prognostiziert wurde. Davor – und nach dem Start eines Heißluftballons durch die Brüder Montgolfier 1783 – boten die Ballons eine erste Möglichkeit, sich in der Luft zu bewegen. Vor diesem Zeitpunkt war die Idee, zu fliegen, nur fantastisch – und der von den Göttern verdammte Ikarus war weit mehr als der erfinderische Leonardo da Vinci das bekannteste Symbol des menschlichen Ziels, zu fliegen. Doch die Menschen des Altertums, besonders die Pythagoreer, spekulierten manchmal über eine Vielzahl von Welten in Zeit und Raum.

Obwohl die satirischen Mondflüge aus Lukians spielerischen Spekulationen in den *Wahren Geschichten* (ca. 125 n. Chr.) und die Vorstellung von imaginären Inseln, die in der Luft schweben, aus einer ähnlichen Zeit stammen, erlebte erst das 17. Jahrhundert die Reise zum Mond als ein Untergenre von Utopia. Alte Mondmythen wurden jetzt durch wissenschaftliche Erkenntnisse ersetzt, die durch die Entwicklung des Teleskops gewonnen wurden, und diese stellten die aristotelische Ansicht, dass die Erde die einzig mögliche existierende Welt sei, in Frage.

Zu den bekanntesten Texten dieser Epoche gehört Cyrano de Bergeracs *Histoire comique: Voyage dans la lune* (1657). Abgesehen von seiner Spekulation über eine Vielzahl von Welten, ist der Text eine satirische Darstellung einer verkehrten Welt, in der, neben anderen Dingen, die Jungfräulichkeit kriminalisiert wird und Geld durch Poesie ersetzt worden ist. John Wilkins *The Discovery of a New World in the Moone* (1638) beschreibt „Seleniten", die den Mond bewohnen. Francis Godwins *The Man in the Moone* (1638) erzählt von einer Flugmaschine, die von Gänsen angetrieben wird und in der ein Paradies vor dem Sündenfall voller Tugend und Harmonie zu finden ist, regiert von einem absoluten Monarchen, und wo die Nahrung ohne Arbeit wächst. Und Bernard Fontenelle spekulierte in *Conversations on the Plurality of Worlds* (1686) ausführlich über das Planetensystem.

Vom Ende des 17. Jahrhunderts an war die wissenschaftliche Spekulation fantasievoll mit christlichen Idealen der Harmonie und utopischen Visionen der sozialen Ordnung verknüpft worden. Christliche Autoren konnten plausibel darlegen – wie es David Russen tat, der Verfasser von *Iter Lunare: or, A Voyage to the Moon* (1703) –, dass die Existenz einer Vielfalt von Welten mit der orthodoxen christlichen Lehre vereinbar sei.

Titelbild und Titelseite der englischen Übersetzung von Cyrano de Bergeracs posthum veröffentlichter Satire, 1687. Bergerac wird normalerweise das Verdienst zugeschrieben, als Erster die Vorstellung von einer Rakete als Fahrzeug für die Raumfahrt eingeführt zu haben. Er hatte Physik studiert und wurde besonders durch Pierre Gassendi beeinflusst.

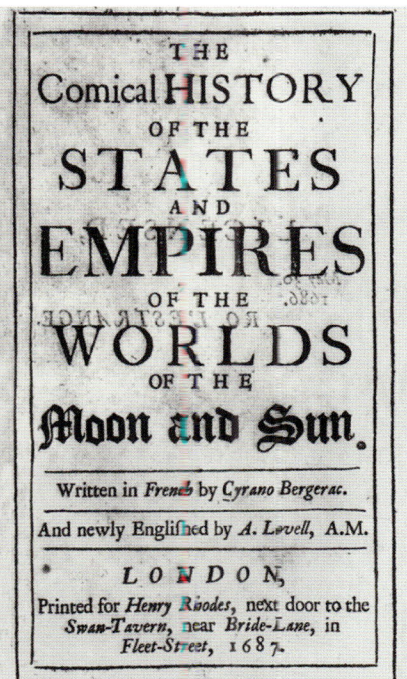

Philosophen der Aufklärung, darunter Immanuel Kant, Louis-Sébastien Mercier und Johann Gottfried Herder, standen der Idee nahe, dass die Seele nach dem Tod zu anderen Planeten reisen kann. In dieser Zeit tauchten auch die ersten ausdrücklich in der Zukunft spielenden Utopien auf: Zu den frühesten gehört Merciers äußerst beliebtes Werk *Memoirs of the Year Two Thousand Five Hundred* (1711). Der Text beschreibt ein Paris der Zukunft, in dem auf Luxus verzichtet wird und das Leben ernster ist, als es in der Vergangenheit war. Die verfassungsmäßige Monarchie herrscht vor und die Gerechtigkeit zwischen Klassen und Nationen stellt den Weltfrieden sicher. Merciers Vision von einem Fortschritt in eine großartige bessere Zukunft wurde weltweit aufgegriffen. Eine Flut von Imitationen in holländischer, deutscher und anderen Sprachen war die Folge.

Wie andere Utopien dieser Epoche waren die literarischen Reisen des 18. Jahrhunderts in den Weltraum eher Satiren als ernsthafte wissenschaftliche Spekulationen; ein Beispiel dafür ist Murtagh McDermots *A Trip to the Moon* (1728). Ein äußerst beliebter Text war Robert Paltocks *The Life and Adventures of Peter Wilkins* (1750), das die Robinsonade mit einem spekulativen Flug verband. Diese Mond- und Planetenromanzen fügten der utopischen Suche nach Harmonie und Gerechtigkeit in der Welt anfangs nicht viel Substantielles hinzu. Sie beschäftigten sich eher mit der Weltraumforschung – einem Thema, das früher nebensächlich und nur unterhaltend war, das aber schließlich eine zentrale Bedeutung für die Vorstellungskraft der Menschen haben sollte. Im 19. Jahrhundert wurden Verne, Wells und andere Autoren unglaublich beliebt, als sie die Anziehungskraft dieser Vision nutzten. Bis zum Ende des 20. Jahrhunderts waren die Menschen dann schließlich auf dem Mond gelandet, nur um festzustellen, dass das, was sie schon Jahrhunderte zuvor durch eine Linse beobachtet hatten, nicht Utopia war, sondern wieder einmal ein gebrochenes Abbild ihrer eigenen Hoffnungen und Wünsche. Aber es gab auch andere zu entdeckende Welten. Außer den Reisen zum Mond schließt die Vorgeschichte der Science Fiction auch imaginäre Erkundungen des Er-Innern ein, wie Ludwig Holbergs *Journey of Niels Klim to the World Underground* (1741).[1]

Die moderne Science-Fiction-Literatur entwickelte sich in der Mitte des 19. Jahrhunderts durch die Arbeiten des französischen Schriftstellers Jules Verne. Es begann mit der Kurzgeschichte *Eine Reise in einem Ballon*, auf die dann *Die Reise zum Mittelpunkt der Erde* (1863), *Von der Erde zum Mond* (1865) und *Zwanzigtausend Meilen unter dem Meer* (1870) folgten. Albert Robida, ein weiterer, sehr gewandter französischer Autor, lieferte ebenfalls eine ganze Reihe überzeugender Beschreibungen eines zukünftigen Lebens, besonders vom Krieg. In England war der einflussreichste Utopist seiner Generation H. G. Wells, der Autor einer Reihe von viel verkauften dystopischen Satiren.

OBEN: Titelseite von Robert Paltocks *The Life and Adventures of Peter Wilkins,* 1750. Der Roman zeigt die Begegnung eines Schiffbruch erleidenden Seemannes mit einem fliegenden Volk, von dem er eine Bewohnerin heiratet. Er bemüht sich, ihnen die Segnungen des Christentums und der modernen Technik nahezubringen.

Jules Verne (1828–1905)

Der französische Schriftsteller Jules Verne war der berühmteste Science-Fiction-Autor seiner Zeit und ein Pionier des Genres. Geboren am 18. Februar 1828 in Nantes, wurde er zunächst als Jurist ausgebildet, wurde dann jedoch Börsenmakler und produzierte eine Reihe von Theaterstücken, Opern und Varieté-Texten. Er entwickelte eine Leidenschaft für künftige Formen der Fortbewegung und war sehr optimistisch im Hinblick auf die Fähigkeit der Menschheit, die Technik zu nutzen, um die Natur zu beherrschen. Verne schrieb Dutzende Romane und Kurzgeschichten mit wissenschaftlichen Themen. Verne verkörpert die Besessenheit von der Maschine und den technischen Neuerungen, die vieles in seiner Zeit dominierte. Zu seinen bekanntesten Werken gehören *Die Reise zum Mittelpunkt der Erde* (1863), *Fünf Wochen im Ballon* (1863), *Von der Erde zum Mond* (1865), *Zwanzigtausend Meilen unter dem Meer* (1870) und *Reise um die Erde in achtzig Tagen* (1873).

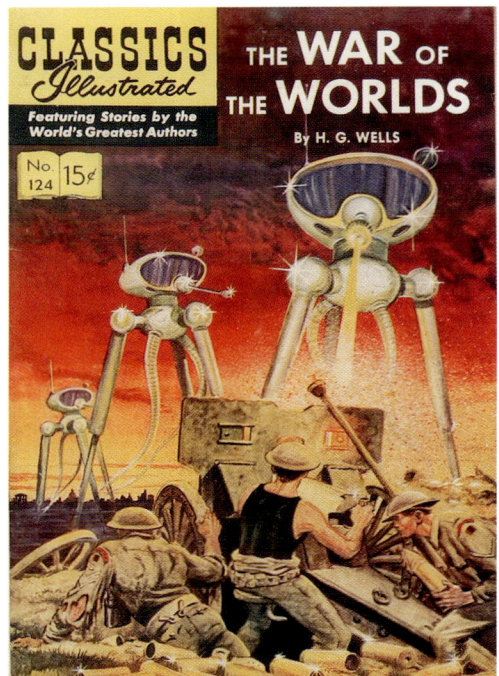

In *The First Men in the Moon* (1901) begann Wells, die Möglichkeiten evolutionärer Mechanismen zu erkunden, durch welche die unterschiedlichsten Arten außerhalb der Erde produziert werden konnten. *Die Zeitmaschine* (1895) erzählt die Entdeckung einer Welt achttausend Jahre vor der Gegenwart, wo die Bevölkerung aus den winzigen Elois, einer bedeutungslosen, unterworfenen Bevölkerung, unfähig zu einer fortschrittlichen Organisation, und den Morlocks, einer aggressiven, in Höhlen wohnenden Gruppe von Jägern besteht. *Der Krieg der Welten* (1898) war einer der ersten Romane, in denen Menschen ihren außerirdischen Gegnern unterlegen sind. Doch um die Jahrhundertwende machte Wells einen moralischen und intellektuellen Sinneswandel durch und begann seine Rolle als grundlegend utopisch zu verstehen. *Anticipations of the Reaction of Mechanical and Scientific Progress upon Human Life and Thought* (1901) war der erste seiner Versuche, eine positive utopische Vision zu formulieren. In *A Modern Utopia* (1905) wird ein umfassendes Modell des idealen Weltstaates beschrieben. Hier umriss Wells nicht nur eine entwickelte, „kinetische" Form Utopias (anstatt einer statischen), er lieferte auch eine entscheidende Klasse, den „freiwilligen Hochadel" oder die Samurai, zusammengeschlossen durch ein System der Gruppenehe, deren ausgeprägtes Gespür für öffentliche Aufgaben die zukünftige Gesellschaft prägen und bei der Förderung von „besseren" sowie der Restriktion von „minderwertigen" Menschen helfen sollte. Obwohl das meiste Eigentum im kollektiven Besitz ist, werden die Arbeiter nicht vom Staat versklavt. Die Mehrheit der Bevölkerung lebt in Städten. Wells machte auch Vorschläge zur Schaffung von neuen Gemeinschaften, die sich an den Ideen von Robert Owen (siehe Kasten, S. 133) orientierten. Ähnliche Pläne erscheinen in William Thomsons *A Prospectus of Socialism, or A Glimpse of the Coming Millenium* (1894), wo die Arbeiterklasse in Grandhotels umquartiert wird.

Die Entwicklung der Science Fiction im frühen 20. Jahrhundert lehnte sich oft sehr nah an tatsächliche Ereignisse an: Wo die Wissenschaft Fortschritte erzielte, folgte oft die Science Fiction. Die Entdeckung des Radiums und seine Anwendung als Röntgenstrahlen provozierte, neben anderen Dingen, die Erfindung einer fiktionalen Strahlenwaffe. Der Einsatz von Giftgas im Ersten Weltkrieg wurde in einer verbreiteten fiktionalen Anwendung widergespiegelt.

Der bemannte Flug begann mit den Experimenten der Brüder Wright in North Carolina im Jahr 1903. Die Vorstellung vom Luftkrieg wurde in Wer-

Titelseite einer Ausgabe von H. G. Wells' *Krieg der Welten* aus dem Jahr 1955 mit Bildern von Lou Cameron. Die Romanschilderung einer Marsinvasion nahe London löste eine Panik aus, als Orson Welles sie 1938 als Radiohörspiel inszenierte. In den USA wurde später eine Filmfassung produziert.

ken wie Wells' *The War in the Air* (1908) thematisiert. Aber es war die Erfindung der Raketentechnik in den 40er Jahren des 20. Jahrhunderts, welche die Möglichkeit des Raumfluges zur Realität machte, und bis zum Ende des Jahrzehnts war der UFO-Wahn weit verbreitet. Die Trennlinie zwischen Literatur und Realität verschwamm zunehmend, Millionen Menschen waren davon überzeugt, dass UFOs existieren. Viele glaubten, dass die Bestätigung ihrer Existenz, das größte Geheimnis der Moderne, zurückgehalten werde, um eine öffentliche Panik zu vermeiden. Andere bedeutsame Entwicklungen waren die Entdeckung der Atomkraft und die Erfindung von Atomwaffen, die für immer die Vorstellungen über die Wissenschaft und über die Abhängigkeit der Menschen von ihren wissenschaftlichen Forschungen veränderten. Man fragte sich, auf welche Weise die Wissenschaft die Zukunft gestalten werde und ob die Menschen nicht ihre Gefangenen werden könnten. In den späten 50er Jahren und angesichts eines möglichen atomaren Krieges tauchten postapokalyptische Visionen auf, wie beispielsweise *The Long Loud Silence* (1952) von Wilson Tucker. Innerhalb von zwanzig Jahren sollte auch das Gespenst der ökologischen Katastrophe eine fiktionale Form annehmen. Traditionelle Bilder der Apokalypse erschienen in Romanen über Kometen, die mit der Erde zusammenstießen, oder über galaktische Explosionen. Ein frühes Beispiel ist *When Worlds Collide* (1931) von Edwin Balmer und Philip Wylie.

Die Degeneration der Wissenschaft war in Mary Shelleys *Frankenstein; or, The Modern Prometheus* (1818) beleuchtet worden, das zwei bedeutsame Bilder lieferte, die in der Science-Fiction-Literatur des 20. Jahrhunderts eine Schlüsselrolle spielen sollten: der verrückt gewordene Wissenschaftler (Untertitel und Thema eines Gedichts von Percy Shelley) und das von ihm geschaffene Monster. Hier, wie in Utopia, zeigt sich vielleicht am überzeugendsten die Mehrdeutigkeit des Konzepts: Wissenschaft kann Gesundheit und Reichtum bringen, aber sie hat auch das Potential, dunkle, zerstörerische Kräfte loszulassen – so wie Utopia Sicherheit und Überfluss bringen kann, aber auf Kosten von Freiheit und Spontaneität. Ein beliebtes späteres Beispiel für diese Idee war Robert Louis Stevensons *Strange Case of Dr. Jekyll and Mr. Hyde* (1886). Dieses Konzept überlappend, gab es eine anhaltende Faszination für Untote und „teilweise Tote" oder die Werke über Vampire (wiedererweckt in Bram Stokers *Dracula,* 1897), Mumien und andere makabre Themen.

Und es teilt einige Charakterzüge mit Werken, die übermenschliche Wesen zeigen, wie Edward Bulwer-Lyttons *The*

Il Mondo del Futuro, ein Album für das Sammeln von Figuren, wurde von A. Martin etwa 1959 entworfen. Am Ende der 1950er Jahre war die Möglichkeit zur Raumfahrt mit dem Start des sowjetischen Satelliten Sputnik I (1957) zur Realität geworden, dem kurz darauf der Start eines amerikanischen Satelliten folgte. Der Begriff „Weltraumzeitalter" entstand, um diese dramatischen neuen Errungenschaften zu bezeichnen.

Mary Wollstonecraft Shelley (1797–1851)

Mary Shelley, die englische Autorin von *Frankenstein; or, The Modern Prometheus* (1818, überarbeitet 1831), war die Tochter des Philosophen William Godwin, die Begründerin (unter dem Namen Mary Wollstonecraft) des modernen Feminismus und die Frau des Dichters Percy Shelley. Sie wurde am 30. August 1797 in London geboren. Ihre Kindheit wurde von finanziellen Schwierigkeiten überschattet, nachdem ihre Mutter bei der Geburt gestorben war. 1814 brannte sie mit Percy Shelley auf den Kontinent durch und heiratete ihn Ende 1816. *Frankenstein* wurde in der Schweiz in der Gesellschaft von Lord Byron verfasst, der ihr ein Vorwort lieferte. Die Arbeit wird als Beginn des modernen Genres der Science Fiction betrachtet, vor allem aufgrund ihrer Verbindung des faustischen Mythos mit gotischen Themen sowie mit Anklängen an die mit den politischen Schriften ihres Vaters verbundenen Ideen der Französischen Revolution. Mary Shelley konzentrierte sich auf die Idee von einem Wissenschaftler, der die Sterblichkeit dadurch überwinden will, dass er selbst Leben erschafft. In dem Buch werden aber auch andere Themen Godwins behandelt, etwa die Unschuld der Menschheit, die „natürliche" Menschlichkeit und die Verdorbenheit der Gesellschaft. Zu ihren weiteren Veröffentlichungen gehören *Valperga* (1823) und *The Last Man* (1826).

Coming Race, or the New Utopia (1871), das oft als Science-Fiction-Roman bezeichnet wurde. Der Abstand solcher Arbeiten zu den Monstern der antiken und mittelalterlichen Überlieferung ist gar nicht so groß, wie wir glauben.

Aber auch wenn der Topos vom Monster alt war – neu war die Idee, dass Menschen fähig seien, Monster zu erschaffen. Das erste fiktionale Monster war das Ergebnis von Versuchen mit Menschen; vom frühen 20. Jahrhundert an, etwa in Arbeiten wie *Ralph 124C41+* (1925) von Hugo Gernsback, ersetzten mechanische Wesen oder Roboter zunehmend ihre fehlbaren menschlichen Vorgänger. Künstliche Intelligenz begann als durchführbares Konzept aufzutauchen, gerade als in der Folge des Ersten Weltkrieges die Grenzen menschlicher Intelligenz offenkundiger wurden als jemals zuvor. (Die Suche nach dem intelligenten Leben auf anderen Planeten lud auch zur Entgegnung ein, intelligentes Leben müsse zuerst auf der Erde entdeckt werden.) Monster lauerten auch in abgelegenen Winkeln der Erde, als das Motiv der „verlorenen Welt" – selbst ein Ableger der früheren Literatur der fantastischen Reise – die Fantasie der Menschen an der Schwelle zum 20. Jahrhundert ergriff. Werke wie H. Rider Haggards *King Solomon's Mines* (1885), Edgar Rice Burroughs *Tarzan*-Reihe und Sir Arthur Conan Doyles *The Lost World* (1912) verknüpften die Romanze der Entdeckung mit der Verlockung verlorener Reiche und der Anziehungskraft des Primitiven und Monströsen.

Der Darwinismus führte zu einer neuen Erforschung der Naturvölker und zu einer neuen Verachtung „unterlegener Rassen", die als dazu ver-

GEGENÜBER: Plakat für Robert Louis Stevensons *Dr. Jekyll and Mr. Hyde*, veröffentlicht 1886. Die Geschichte berichtet von der Entdeckung eines Medikaments durch Dr. Henry Jekyll, das seine niedere Natur (die Hyde-Persönlichkeit) freilässt. Die Erzählung behandelt die duale Natur des Menschen und verkörpert die Ängste über den „verrückt gewordenen Wissenschaftler".

Edward Bulwer-Lytton (1803–1873)

Der englische Politiker und Schriftsteller Edward Bulwer-Lytton ist der Autor von *The Coming Race, or the New Utopia* (1871), einer der bekanntesten britischen Utopien des spätviktorianischen Zeitalters. Als jüngster Sohn eines Generals in London geboren, absolvierte Bulwer-Lytton das Trinity College in Cambridge im Jahr 1826 und erzielte einen ersten Erfolg mit seinem Roman *Pelham* zwei Jahre später. Zu seinen weiteren Publikationen gehören *The Last Days of Pompeii* (1834), ein populäres Geschichtswerk, und *Rienzi* (1835). Im Lauf seines Lebens schrieb er etwa dreiundvierzig Werke, ohne die Theaterstücke.

Nachdem er eine Zeit lang Herausgeber des *New Monthly Magazine* und des *Monthly Chronicle* gewesen war, begann er seine politische Karriere als Liberaler und war Mitglied des Parlaments von 1831 bis 1839. Im Jahr 1852 kehrte er als Konservativer zurück in die Politik und diente von 1858 bis 1859 als Kolonialminister. 1866 schied er aus dem aktiven Dienst aus, nachdem er als Baron Lytton in den Adelsstand erhoben wurde. *The Coming Race* verspottet die bürgerlichen, besonders die amerikanischen Werte ebenso wie die darwinistische Evolutionstheorie und die Faszination über wissenschaftliche und technische Fähigkeiten.

dammt geschildert werden, im evolutionären Kampf umzukommen. Deshalb durfte man auch ihre Reichtümer vor ihrem unvermeidlichen Untergang plündern. Nichtmenschliche Kreaturen sind oft mit größeren Köpfen und daher einer größeren Intelligenz beschrieben worden, doch nicht unbedingt mit einer profunderen moralischen Perspektive als die Menschen. Je menschenähnlicher sie in ihrer Erscheinung sind, desto freundlicher erweisen sie sich im Allgemeinen. Aber viel häufiger werden sie als nicht aggressiv und nicht nach Vorherrschaft strebend gezeigt, in einer interessanten Umkehrung des imperialen Abenteurertums des Menschen in der Frühmoderne und der Neuzeit. Meistens werden sie jedoch überwältigt – oft durch Raumpioniere der Vereinigten Staaten; ein frühes Beispiel dafür ist Edisons *Conquest of Mars* (1909).

Die Eugenik lieferte reichhaltiges Material für Dutzende von utopischen oder dystopischen Werken im späten 19. und frühen 20. Jahrhundert. Es taucht ein neuer mechanischer menschlicher Hybrid auf, der Cyborg. In den 80er Jahren des 20. Jahrhunderts erschien der Cyberpunk, ein weiteres Untergenre (oder Hybrid) der Science Fiction. Das bekannteste frühe Beispiel dafür ist William Gibsons *Neuromancer* (1983), in dem die Themen der Beherrschung von Informationssystemen und die städtische Entfremdung miteinander verbunden werden. Eine millenaristische und zugleich rassistische Dystopie sollte sich am niederträchtigsten in Adolf Hitlers *Mein Kampf* (1925) zeigen, in dem die Ausrottung des Weltjudentums und die Eroberung der Sowjetunion angekündigt werden. Die von der Evolutionstheorie beeinflusste Perspektive bedeutete auch, dass die Science-Fiction-Autoren der frühen 30er Jahre des 20. Jahrhunderts begannen, extrem weit in die Zukunft zu schauen. Schriftsteller wie Stephen Baxter (*Manifold: Time,* 1999), Olaf Stapledon (*Last and First Men,* 1930) und Robert Heinlein (*Stranger in a Strange Land,* 1961) sollten berühmt dafür werden, dass sie die menschliche Evolution Millionen von Jahren in die Zukunft projizierten. Die vielleicht berühmteste populäre Science-Fiction-Reihe war die Trilogie *Foundation* von Isaac Asimov, deren Veröffentlichung in den frühen 40er Jahren begann und die sich auch dem Thema des langfristigen Untergangs der Zivilisation – und wie dieser verhindert werden kann – widmet.

Science Fiction beschäftigte sich auf vielfältige Weise mit Politik. Der Kriegsroman gewann vom späten 19. Jahrhundert an Beliebtheit, als Großbritanniens imperiale Vormachtstellung von Deutschland herausgefordert wurde.

Beginnend mit George Tomkyns Chesneys *The Battle of Dorking* (1871), sorgte die Veröffentlichung von Werken wie William Le Queux' *The Invasion of 1910* (1906) für große Ängste. In Rassenkriegen gab es oft eine Viel-

Ursula Le Guin (geboren 1929)

Die berühmtesten Werke der amerikanischen Science-Fiction- und Fantasy-Schriftstellerin Ursula Le Guin sind *The Left Hand of Darkness* (1969), *The Dispossessed: An Ambiguous Utopia* (1974) und *Always Coming Home* (1985). Die Tochter eines Anthropologen und einer Schriftstellerin wurde in Berkeley, Kalifornien, geboren und wuchs dort auf. Sie besuchte das Radcliffe College und die Columbia Universität. Mit dem Schreiben begann sie im Alter von elf Jahren; ihre ersten Science-Fiction-Romane, *Rocannon's World* und *Planet of Exile* veröffentlichte sie im Jahr 1966. Dies war der Anfang einer Reihe von Romanen, zu denen *The Left Hand*

of Darkness, The Dispossessed, The World for World is Forest (1976) und weitere Werke gehören. Ein pessimistischeres Beispiel für ihr dystopisches Schreiben ist *The Eye of the Heron* (1983). Zu ihrem Gesamtwerk zählen auch Kurzgeschichten und Gedichtsammlungen, Kindergeschichten und Sachbücher. Neben dem Feminismus und der Science Fiction behandeln ihre Arbeiten die nichtwestlichen Religionen, anthropologische, psychologische und soziologische Fragen wie auch Anarchie, Umweltprobleme und Probleme des Alterns.

zahl von Siegern: In Standish James O'Gradys *The Queen of the World, or Under the Tyranny* (1900) findet die große Auseinandersetzung im 21. Jahrhundert zwischen den Engländern und den Chinesen statt. Es wurden die unterschiedlichsten Diktaturen dargestellt. In Alexander Bogdanovs *Red Star* (1908) wird eine Art bolschewistische Gesellschaft auf dem Mars beschrieben. Die Science Fiction beschäftigte sich auch mit der Religion auf einer Vielzahl von Ebenen. In Louis Pope Gratacaps *The Certainty of a Future Life on Mars* (1903) leben Geister auf dem Roten Planeten und kommunizieren mit ihrem irdischen Nachwuchs via Okkultismus und Elektrizität. Der Mars ist auch die Kulisse für einen der bekanntesten Science-Fiction-Romane der Nachkriegszeit, Kim Stanley Robinsons Trilogie *Red Mars, Green Mars und Blue Mars* (1992–1996), in der die Aussicht auf eine tatsächliche Besiedlung des Planeten in extravaganten Details ausgemalt wird. Auch die Genderpolitik spielte seit den späten 60er Jahren eine bedeutende Rolle in der Science-Fiction-Literatur. Herausragend hierbei ist *The Left Hand of Darkness* (1969) von Ursula Le Guin, das die Rollen der Geschlechter mithilfe der Darstellung eines von Hermaphroditen bewohnten Planeten untersucht.

Kapitel 13

Varianten der Dystopie

Totalitarismus in Satire und Realität

Souvenirstatuen des Vorsitzenden der chinesischen Kommunisten, Mao Zedong, auf dem Antiquitätenmarkt in der Hollywood Road in Hongkong. Der „Herrscher" Mao wurde – wie Lenin vor ihm – einbalsamiert und auf dem Tiananmen-Platz in Peking ausgestellt. Er führte die bedeutendste kommunistische Revolution des 20. Jahrhunderts an und begründete einen lang anhaltenden Personenkult.

Das historische Aufkommen von faschistischen und kommunistischen Diktaturen im 20. Jahrhundert, oft als Totalitarismus bezeichnet, spiegelte sich in einer Konzentration auf dystopisches Denken in einigen literarischen Texten dieser Zeit wider. Die Idee, dass der Utopismus in sich die Saat des Totalitarismus enthält, gab es schon seit der Kritik von Aristoteles an Platons Staat (siehe S. 25). Nach Karl Popper können mehrere Aspekte der Theorien von Karl Marx bis auf Platon zurückgeführt werden.[1] Ihre Hoffnungen auf eine bessere Gesellschaft schlossen den Wunsch nach Vollkommenheit ein. Und beide glaubten, die Bevölkerung sollte dazu gezwungen werden, alle notwendigen Mittel anzuwenden, um diesem Ideal nachzufolgen. Die Schreckensherrschaft am Ende des 18. Jahrhunderts gab dieser Theorie einen definitiven modernen Schwerpunkt: Es ist eine Epoche, die als die endgültige Manifestation politischer Arroganz betrachtet worden ist.

Parodien auf politische und menschliche Zielsetzungen erschienen bereits in *Gullivers Reisen* (1726). Diese wurden mit dem Aufkommen von neuen Trends beim Schreiben von Science-Fiction-Literatur, die oft mit der Veröffentlichung von Mary Shelleys *Frankenstein* (1818) verbunden wurden, aufrechterhalten und umgedeutet. Warnungen vor dem unvermeidlichen Zusammenbruch aller Formen der groß angelegten, idealistischen „Sozialtechnik" waren seit der Französischen Revolution (1789) oft aus T. R. Malthus' *An Essay on Population* (1798) abgeleitet worden. Seine zentrale These lautet, dass eine Gesellschaft – ganz gleich, wie ideal sie auch immer sei – zwangsläufig zu Überbevölkerung führe, was in Armut, Hunger, Krankheit und Krieg ende. Von dieser Zeit an kamen viele Versionen der säkularisierten zukünftigen Apokalypse auf; Utopien, die in der Vergangenheit spielten, wurden dagegen seltener.

Doch Dystopien (negative oder Anti-Utopien) tauchten als ein nennenswertes Untergenre erst im späten 19. Jahrhundert auf. Sie waren im Allgemeinen eine Antwort auf die entstehende sozialistische Bewegung seit der Mitte der 1880er Jahre, aber sie übernahmen auch Themen des Sozialdarwinismus und besonders die Auswirkungen der Eugenik.

Vor der Oktoberrevolution 1917 wurden Revolutionen in solchen Werken häufig so dargestellt, dass sie scheitern, in einer Diktatur münden, in Blut getränkt sind und häufig zur Wiederherstellung des Kapitalismus führen – so etwa in Charles Fairchilds *The Socialist Revolution of 1888* (1884). H. G. Wells (siehe S. 192) experimentierte in seinen frühen Jahren als Romanautor mit einer Vielfalt von dystopischen Formen. In *Die Zeitmaschine* (1895) stellte er sowohl den Kommunismus als auch die Eugenik satirisch dar, in *Die Insel des Doktor Moreau* (1896) die Eugenik und in *Wenn der Schläfer erwacht* (1899) die oligarchische Versklavung. Auch Fantasien über Rassenkriege wie in *The Struggle for Empire: A Story of the Year 2236* (1900) von Robert William Cole waren in dieser Zeit recht häufig. Einige kapitalistische Dystopien erschienen vor dem Ersten Weltkrieg, besonders erwähnenswert ist hier Jack Londons *The Iron Heel* (1908), ein revolutionär-sozialistischer Roman, der eine (lose auf den amerikanischen Trusts oder industriellen Monopolen basierende) oligarchische Diktatur zeigt, die von der Wall Street geführt wird und die Arbeiter unterdrückt und ihrer Rechte beraubt. Feministische Dystopien schrieb unter anderem Charlotte Perkins Gilman, etwa *With Her in Ourland* (1916). Das Aufkommen des Faschismus brachte einige antifaschistische Dystopien hervor, insbesondere *Swastika Night* (1937) von Katherine Burdekin, die den Triumph der Brutalität über die christliche Barmherzigkeit zeigt.

Das neue Untergenre der kommunistischen Dystopie erscheint auf grundlegende Weise mit der Veröffentlichung von Jewgeni Samjatins

Charlotte Perkins Gilman (1860–1935)

Die amerikanische Wirtschaftswissenschaftlerin, Feministin, Lehrerin und Autorin Charlotte Perkins Gilman ist vor allem aufgrund ihres Buches *Women and Economics* (1898) und des Romans *Herland* (1915) bekannt, der häufig als das wichtigste feministische Utopia des frühen 20. Jahrhunderts angesehen wird. Als Kind einer armen Familie in Hartford, Connecticut, hatte Gilman eine unregelmäßige Ausbildung und heiratete einen Künstler. Herland, das zuerst in der Zeitschrift *The Forerunner* veröffentlicht wurde, die Gilman selbst produzierte und editierte, beschreibt die Entdeckung einer verlorenen Zivilisation in Afrika, wo Frauen die Führung in der Gesellschaft innehaben, Religion sich auf den Entwurf eines mütterlichen Pantheismus konzentriert, die Reproduktion durch Parthenogenese erfolgt und die Bevölkerung streng kontrolliert wird. Von 1904 bis 1928 setzte sich Gilman nachdrücklich für das Frauenwahlrecht ein, beschäftigte sich aber auch mit der Erneuerung der Städte, ländlicher Umsiedlung und dem Weltfrieden. Zu Gilmans zunächst unveröffentlichten Arbeiten gehören *A Woman's Utopia* (geschrieben 1907; gedruckt 1995). Eine Folgearbeit zu *Herland* mit dem Titel *With Her in Ourland* wurde im *Forerunner* 1916 veröffentlicht.

Wir (1924), der wichtigsten frühen Satire auf den Bolschewismus und einer eindrucksvollen Anklageschrift gegen die staatliche Zentralisierung und die Unterdrückung der Individualität. Nach einem langen Krieg, in dem große Teile der Bevölkerung umgekommen sind, überwachen ein „Wohltäter" und die im platonischen Stil gehaltenen „Wächter" eine streng reglementierte Gesellschaft, den „Einzigen Staat", in dem die Personen nummeriert sind, in Zellen in Glashäusern leben und einer ständigen Korrektur ihres Verhaltens unterworfen sind, um abweichlerische Gedanken zu unterdrücken. Das tägliche Leben wird strikt reguliert. Sexuelle Beziehungen werden durch ein Bewerbungs- und Rationierungssystem arrangiert. Im Gegensatz zu dieser freudlosen, erdrückenden Atmosphäre wird im Text ein Land beschrieben, das jenseits der Grenzen dieses Staates liegt, wo Naturvölker leben. Der Held, D-503, wird von der Uniformität des Systems desillusioniert und es gelingt ihm, sowohl diese Grenze zu überschreiten als auch verbotene sexuelle Beziehungen aufzunehmen. Er begeht eine geringfügige Tat politischer Rebellion und wird gefangen genommen und getötet. Große Teile der

Landkarte des British Empire, 1886. Das Empire umfasste auf dem Höhepunkt seiner Macht ein Viertel der Weltbevölkerung; Indien war das „Juwel" der Krone. Es war der bisher größte Versuch, vielen unterworfenen Völkern die Fremdherrschaft aufzuerlegen. Seine Motive, die Kosten und seine Hinterlassenschaft sind sehr umstritten.

OBEN: Umschlag von Aldous Huxleys *Schöne neue Welt,* 1932. Obwohl das Werk oft als eine Kritik an der Eugenik aufgefasst wird, verfolgte Huxley auch das Ziel, entmenschlichende Techniken der Überzeugungs- und Gedankenkontrolle satirisch darzustellen.

GEGENÜBER UNTEN: Plakat für die erste Filmversion von George Orwells *1984,* 1955. Die Bezeichnung „Big Brother" wurde geradezu sprichwörtlich für die totalitäre Epoche.

Struktur des Romans wurden in George Orwells *1984* (1949) verarbeitet. Ähnliche Themen wurden in Joseph O'Neills *Land Under England* (1935) behandelt, wo die Gedankenkontrolle ein zentrales Motiv ist.

Die wichtigste Satire zwischen den beiden Weltkriegen konzentrierte sich nicht auf den Totalitarismus als solchen, sondern auf die Verhaltensmanipulation innerhalb des Kapitalismus. Aldous Huxleys *Schöne neue Welt* (1932) beschreibt eine starr geschichtete Gesellschaft, in der die eugenische Selektion und die Konstruktion neuer sozialer Ordnungen eine privilegierte herrschende Klasse und ein gewaltiges Reservoir bereitwilliger Arbeiter sicherstellen. Die Elite der Alphas wird durch häufigen Geschlechtsverkehr und Drogenrituale mit dem berühmten Getränk *Soma,* das zeitweilig alle weltlichen Sorgen verbannt, abgelenkt. Dieser einer Gehirnwäsche unterzogenen Elite stellt Huxley die Figur des John mit unverdorbenem, ursprünglichem Charakter gegenüber. Aber seine Unschuld und seine Ablehnung der Traditionen der herrschenden Zivilisation sind letztlich nur von geringer Bedeutung – sein Selbstmord ist eine Bestätigung der Unmöglichkeit des Lebens in Huxleys neuer Welt. Die im Roman dargestellte geistlose Uniformität wird als eine wirkliche Gefahr gezeigt, die innerhalb des kapitalistischen Systems lauert, wo eine oberflächliche Ichbezogenheit zunehmend dominierend geworden ist. Huxley erkannte wie Orwell, dass der hedonistische Materialismus und die Gottlosigkeit für viele der großen Probleme der Moderne verantwortlich waren, aber er war nicht in der Lage, irgendwelche brauchbaren philosophischen Lösungen anzubieten, die über seinen kraftlosen Spiritualismus der späteren Romane (*Eiland,* 1962) hinausgingen.

Aldous Huxley (1894–1963)

Der englische Schriftsteller und Kritiker Aldous Huxley ist der Autor von *Schöne neue Welt* (1932), der bedeutendsten dystopischen Satire des 20. Jahrhunderts über das Thema Eugenik. Als Kind einer Familie von berühmten Wissenschaftlern und Philosophen (sein Großvater war Thomas Henry Huxley, „Darwins Bulldogge"), wurde er am 26. Juli 1894 in Godalming, Surrey, geboren und in Eton und Oxford ausgebildet. In den 20er Jahren wurde er ein erfolgreicher Romanautor und schrieb neben anderen Werken *Narrenreigen* (1923), *Kontrapunkt des Lebens* (1928) und *Geblendet in Gaza* (1936). Im Jahr 1937 zog er in die Vereinigten Staaten, wo er bis zu seinem Krebstod 1963 lebte. Er behandelte dystopische Themen sowohl in seinem Hauptwerk als auch in seinem folgenden Werk, *Wiedersehen mit der schönen neuen Welt* (1958) und zeigte in *Eiland* (1962) sein Interesse am Buddhismus, Mystizismus und an Experimenten mit bewusstseinserweiternden Drogen wie LSD. *Schöne neue Welt* wird oft als Satire auf die Verhaltensmanipulation durch die Massenmedien, besonders in den Vereinigten Staaten, betrachtet, wie auch als eine Warnung vor der Hybris von Wissenschaftlern und den Gefahren der Eugenik.

George Orwell (1903–1950)

Der englische Romanautor und Journalist George Orwell ist der Autor von *1984*, des berühmtesten dystopischen Romans der Moderne. Er wurde als Eric Blair am 25. Juni 1903 als Kind eines Beamten geboren und absolvierte seine Ausbildung in Eton (mit einem Stipendium). Anschließend diente er von 1922 bis 1927 in Burma bei der „Imperial Police". Durch diese Erfahrung radikalisiert, begann er nach seiner Rückkehr nach England Romane und Reportagen zu schreiben, darunter *Erledigt in Paris und London* (1933), *Tage in Burma* (1934), *Eine Pfarrerstochter* (1935) und *Die Wonnen der Aspidistra* (1936). Eine Andeutung über seinen neuen sozialistischen Glauben findet sich in *Der Weg nach Wigan Pier* (1937). Orwell schloss sich von 1936 bis 1937 dem republikanischen Widerstand gegen Franco in Spanien an, eine

Erfahrung, über die er in *Mein Katalonien* (1938) erzählten sollte. *Auftauchen um Luft zu holen* (1939) begründete seinen Ruf als Kritiker des Kapitalismus, aber in seiner Abhandlung über den Krieg *The Lion and the Unicorn* (1941) bestand Orwell darauf, dass die Tugenden der britischen Toleranz und des Individualismus mit dem Sozialismus verbunden werden müssen, wenn dieser Erfolg haben soll. Orwells journalistische Arbeiten während und nach dem Krieg wie auch seine zwei großen politischen Satiren, *Farm der Tiere* (1945) und *1984* (1949), weisen auf eine Desillusionierung durch den Kommunismus hin und insbesondere auf eine Abscheu für den Personenkult, vor dem, so glaubte er, die sozialistischen Intellektuellen überall infiziert seien. Orwell starb 1950 an Tuberkulose.

Ähnliche Themen wurden in Ayn Rands *Anthem* (1938) aufgegriffen, wo der entmenschlichte Protagonist Equality 7-2521, das Produkt eines staatlichen Eugenikprogramms ist. Er behält seinen Sinn für Individualität durch seine Rebellion gegen das System – symbolisiert durch sein Tagebuchschreiben und die Wiederentdeckung der klassischen Literatur. Rand wurde eine Wortführerin des rechtsorientierten Liberalismus in den Vereinigten Staaten.

Im Kontrast dazu stand die bekannteste aller modernen Dystopien, George Orwells *1984* (1949). Sie entsprang dem Engagement des Autors als Sozialist während des Spanischen Bürgerkriegs und seiner anschließenden Desillusionierung aufgrund der Haltung der Sowjetunion zur republikanischen Frage. Die von Orwell beschriebene Welt ist trist, grau und deprimierend. Sie ist durch die Allgegenwart des Führers, Big Brother (eine messianische Figur, die Hitler oder Stalin ähnelt), und durch die ständige rituelle Unterwerfung und die sklavische Hingabe an den Staat gekennzeichnet.

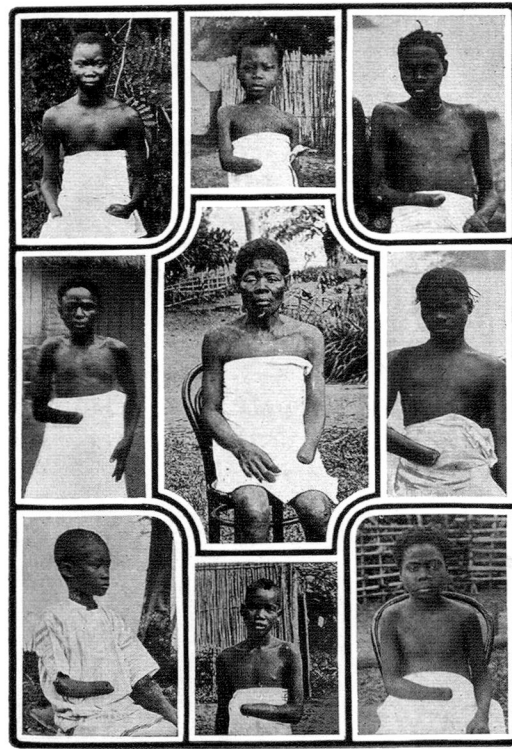

König Leopolds Gummisklaven. Der belgische König „besaß" den Kongo als persönliches Lehen und seine Beamten verhängten grausame Strafen gegenüber allen, die nicht in der Lage waren, die ihnen auferlegte Quote an Gummi zu liefern. Es wird geschätzt, dass etwa zehn Millionen Einheimische während der belgischen Herrschaft umkamen.

Telebildschirme sorgen für eine konstante Überwachung und die allgegenwärtige Gedankenpolizei stellt sicher, dass jedes abweichende Verhalten entdeckt wird. Kinder verraten ihre Eltern, Parteimitglieder prangern einander an, und eine Atmosphäre des gegenseitigen Misstrauens durchdringt die herrschenden Schichten. Das System ist dazu entworfen, die Ziele der „Inneren Partei" zu erfüllen, die nach der Macht strebt und diese als Selbstzweck betrachtet. Die Manipulation der Vergangenheit und die Ablehnung der objektiven Wahrheit dienen dazu, die gebildete Minderheit zu verwirren. Die „Proleten" beziehungsweise berufstätigen Menschen werden jedoch weitgehend sich selbst überlassen, sie verbringen ihre Zeit mit harter Arbeit, Glücksspielen und billigen Vergnügungen. Die Individualität in Form eines selbstbestimmten Lebens wird rücksichtslos unterdrückt, und die erfolglose Rebellion von Orwells Antihelden Winston Smith wird schnell aufgedeckt. Folter und anschließende Rehabilitation folgen einem unvermeidlichen Kurs, und am Ende des Romans liebt auch Smith selbst den Big Brother. Orwell war besorgt, dass die großen Gefahren, denen die Moderne ausgesetzt war, sich sowohl aus dem Kapitalismus als auch aus dem Kommunismus entwickeln könnten. *1984* stellt ohne jeden Zweifel Aspekte von Hitlers Faschismus und Stalins Kommunismus satirisch dar, aber es war keine antisozialistische Abhandlung: Seine Warnung konzentriert sich mehr auf die Auswirkungen der Machtverehrung auf Intellektuelle innerhalb der sozialistischen Bewegung und die Auswirkungen des Strebens nach einem ungezügelten Hedonismus auf die Massen. Orwell hatte, wie Huxley, eine Vorahnung, dass sich die moderne Gesellschaft buchstäblich zu Tode amüsieren könnte.

Unter den späteren Utopien des 20. Jahrhunderts, die ein dystopisches Element enthalten, findet sich *Walden Two* (1948) von B. F. Skinner, das sich mit dem Thema der Verhaltenssteuerung und der wissenschaftlichen Regulierung, gar Ausrottung von Spontaneität und Individualität beschäftigt. Der Roman konzentriert sich auf staatlich geförderte Kinderkrippen, in denen die Kinder dazu erzogen werden, Liebe und soziale Tugenden anzunehmen und ein antisoziales Verhalten zu vermeiden. Weitaus dystopischer sind Doris Lessings *Memoiren einer Überlebenden* (1974), deren feministischer Appell aufgrund der verzweifelten Darstellung einer gewalttätigen, von Banden beherrschten Stadt ausgewogen ausfällt, und Marge Piercys *Woman on the*

Edge of Time (1976), in dem feministischer Widerstand in einer psychiatrischen Institution beschrieben und einer idealisierten Kommune des 22. Jahrhunderts gegenübergestellt wird. Ursula Le Guins *The Dispossessed: An Ambiguous Utopia* (1974) nimmt eine Grauzone zwischen Dystopie und Utopie ein (siehe Kasten, S. 173).

Die schlecht dokumentierte Vorgeschichte des wirklichen Totalitarismus begann während der zweiten Hälfte des 19. Jahrhunderts unter den despotischen Kolonialregimen der großen europäischen Imperialmächte. In den letzten Jahren des Jahrhunderts wurden in Kuba und Südafrika Konzentrationslager eingerichtet, in denen eine große Anzahl der Zivilbevölkerung eingepfercht wurde. Hinrichtungen in großem Stil und das Abschneiden der Hände waren übliche Strafen und integraler Bestandteil der Operationen in König Leopolds kongolesischem Sklavenstaat. Prügel, Gefangenschaft und die Verweigerung der grundlegenden bürgerlichen Rechte waren überall in der Kolonialwelt verbreitet. Rassismus war ein wichtiges Werkzeug, um überall den eroberten Völkern ein Gefühl der Minderwertigkeit zu geben. Die idealen „Superstaaten" der großen europäischen Imperien – Großbritannien, Frankreich, Deutschland, Italien, Spanien und Portugal – erlegten auf diese Art und Weise Hunderten von Millionen Farbigen eine gewaltige dystopische Erfahrung auf.

Im 20. Jahrhundert wurde in den meisten Ländern, in denen eine marxistisch inspirierte Revolution stattgefunden hatte, eine Diktatur eingeführt: Legalität wurde entweder bedeutungslos oder dem Willen der Partei untergeordnet. Von 1917 an wurden zahlreiche Bemühungen unternommen, um ein neues Bild vom sozialistischen Mann und der sozialistischen Frau zu

Sowjetisches Plakat *Proletkult* (proletarische Kultur), von Ivan Vasilievich Simakov gestaltet und dem fünften Jahrestag der Oktoberrevolution und dem Vierten Kongress der Kommunistischen Internationale gewidmet, 1922. Nach der bolschewistischen Revolution galt die Arbeiterklasse als Verkörperung des kommunistischen Ideals.

UNTEN: Mitglieder von Fidel Castros Miliz in der Bergregion Escambry auf Kuba, Januar 1961. Präsident Kennedys gescheiterter Versuch, in diesem Jahr etwa 1300 Exilkubaner nach Kuba zu entsenden, um dort einen Aufstand gegen Castro zu provozieren, bildete den Grundstein für die antikommunistischen Bemühungen der Vereinigten Staaten in diesem Jahrzehnt in Vietnam.

GEGENÜBER OBEN: Plakat für eine Sportveranstaltung in Fuhlsbüttel, Deutschland, am 10. August 1930. Das nationalsozialistische Regime kultivierte ab 1933 ein Ideal arischer Rassenreinheit als Teil seiner Kampagne, andere Rassen zu unterdrücken. Geistig Behinderte wurden für die ersten Euthanasieversuche herangezogen, welche die Basis für die spätere „Endlösung" bildeten.

GEGENÜBER UNTEN: Propagandaplakat der NSDAP, 1932, mit der Parole „Unsere letzte Hoffnung: Hitler". Der Zusammenbruch der Wall Street und die damit verbundene Weltwirtschaftskrise zeitigten Massenarbeitslosigkeit in Deutschland und ebneten den Weg Adolf Hitlers zur Machtübernahme im Jahr 1933.

schaffen, die selbstlos die für die neue Gesellschaft benötigten Waren produzieren und kultivieren sollten.

Der „Proletkult" – proletarische Kultur ohne bürgerliche Einflüsse – inspirierte eine Kunstform, welche die sowjetische Propaganda von den frühen 20er Jahren an dominierte. Sie lieferte eine konstante Folge von Bildern mit heldenhaften Traktorfahrern, Ingenieuren, Bauern und Soldaten. Dies war der größte Versuch, der jemals unternommen wurde, die menschliche Natur umzugestalten und das Individuum der Gemeinschaft unterzuordnen. In jedem kommunistischen Staat, der durch eine antiimperialistische Revolution geschaffen worden war, entstanden Kulte, die sich auf heldenhafte Ereignisse und heldenhafte Personen konzentrierten: Auf Kuba zum Beispiel wurde Che Guevara vielleicht das weltweit bekannteste Symbol des revolutionären Ethos, während die gescheiterte Landung der Vereinigten Staaten in der Schweinebucht (Playa Giron) viele Bilder des Kampfes des kubanischen David gegen den amerikanischen Goliath lieferten. In Vietnam war ein besonders mächtiges Symbol das Bild eines jungen Mädchens, das einen Teil des Leitwerks von einem abgeschossenen amerikanischen Flugzeug hinter sich herzog.

Es gab natürlich wichtige Unterschiede zwischen faschistischen und kommunistischen Idealen der Nation. Der Nationalsozialismus vertrat ein Konzept der Rassenüberlegenheit, in welcher der blonde Arier das Nietzsche-Ideal des Übermenschen symbolisierte.

Eugenische Experimente sollten eine „Rassenmischung"
aufhalten und den Nachwuchs von Menschen mit schweren, erblich bedingten Gebrechen verhindern. Die Juden
wurden das besondere Ziel des propagandistischen Hasses;
später sollten Zigeuner, Homosexuelle und andere ein ähnliches Schicksal teilen. Der Nationalsozialismus feierte auch
die deutsche Nation als solche; der sowjetische Kommunismus unterstützte im Prinzip ein internationalistisches Ideal,
so dass dem Export des Sozialismus, besonders in der Form
des Antiimperialismus, nach China, Korea, Vietnam, Kuba
und an andere Orte große Bedeutung zukam. Auch wenn
Mitte des 20. Jahrhunderts die Vereinigten Staaten von
Amerika das vorrangige Ziel dieser antiimperialistischen
Propaganda waren, wurden Frankreich und Großbritannien
ebenso angegriffen.

Eines der wirksamsten Werkzeuge der faschistischen und
kommunistischen Regime war die Massenversammlung,
die als Feier und Machtdemonstration diente. Die erste be-
achtenswerte Versammlung dieser Art wurde von den Nazis
in Nürnberg durchgeführt; die Sojetunion institutionali-
sierte solche Versammlungen am 1. Mai und zur Feier der
„Großen Oktoberrevolution". Ein Kult von Gesundheit,
Athletentum, Männlichkeit und Mannestum durchdrang
die Nazipropaganda. Auch die Mutterschaft wurde gefeiert,
da die Förderung von großen Familien ein Ziel des Regimes
war; der Fokus auf die Kindheit war von Bedeutung, weil
revolutionären Regimen die Jugend als unverdorben vor
der Dekadenz früherer Gesellschaften galt. Die Harmonie
mit der Natur war ebenfalls ein wichtiges Thema in Teilen
der nationalsozialistischen Propaganda. Im faschistischen
Italien versuchte Mussolini den Geist des Römischen Reiches wieder zu erwecken, als er sich aufmachte, Italiens
afrikanische Kolonien auszudehnen. Der imperialistische
Militarismus Japans förderte einen Kaiser- und Selbstauf-
opferungskult, der sich besonders im Einsatz der Kamikaze-
flieger in den letzten Monaten des Zweiten Weltkriegs
zeigte.

In anderen Regimen, besonders in China, wurde die
Vergangenheit einfach für ein Symbol des Ancien Régime
gehalten, das rücksichtslos ausgerottet werden musste, um
eine neue, „rote" Identität zu schaffen. Während der Kul-

Kulturrevolution in China, ca. 1966. Diese seltene Fotografie zeigt die ritualisierte öffentliche Demütigung eines reichen Bauern oder Landbesitzers, wie sie in diesen Zeiten tausendfach stattfand.

turrevolution wurden die Kaiser der Ming-Dynastie ausgegraben und ohne viel Federlesen in Flüsse geworfen, während zur gleichen Zeit unzählige Tempel, alte Bücher und andere Spuren der Vergangenheit zerstört wurden. In verschiedenen Ländern, etwa im nationalsozialistischen Deutschland und in der Sowjetunion, tauchten neue Architekturstile auf, um die alten zu ersetzen, mit der Betonung einer standbildhaften, sich aufdrängenden und einschüchternden Formensprache.

Viele Bilder des modernen Totalitarismus und der modernen Dystopie werden von den allgegenwärtigen Figuren seiner großen Diktatoren von Lenin und Stalin, Adolf Hitler und Mao Zedong bis hin zu Kim Il-Sung und Fidel Castro am Ende dieser Epoche dominiert. Die meisten kommunistischen Gesellschaften produzierten unzählige Portraits und Statuen von ihren Führern; „kleinere Leuchten" erschienen oft auf Plakaten, Bechern, Uhren und anderen Gegenständen des Alltags. Diese modernen Heiligen und Propheten zeigen die zentrale Rolle der charismatischen Führung in der Geschichte des Utopismus und die unzulängliche Bewertung dieser Rolle, die sowohl mit den Helden der alten Überlieferungen wie auch mit jenen der modernen Comics und Science-Fiction-Hefte und in vielerlei Hinsicht auch mit der theoretischen Literatur verbunden werden kann. In vielen totalitären Gesellschaften des 20. Jahrhunderts schmückten Großportraits der wichtigsten revolutionären Ereignisse die öffentlichen Plätze mit dem Ziel (und auch der Wirkung), das tägliche Leben bis zu einem Maximum zu politisieren. Das 1933 entworfene Modell des Palastes des Obersten Sowjet in Moskau sollte auch eine riesige Statue von Lenin enthalten, ein Bild, das kurioserweise an ein Werbeplakat für den Film *King Kong* erinnerte, der zwei Monate zuvor in den Kinos angelaufen war. Nach ihrem Tod wurden viele

führende Politiker, besonders Lenin, Ho Chi Minh und Mao, einbalsamiert, um ihre Bedeutung für alle Zeiten festzuschreiben. Die kommunistischen Gesellschaften wurden und blieben hoch militarisiert und zunehmend paranoid. Die Denunziation Andersdenkender charakterisierte viele kommunistische Regime des 20. Jahrhunderts. Xenophobie und Paranoia wurden allgegenwärtig. Der letzte Überrest dieser extremen Militarisierung, der bis ins 21. Jahrhundert überlebt hat, ist das Regime in Nordkorea.

Es hat sich herausgestellt, wie wir heute wissen, dass das Leben die Kunst hinsicht-

LINKS: Der Entwurf für den Palast des Obersten Sowjet sollte das höchste Gebäude der Welt werden, gekrönt von einer riesenhaften Statue Lenins. Der Bau wurde 1937 an der Stelle einer zerstörten Kathedrale nahe dem Kreml begonnen, wegen des deutschen Einmarsches in Russland 1941 aber nie vollendet.

UNTEN: Der Wachturm und die Baracken im Vorkuta-Gulag, 120 km nördlich des Polarkreises, das in den 30er oder 40er Jahren von Zwangsarbeitern erbaut wurde. Das System, „Volksfeinde" und oft auch ihre Familien und Freunde in Arbeits- und Gefangenenlagern einzukerkern, entwickelte sich aus den Säuberungsaktionen nach der bolschewistischen Revolution und spielte eine wichtige Rolle in der sowjetischen Wirtschaft.

lich der totalitären Erfahrung übertrifft. Die Präsentation der grausamen Unterdrückung in Werken wie Orwells *1984* verblasst, wenn man sie mit der zügellosen Brutalität des Alltagslebens in solchen Regimen vergleicht.

In Orwells Text zum Beispiel sind die Proleten oder die Masse der berufstätigen Menschen weitgehend unbeeindruckt von der Grausamkeit, welche die Partei ausübt, um ihre Mitglieder zu kontrollieren. Aber die Bauern stell-

ten die Mehrheit der Insassen von Stalins Gulags. Und in Maos China wurden Tausende mit einer kaum vorstellbaren Brutalität geprügelt, niedergestochen und öffentlich zu Tode getreten. Unter den kommunistischen Regimen wurden Millionen gewöhnlicher Arbeiter getötet, versklavt oder sie starben vor Hunger: Der Prozess der Dämonisierung, Denunziation und Entmenschlichung erstreckte sich auf die gesamte Bevölkerung. Das Ausmaß dieses massenhaften Todes ist jedoch ebenso der erzwungenen, aber in hohem Maß ineffizienten Industrialisierung, die große Hungersnöte in der Sowjetunion, in China, in Vietnam, in Kambodscha und anderswo auslöste, wie auch der antihumanistischen Ideologie der herrschenden Regime zuzuschreiben.

Den Höhepunkt des Blutvergießens durch ein kommunistisches Regime bildeten wohl die nach der kambodschanischen Revolution des Jahres 1975 von den Roten Khmer eingeführten „Killing Fields", wo etwa zwei Millionen Menschen von einer Gesamtbevölkerung von etwa sechs Millionen ermordet wurden oder verhungerten. „Umerziehung" war das angebliche Ziel der Einkerkerung, aber in Wirklichkeit erwartete Millionen eine groß angelegte Sklavenarbeit. Hier konnte die Kenntnis von Fremdsprachen den sicheren Tod bedeuten und die einzig „wirklichen" Khmer waren die am wenigsten gebildeten Bauern. Es war Grausamkeit mit dem Wunsch nach Vergeltung, und das Ergebnis war kein Garten Eden. Der „Andere" – ob Jude, Ausländer oder Ketzer – hatte oft eine schwierige Zeit in Utopia.

Es wurde erwartet, dass ein kommunistischer Mensch, wie der Endzeitmensch, ein echter Kerl sei, der seine Hände in Blut wusch, wenn kein

Schädel von Opfern der Roten Khmer in dem Killing-Fields-Denkmal bei Choeung Ek, außerhalb von Pnomh Penh, Kambodscha. Neben anderen Opfern wurden Gefangene aus dem berüchtigten Gefängnis Tuol Sleng nach der Folter hierher gebracht, um hingerichtet und in Massengräbern verscharrt zu werden.

anderes Reinigungsmittel verfügbar war. Hier kann man vielleicht wirklich sagen, dass die Menschen zu Monstern geworden sind. Wir treffen in letzter Konsequenz auf Satan und – wie Ludwig Feuerbach vermutete, der Gott als eine Projektion der menschlichen Wünsche beschrieb – er ist wie wir.

Mit dem Zusammenbruch des Nazi- und des Sowjetsystems blieb das vorherrschende Bild dieser Regime eines, das von Unterdrückung, Versklavung und Massentod geprägt war. Durch die Entdeckung der nationalsozialistischen Konzentrationslager, insbesondere Auschwitz-Birkenau, und dem Bericht, der von Alexander Solschenizyn und anderen über das sowjetische Gulagsystem abgegeben wurde, ist eindeutig klar geworden, dass der moderne Totalitarismus seiner Natur nach ein System der Massenvernichtung und der Massensklaverei war. Die „Halle mit Haaren" im Museum von Auschwitz, in dem sich ein Berg von zehn Meter Länge und mehreren Meter Höhe aus fast völlig grauem, abrasiertem menschlichen Haar findet, der zum Gebrauch in Uniformen, als Kofferbezüge usw. bestimmt war, ist vielleicht das schaurigste Symbol der Verbindung des Banalen und Utilitaristischen mit dem Massenmord. Der Zusammenbruch der Sowjetunion in den frühen 90er Jahren ließ nur wenige solcher Regime weiterexistieren. Aber die Dystopie sollte nicht nur zu traditionelleren Themen wie der Drohung eines Atomkrieges und der Umweltzerstörung zurückkehren, sondern sich in den Weltraum und in die Zukunft hineinbewegen, da die fantasievollen Grenzen der Science-Fiction sich immer weiter ausdehnten.

Die „Halle mit Haaren" in Auschwitz-Birkenau, Polen. Den Opfern, die in das berüchtigtste Todeslager des Nationalsozialismus deportiert wurden, wurde all ihr Besitz von der Lagerverwaltung abgenommen und sie wurden rasiert, bevor sie in die Gaskammern geschickt wurden.

Kapitel 14

Utopia, Science Fiction und Film

Die letzte Grenze

Das Genre Science Fiction und die Produktion von Filmen blühten an der Schwelle des 20. Jahrhunderts auf. Beiden gemeinsam ist die Faszination für die Technik. Einer der frühesten Filme, *A la conquête de l'air* (*Die Eroberung der Luft,* 1901) des Regisseurs Ferdinand Zecca, verwendete als Erster die Technik der Leinwand-Aufteilung, um Paris mit dem Bild einer Flugmaschine zu überlagern. Vom Ende der 1980er Jahre an machten computererzeugte Graphiken das Großbildkino beeindruckender als jemals zuvor. Utopien haben, laut Definition, nur wenig Handlung und eine minimale Entwicklung des Dramas. Viele der bekanntesten literarischen Utopien sind nie verfilmt worden. Eine der wenigen Ausnahmen ist *Lost Horizon* (*In den Fesseln von Shangri-La,* 1937) von Regisseur Frank Capra, ein Film, der in dem mystischen Tal Shangri-La im Himalaja spielt. Der Film zeigt eine mystische Gemeinschaft, in der asketische Übung, Selbstverzicht und die religiösen Geheimnisse des tibetanischen Buddhismus für Langlebigkeit und Tugend sorgen. Weitere Filmversionen wurden 1972 und 1979 gedreht, aber das Original gilt als die erfolgreichste Version. Weitaus üblicher war die filmische Umsetzung von Dystopien, die oft voller Action und Abenteuer sind und deshalb die Filmemacher seit Jahrzehnten angezogen haben.

Die Adaption von Science Fiction für die Kinos begann mit Filmen wie *Le Voyage dans la Lune* (*Eine Reise zum Mond*) des Regisseurs Georges Méliès im Jahre 1902, einer Bearbeitung von Jules Vernes *Von der Erde zum Mond.* Schon hier werden in großem Umfang Spezialeffekte verwendet. Méliès realisierte auch den Film *Deux cent milles lieues sous les mers* (*Zwanzigtausend Meilen unter dem Meer,* 1907); 1916 wurde eine Version davon in Hollywood gedreht. Der erste Tarzan-Film erschien im Jahr darauf. Danach sollte eine Vielzahl von Untergenres für viele der beliebtesten Filme aller Zeiten sorgen, die ein breites Spektrum von Science-Fiction-Themen abdeckten und ausschmückten. Die Faszination des Monströsen ist eine der beständigsten Faszinationen.

Die Kulisse von Steven Spielbergs *Unheimliche Begegnung der Dritten Art,* 1977. Der Film spielte sowohl mit der verbreiteten Faszination über die Existenz außerirdischer Wesen und der Bedrohung durch sie als auch mit einer vermuteten Verschwörung der Regierung, tatsächliche Kontakte mit Wesen aus einer anderen Welt zu leugnen.

OBEN LINKS: Ferdinand Zeccas *A la conquête de l'air,* 1901. Die Flugmaschine mit dem Namen Fend L'air wird in einem der ersten Filme über die Luftfahrt gezeigt.

OBEN RECHTS: Filmplakat des Films *King Kong,* 1933, von Merian C. Cooper und Ernest B. Schoedsack. Das Genre der „verlorenen Welt" wird hier durch die Entdeckung eines riesigen Gorillas durch einige Wissenschaftler repräsentiert.

GEGENÜBER OBEN: Filmplakat für den Flash-Gordon-Mehrteiler, 1938. In der Zeit der Depression schufen Comic-Helden einen Kontrast zwischen Niederträchtigkeit und superheldenhafter Tugend.

GEGENÜBER UNTEN: Filmplakat von Harry Horners *Red Planet Mars,* 1952. Der Film zeigt den Mars als Utopia und suggeriert, dass die Menschheit durch die Religion (das heißt durch das Bekämpfen kommunistischer Werte) gerettet werden kann.

Das Frankenstein-Genre wurde 1910 mit einem sechzehnminütigen, gleichnamigen Film von J. Searle Dawley begründet. Dutzende ähnlicher Filme folgten in den nächsten Jahrzehnten: 1931 eine Version, die oft als die beste betrachtet wurde und in der Boris Karloff das Monster spielte. Zu den Variationen dieses Themas gehören die viel gelobten *The Bride of Frankenstein* (1935) und *Frankenstein Meets the Wolf Man* (1943). In *Dr. Cyclops* (1940) verkleinert ein böses Genie aus Spaß seine Gefangenen. In *Die Fliege* (1958; Remake 1986) gelingt es einem Wissenschaftler, den Kopf einer Fliege durch seinen eigenen zu ersetzen. In *The Island of Terror* (1966) saugen mutierende Viren die Knochen ihrer Opfer aus.

Das Motiv der verloren gegangenen Insel wurde durch eine Reihe früher Filme definiert, darunter *Die Herrin von Atlantis* (1932), ein deutscher Film, der den mystischen Ort unter dem Sand der Sahara ausfindig macht. Zu den späteren Inkarnationen dieser Idee gehören *The Lost World* (1925; Remake 1960), bei dem in Marion Fairfax' Produktion des gleichnamigen Romans von Arthur Conan Doyle Dinosaurier erscheinen. *The Land That Time Forgot* (1975) behandelt ähnliche Themen, wie dies auch verschiedene Filme mit exotischen Monstern tun, beispielsweise *King Kong* (zuerst 1933 verfilmt).

Das Genre Science Fiction entwickelte sich als Ganzes wesentlich durch die Verwendung von Spezialeffekten, besonders mit der Einführung von computererzeugten Bildern (GGI) am Ende des 20. Jahrhunderts. Steven

Spielbergs *Jurassic Park* (1993) und seine weiteren Folgen, wie auch die Indiana-Jones-Reihe, sind Beweise für die anhaltende Beliebtheit dieses Genres.

Das Science-Fiction-Äquivalent zu den Gesetzgebern und kommunitaristischen, charismatischen Gründern des Utopismus ist der Superheld. Verbunden mit alten Mythen, in denen der von Göttern und Menschen gezeugte Nachwuchs göttliche Fähigkeiten besitzt, entwickelte sich das Superheldengenre, am häufigsten mit Batman und Superman in Verbindung gebracht, aus den amerikanischen Comics der 30er Jahre. Der erste Film dieses Typs war *Flash Gordon* (1936), dem kurz danach *Flash Gordon's Trip to Mars* (1938) und *Buck Rogers* (1939) folgten. *Superman* erschien 1948 und *Batman* im Jahr 1966; beiden wurden später neu verfilmt. Der simple Kontrast von Gut und Böse in diesen Filmen lindert ein anwachsendes Gefühl von Verslumung, Kriminalität und Zerfall in der Struktur der Nachkriegsgesellschaft.

Nichtmenschliche Helden und Verbrecher bekamen ebenfalls eine Rolle. Das Robotergenre wurde zuerst in Fritz Langs *Metropolis* (1927) eingeführt. Dieser Film wird oft als Beispiel für ein fantasievolles, futuristisches Kino angeführt. Hier spielt ein (Holz-)Roboter die Hauptrolle und der Plot greift auf die Theorien über den Klassenkampf von Karl Marx zurück. Das Roboterthema wurde mit erfolgreichen Produktionen wie *Westworld* (1973), *Futureworld* (1976), *Robocop* (1987) und *I, Robot* (2004) fortgesetzt.

Das vielleicht berühmteste aller Science-Fiction-Themen, das für den Film adaptiert wurde, ist die Invasion durch fliegende Untertassen beziehungsweise Außerirdische. Es entwickelte sich, parallel zur Entwicklung der Rakete, in den frühen 50er Jahren und entsprang einer Fantasie, die Jung und Alt gleichermaßen gepackt hatte und manchmal zu echter Panik vor einer Invasion und zu dem Verdacht der Vertuschung durch die Regierung führte. In der paranoiden Ära des Kalten Krieges kombinieren Filme wie *Red Planet Mars* (1952) das Genre der Furcht vor Außerirdischen mit dem der Furcht vor dem Kommunismus.

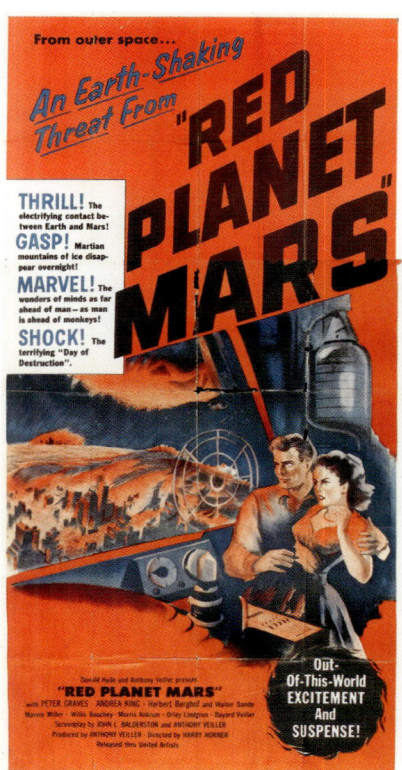

H. G. Wells (1866–1946)

Der englische Schriftsteller H. G. Wells ist besonders für seine Science-Fiction-Romane bekannt geworden. Als Autor der Romane *Die Zeitmaschine* (1895), *Die Insel des Dr. Moreau* (1896), *Der Krieg der Welten* (1898), *Die ersten Männer im Mond* (1901), *Jenseits des Sirius* (1905) und vieler anderer Werke begann Wells seine Karriere als ein dystopischer Satiriker und verbrachte dann die meiste Zeit seines Lebens mit dem Schreiben von Variationen des Themas Utopia. Geboren in Bromley, Kent, als Sohn eines Ladeninhabers, arbeitete er in einem Textilgeschäft und studierte dann Biologie bei Thomas Henry Huxley. Im Wesentlichen Autodidakt, erreichte er frühen Ruhm als Romanautor und genoss eine lange und erfolgreiche Karriere, bevor er in Vergessenheit geriet. Seit *A Modern Utopia* befürwortete er unermüdlich einen Weltstaat. Er gehörte der Fabian-Gesellschaft an, wandte sich aber später enttäuscht von ihr ab. Ebenso enttäuscht war er über den Völkerbund. Seine wichtigen utopischen Themen behandeln die Notwendigkeit, die bürgerlichen bzw. republikanischen Werte wiederzubeleben, eine herrschende Elite zu kultivieren und sich der Technik angemessen zu bedienen. Sein *Experiment in Autobiography* (1934) liefert einen beeindruckenden Bericht über sein Leben.

Das Jahrzehnt begann mit *Rocketship X-M* und *Destination Moon*, die beide im Jahr 1950 gedreht wurden. Weitaus besser bekannt sind *The Thing from Another World* (1951), *The Day the Earth Stood Still* (1951), *It Came from Outer Space* (1953) und *Invasion of the Saucermen* (1957). Ein neueres Beispiel für das Thema der Invasion der Erde durch Außerirdische ist *Independence Day* (1996). H. G. Wells *War of the Worlds* wurde zunächst 1953 ziemlich unbeholfen verfilmt, dann aber weitaus erfolgreicher von Steven Spielberg und passenderweise mit dem berühmtesten Scientologen der Welt in der Hauptrolle (Tom Cruise).[1] Die Spezialeffekte waren jenen der ersten Verfilmung weit überlegen.[2] Noch erfolgreicher waren Spielbergs *Unheimliche Begegnung der Dritten Art* (1977) und *E.T. – Der Außerirdische* (1982). Beide Filme kündigen die Landung von freundlichen außerterrestrischen Wesen auf der Erde an und gelten im Allgemeinen als zwei der gewitztesten Filme zu diesem Thema, die je in Hollywood gedreht wurden. Noch einflussreicher war die Serie *Star Wars* von George Lucas, die 1977 begann und bei der viele Spezialeffekte eingesetzt wurden; Gleiches gilt für die Fernsehserie und die Filme über das *Raumschiff Enterprise* (1979). Letzteres wird oft als „Träger" des „American Way of Life" in das dankbare Universum an-

GEGENÜBER OBEN: Filmszene aus Fritz Langs *Metropolis,* 1927. Die Abbildung ruft unverkennbar Assoziationen mit dem Turm von Babel und ähnlichen Themen von menschlicher Hybris und göttlicher Vergeltung hervor. Der Film beschreibt eine zukünftige Stadt, die zwischen „Denkern" oder Stadtplanern und der Arbeiterklasse aufgeteilt ist.

UNTEN: Filmszene aus Irving Pichels *Destination Moon,* 1950. Dieser Film beschreibt eine technologisch hoch entwickelte Reise zum Mond, die mit dem auf ähnliche Erfolge gerichteten Wettbewerb mit den Russen im Kalten Krieg verbunden wird.

gesehen, wenngleich auch Beachtung verdient, dass hier den Rollen von Frauen und Minderheiten eine größere Bedeutung als in anderen Filmen zugemessen wurde.

Eine Variation des Genres der Invasion durch Außerirdische waren die Raumfahrt und Begegnungen mit Außerirdischen im Weltraum. Die vielleicht bekannteste dieser Art war Arthur C. Clarkes Pionierarbeit *2001: Odyssee im Weltraum* (1968; Regie Stanley Kubrick), der hinsichtlich der Spezialeffekte, seiner intellektuellen und moralischen Mehrdeutigkeit und seiner Perfektion zum bedeutendsten Science-Fiction-Film seiner Zeit wurde. Dr. Who erschien zuerst auf der Großleinwand als *Doctor Who and the Daleks* (1965). Das Thema der außerirdischen Invasion von Raumschiffen wurde auch in verschiedenen Versionen von Stanislaw Lems *Solaris* (1972) aufgenommen. *Alien* (1979) ist ein anderes bekanntes Beispiel für diesen Typ.

Eine Reihe von Klassikern der Science-Fiction-Literatur ist verfilmt worden. Von Jules Vernes *Zwanzigtausend Meilen unter dem Meer* (1870) gibt es zahlreiche Filmversionen. Einige von Wells' utopischen und dystopischen Romanen sind mehrmals verfilmt worden: *Die Zeitmaschine* (1895) 1960 und 2002, wobei das erzählerische Mittel der Zeitreise in vielen anderen bekannten Filmen wieder auftauchte, in *The Time Travelers* (1964), *Back to the Future* (1985) und in der *Terminator*-Reihe, die 1984 begann und Arnold Schwarzenegger zum Star machte.

Filmplakat von George Lucas' *Star Wars,* 1977. Innovativ bei seiner Darstellung von Robotern, Außerirdischen und Frauen in Machtpositionen, verbanden der Film und seine Fortsetzungen erstaunliche computererzeugte Graphiken mit einer einfachen Handlung über die Auseinandersetzung zwischen Gut und Böse.

Der unsichtbare Mann wurde zuerst 1933 verfilmt, dann erneut in den Jahren 1940, 1944 und 1951 und seitdem immer wieder. *Die ersten Menschen auf dem Mond* wurde 1953 und erneut 1964 verfilmt, auch wenn beide schlechte Kritiken erhielten. *Die Insel des Dr. Moreau* wurde unter dem Titel *The Island of Lost Souls* 1932 auf die Leinwand gebracht, aber die eugenischen Elemente, die eine wesentliche Rolle für den Plot des Romans spielen, wurden im Film entfernt.

Die eugenische Dystopie wird in der Literatur in erster Linie von Aldous Huxleys *Schöne neue Welt* repräsentiert, die 1980 verfilmt wurde. Das Thema wurde in einer Reihe von späteren Filmen wiederaufgenommen, wie in *The Boys from Brazil* (1978), bei dem in Südamerika Klone von Hitler hergestellt werden, und in *The Island* (2006). Eine weitere Variation dieses Themas findet sich in *Planet der Affen* (verfilmt 1968, weitere Versionen in den Jahren 1969, 1971, 1972, 1973 und erneut 2001 von Tim Burton) und zeigt eine von drei Astronauten entdeckte, umgekehrt darwinistische Welt, in der intelligente Affen die Menschen unterjocht haben.

Zu den erfolgreicheren Verfilmungen von literarischer Dystopien gehört die von Anthony Burgess' *A Clockwork Orange* (1962), das eine sadistische Dystopie zeigt, die von blindwütigen, gewalttätigen Halbwüchsigen und ihren Bandenkriegen dominiert wird und zum Zerfall der Moral und dem Zusammenbruch der Familie führt. Der begrenzte politische Inhalt des Romans wird durch die Versuche der Regierung, Maßnahmen zur Verhaltensänderung anzuordnen, und der anschließenden Rebellion dagegen erweitert.

Filmszene aus Stanley Kubricks *2001: Odyssee im Weltraum,* 1968. Dies war der wichtigste Film seiner Zeit, der sich mit dem Weltraum, mit der Evolution und dem Kontakt mit Außerirdischen beschäftigte und dabei eine Komplexität und moralische Mehrdeutigkeit zeigt, die selten in diesem Genre zu finden ist.

Filmszene aus Stanley Kubricks *Uhrwerk Orange* (1971), nach dem Roman von Anthony Burgess. Die Zuschauer wurden durch das Bild einer rücksichtslosen gewalttätigen Gesellschaft verstört, und dies zu einer Zeit, als die Kriminalitätsraten höher wurden und der städtische Niedergang zunahm.

Das Buch wurde 1971 verfilmt, mit Stanley Kubrick als Regisseur, und dieser Film wurde einer der einflussreichsten dystopischen Filme des späten 20. Jahrhunderts. Auch *Der Herr der Fliegen* (1954) von William Golding – verfilmt 1963 und noch einmal 1990 – untersucht die Auswirkungen eines Lebens der Gesetzlosigkeit auf Kinder, ohne die Ordnung der Erwachsenen und ohne Disziplin. Obwohl ursprünglich als ein potentielles Utopia geplant – ein Flugzeugabsturz bringt eine Gruppe von Schülern auf eine verlassene pazifische Insel –, verschiebt sich die Schilderung schnell in Richtung einer grauenhaften dystopischen Vision. Unschuld und Güte zerfallen in Anbetracht einer mutwilligen Neigung zum Bösen. Trotz der idyllischen Kulisse und dem Vorhandensein von adäquater Nahrung sowie Schutz dominieren Sadismus und Grausamkeit über die edleren menschlichen Qualitäten.

Die Dystopie erwies sich auch in einer Reihe anderer Genres als beliebt. Nach dem Zweiten Weltkrieg war der massenhafte Tod nach einem potentiellen Nuklearkrieg der Hintergrund für eine Reihe von Filmen, darunter *On the Beach* (1959), *The War Game* (1965) und *The Day After* (1983). Zwei Jahrzehnte später gewann die Umweltkatastrophe an Beliebtheit, besonders durch *The Day After Tomorrow* (2004). Durch Krankheit dezimierte Welten sind häufig im Film dargestellt worden. Auch die futuristische Slum-Bildung wurde verfilmt, beispielsweise in *Blade Runner* (1982) von Ridley Scott. Ray Bradburys *Fahrenheit 451* (1953, verfilmt 1966) legt seinen Schwerpunkt auf die Versuche Einzelner, der Verhaltensmanipulation durch ein totalitäres System zu entkommen. Vor dem apokalyptischen Hintergrund eines Atomkrieges erzählt das Buch die Revolte eines Bücherverbrenners im 24. Jahrhundert gegen die Unterdrückung der Vergangenheit, bei der er versucht, einen klassischen Kanon wieder zu erschaffen. Der Protagonist, Guy, wird entdeckt, entkommt aber auf der Suche nach gleichgesinnten Rebellen und hinterlässt einen Schimmer Hoffnung für den Zuschauer.

Einer der wichtigsten späteren dystopischen Filme über feministische Themen ist Margaret Atwoods *The Handmaid's Tale* (1985, verfilmt 1990, nach einem Drehbuch von Harold Pinter, mit Faye Dunaway und Robert Duvall in den Hauptrollen). Der Film spielt in der fiktiven Republik Gilead im späten 20. Jahrhundert nach einem Atomkrieg und zeigt eine verfallende fundamentalistisch-christliche Theokratie, in der Frauen, schwarze Homosexuelle und andere, die als Abweichler betrachtet werden, unterdrückt werden. Der Geschlechtsverkehr wird in hohem Maß reguliert und „Zofen" werden als Brutmaschinen für die Elite herangezogen.

Schließlich sollte noch ein weiterer Aspekt der utopischen/dystopischen Tradition erwähnt werden – Kinderliteratur und ihre Verfilmung. Eine animierte Version von *Gullivers Reisen* kam 1939 heraus. Hier wird die Reise nach Liliput zu einem Vorwand für eine Hollywood-Romanze. Der Film erlebte im Jahr 2010 ein Remake. Noch populärer war L. Frank Baums *The Wonderful Wizard of Oz* (1939), der Bunyans Buch *Pilgrim's Progress* aktualisiert und in dem die Kindergeschichte von den Abenteuern des feigen Löwen, des Blechmanns und der Vogelscheuche in Oz neu erzählt wird. Durch ihre Heldentaten gewinnt jeder seinen verlorenen Mut, sein Herz und seinen Intellekt wieder, während die zentrale Erzählfigur, das unter einer Depression leidende Mädchen Dorothy, die spartanischen, aber unschuldigen Tugenden ihrer ländlichen Heimat Kansas schätzen lernt.

Roland Emmerichs Film *The Day After Tomorrow* (2004) zeigt eine riesige Überschwemmung in New York City, die Folge der extremen Kälte und des Klimawandels ist. Danach wird die Zerstörung von Los Angeles durch Tornados dargestellt. Der Film plädiert auch für internationale Kooperationen beim Umgang mit ökologischen Katastrophen.

Margaret Atwood (geboren 1939)

Die kanadische Romanautorin, Dichterin und Kritikerin Margaret Atwood ist im utopischen Kontext vor allem mit ihrer feministischen Dystopie *The Handmaid's Tale* (1985) bekannt geworden. Sie wurde am 18. November 1939 als Tochter eines Entomologen geboren. Bis zum Alter von elf Jahren besuchte sie die Schule nur unregelmäßig. Später, nach ihrer Ausbildung an der Universität von Toronto und dem Radcliffe College, veröffentlichte sie viele Romane, darunter *The Edible Woman* (1969), *Surfacing* (1972), *Cat's Eye* (1988), *Alias Grace* (1996) und *The Blind Assassin* (2000) sowie zahlreiche andere poetische und prosaische Werke. Ihr Roman *Oryx and Crake* (2003) ist eine dystopische Science Fiction, auch wenn Atwood sie manchmal zusammen mit *The Handmaid's Tale* als spekulative Fiktion bezeichnet hat. Im Jahr 2009 veröffentlichte sie eine Folgearbeit zu *Oryx and Crake,* der sie den Namen *The Year of the Flood* gab.

UNTEN: Szene aus dem Film *Die Geschichte der Dienerin* (1990) von Volker Schlöndorff nach dem Roman von Margaret Atwood. Der Film thematisiert eine rechtsorientierte religiöse Tyrannei nach einem Atomkrieg, bei der „Zofen" dazu gezwungen werden, die sexuellen Bedürfnisse der Elite zu befriedigen und deren Kinder auszutragen.

Utopia wird durch Emerald City repräsentiert, wo ein Zauberer lebt, der sich als Scharlatan erweist und sein Publikum mit bloßem Schwindel manipuliert; die Mächte des Bösen verkörpert eine mächtige und niederträchtige Hexe.

In einer der bei Kindern beliebtesten Geschichten, Lewis Carrolls *Alice's Adventures in Wonderland* (deutsch: *Alice im Wunderland*, 1865), wird erzählt, wie Alice ein sprechendes Kaninchen verfolgt und dabei durch ein Kaninchenloch in ein Wunderland fällt, das von einer Vielzahl fremdartiger Tiere und Menschen bewohnt wird. Die Fortsetzung *Through the Looking Glass* (1872) ist, auf dem gleichen Niveau, ebenfalls eine Satire auf die herrschenden Sitten und Gebräuche. Beide Texte sind für das Kino adaptiert worden. Die Erzählung *Watership Down* (1972) von Richard Adams handelt von der Flucht eines Kaninchenstamms aus seinem Leben in Elend und der Suche nach einem besseren Dasein. Eine animierte Version wurde im Jahr 1978 produziert. Ebenso populär ist J. M. Barries Buch *Peter Pan* (1904), in dem die Abenteuer von drei Kindern erzählt werden, die durch die Luft von London ins Nimmerland reisen. Dies ist ein fantastischer Ort, der von den verlorenen Jungen und ihren Gästen, einer Vielzahl von Indianern, Piraten und merkwürdigen Tieren bewohnt wird, ganz abgesehen von der Fee Glöckchen, der indianischen Prin-

Filmszene aus Victor Flemings *The Wizard of Oz* (1939), einer Bearbeitung des Romans *The Wonderful Wizard of Oz* von Frank L. Baum. Hier gehen Dorothy und ihre Freunde, die Vogelscheuche, der Blechmann und der Löwe, entlang der Yellow Brick Road nach Emerald City.

zessin Tiger Lilly und dem bösen Captain Hook. Das Werk wurde bereits im Jahr seines Erscheinens inszeniert, 1911 als Roman *Peter and Wendy* gedruckt und ist bis heute unvergessen.

Unter den anderen, für Kinder adaptierten Arbeiten ist auch George Orwells kurze, aber scharfe Satire der Revolution, *Animal Farm* (deutsch: *Die Farm der Tiere,* 1945) zu nennen, die in animierter Form reproduziert wurde. Die Erzählung beschreibt den Sturz des Landwirts Jones, der die feudale und kapitalistische Ausbeutung verkörpert, durch eine Gruppe von Tieren, die darauf erpicht ist, eine Gesellschaft zu gründen, in der Gleichheit herrscht. Bald jedoch beginnen drei ehrgeizige Schweine Schneeball (der Trotzki darstellt), Napoleon (der Stalin verkörpert) und Schwatzwutz die neu aufgestellten Prinzipien des Bauernhofs zu unterwandern. Sie behaupten, dass einige Tiere gleicher als die anderen seien, reißen schließlich die Macht an sich und nehmen für sich die alten Privilegien der Menschen in Anspruch.

Zusammenfassung

Verlorenes Paradies?

„Dein System ist sehr gut für die Menschen Utopias;
es ist wertlos für die Kinder Adams."
JEAN-JACQUES ROUSSEAU, 1767[1]

Utopia ist so oft für tot erklärt und begraben worden, im Allgemeinen von seinen Verleumdern, dass sein beständiges Wiederauftauchen zur Frustration seiner Nachrufschreiber schon beinahe ein wundersames Comeback anzudeuten scheint.[2] Zweifellos haben zumindest in den weiter entwickelten Ländern einige Aspekte der traditionellen Impulse für Utopia abgenommen. Seit dem frühen 20. Jahrhunderts hat uns die Eroberung und Erkundung der meisten Teile der Erde die Möglichkeit genommen, einen ursprünglichen Zustand der menschlichen Entwicklung zu entdecken, zu dem wir zurückkehren könnten. Der Reiz des Primitiven, der nie ganz verloren gegangen ist, nahm deutlich ab. Die Spekulation in utopische Aktien, die noch einige Jahre zuvor ein Allzeithoch erreicht hatte, begann abzunehmen, als das bolschewistische Experiment unter Stalin degenerierte. Der Preis der durchgesetzten Einheit wurde in Bezug auf die individuelle Freiheit als viel zu hoch erachtet.[3] Mit dem Zusammenbruch des sowjetischen Kommunismus nach den Revolutionen von 1989 und insbesondere nach der Umwandlung Chinas in eine Mischform aus Kapitalismus und Sozialismus verblasste die Anziehungskraft der Planwirtschaft des Kommunismus. Schließlich, und vielleicht am deutlichsten durch den Fall der Berliner Mauer symbolisiert, platzte die utopische Blase.

Utopia wurde weitgehend so wahrgenommen, dass es zu viel Sparta und zu wenig Karneval besaß, zu viel Zölibat und zu wenig Feier, zu viel Arbeit und zu wenig Spiel. Für viele wurde das Ideal kitschig, verbissen und humorlos. Die Revolution hat nicht zu mehr Tugend geführt, zumindest nicht für längere Zeit, sie hat vielmehr größere Grausamkeit hervorgebracht, und dementsprechend kann man sagen, der Utopismus habe der modernen Barbarei neue Nahrung gegeben.[4]

Die zunehmenden Naturkatastrophen zu Anfang des 21. Jahrhunderts sind mit der globalen Erwärmung und deren begleitenden Auswirkungen in Zusammenhang gebracht worden. So vertrieb ein Zyklon im Mai 2009 Tausende Menschen in Shyamnagar Upazila im Distrikt Satkhira in Bangladesch.

Seine viel gerühmte Gleichheit verschwindet schnell. Neue privilegierte Eliten besitzen bald Designergeschäfte und führen einen extravaganten Lebensstil. Sie verschlingen alle Eier, die von der Revolution nicht zerbrochen wurden. Die meisten Menschen der modernen Gesellschaft trauern nicht mehr einem vergangenen Goldenen Zeitalter nach. Wir wollen nicht länger Schäfer sein, auch wenn wir ahnen, dass unsere Vorgänger „besser" waren, als wir es sind. Wir würden lieber einkaufen. In Arkadia kann man nicht einkaufen, und auch im kommunistischen Moskau gab es kaum etwas von Wert. Der goldene Charme von Utopia schien zuerst vergoldet und wurde dann zu Katzengold, das genauso nützlich wie spartanisches Geld ist. Gebt uns – so scheint das späte 20. Jahrhundert zu sagen – Vororte, Luxus, die Kultur der Promis, telegene Vergnügungen, ständige, überzeugende Neuerungen und eine Beruhigungspille für unsere unbegrenzten Sehnsüchte. Unser Reichtum ist real, unser Goldenes Zeitalter ist die Gegenwart, die zunehmend glänzender, digital präziser und immer kleiner wird. Adam Smith hat uns anscheinend die Kultur der Wahl geschenkt. So machen wir damit weiter, in den Worten von Thomas Morus, den Propheten und Helden göttliche Ehren zu erweisen, für ihr Heil zu beten und ihre Reliquien zu verehren. Das Einkaufszentrum ist unser Tempel, und geheiligt sind die Namen von Gates und Buffett. Heil dem Siliziumzeitalter!

Und dennoch beginnt genau in diesem Moment in vielen entwickelten Gesellschaften das schlichte Vertrauen auf Wachstum und Fortschritt und auf den freien Markt zu schwinden und es kommt die Frage auf, ob Ressourcen und Bevölkerung unbegrenzt expandieren können. Im späten 20. Jahrhundert löste das Gespenst der ökologischen Katastrophe zunehmend den Totalitarismus als Dystopie der Wahl ab. Das wichtigste konkrete Utopia der beiden letzten Jahrhunderte, die Vereinigten Staaten von Amerika, sehen sich heute mit einem bedeutsamen ökonomischen und politischen Niedergang konfrontiert. Nur in der Fantasie scheint der Weltraum einen Hoffnungsstrahl zu bieten, aber hier auf der Erde wird der Todesstrahl immer wahrscheinlicher. Inmitten weit verbreiteter Ablehnung beginnt eine nur von Finanzkrise, Untergangspropheten und Kulten der Apokalypse verbeulte Dekadenz aufzutauchen, um uns zu sagen, dass „das Ende nahe ist". Wir kaufen noch resoluter, noch verzweifelter ein und machen uns den Narziss-

Die Berliner Mauer, 1961 errichtet, um die Ostdeutschen daran zu hindern, vor ihrem kommunistischen Regime zu fliehen, wurde zum Symbol für die Unterschiede zwischen liberalen und totalitären Regierungen im Allgemeinen. Fall und Zerstörung der Mauer nach 1989 werden in dem hier gezeigten Spruch „Mauern sind nicht ewig" zum Ausdruck gebracht.

mus noch mehr zu eigen. Nur wenige von uns suchen noch nach Erlösung. Wir ziehen uns in das Innenleben unserer MP3-Player zurück und tauchen als soziale Wesen nur gelegentlich auf Musikfesten auf. Aber dieser temporäre utopische Ort täuscht über die Tatsache hinweg, dass wir uns durchaus unseres verfallenden Gemeinschaftsgefühls bewusst sind. Es hat keinen Sinn, der Völlerei nachzugeben, wenn wir wissen, dass unsere natürlichen Grenzen erreicht sind. Wenn wir zwischen „Utopia und Vergessen" wählen können, ist die Wahl evident.[5] Wir müssen das Nirgendwo wählen, denn das Hier und Jetzt ist eine Sackgasse. Wir haben das „Traumland" gesehen und es funktioniert nicht. Nirgendwo muss Irgendwo, muss Hier werden. Es besteht die große Gefahr, dass das Siliziumzeitalter einem sehr überfüllten Endzeitalter des Wassers Platz macht, und wir sind auf der Hut, dass nur wenige von uns gut genug schwimmen können.

Eine derartige Perspektive liefert uns kurze und zerbrechliche Eindrücke von Optimismus, wenn auch gemischt mit Verzweiflung. Wachsender Individualismus, die Auflösung der Familie und des Gemeinschaftslebens begegnen gelegentlich der Forderung nach stärkeren kommunitaristischen Verbindungen. Anomie, Isolierung, moralische und intellektuelle Verwirrung werden für einige durch traditionelle, oft religiöse Werte ausgeglichen, manchmal auch verbunden mit „Identitätspolitik". Die Nostalgie für ein vergangenes moralisches Ideal findet sich besonders in Gesellschaften, die eine rasche Modernisierung erleben. Doch der zentrale Wert der Marktgesellschaft – säkularer, hedonistischer Konsum – ist durch die bloße Sehnsucht nach verschwundenen Welten nicht auszugleichen.

Und entsprechen solche Sehnsüchte nach vergangenen Gewissheiten dem, was wir als eine utopische Tradition gekennzeichnet haben? Nein, wenn wir damit fortfahren, Utopia mit Religion zu verwechseln. Wie bei vielen spirituellen Entdeckungsreisen können wir – nach der Rückkehr von einer langen Reise auf der Suche nach Utopia – durchaus fragen, ob wir wirklich wussten, was wir am Anfang suchten, oder ob wir nicht nur unsere eigenen Illusionen auf eine andere, angenehmere und nachgiebigere Ebene projizierten. Auf der psychologischen Ebene ähnelt dieses Streben der Suche nach Aufklärung: Wir wollen große Antworten auf große, bleibende Fragen. Nach jedem intellektuellen Strohhalm greifend, der unseren Weg kreuzt, werden wir immer extravaganter und immer weniger konkret in unseren Forderungen nach Rettung. In der Tat hoffen wir vor allem auf die Hoffnung selbst. Und dennoch fragen wir uns, wenn wir auf *Swamis* in obskuren, fremden Gefilden blicken, ob die Antwort auf unsere Sehnsüchte überhaupt in Reichweite liegt. Vielleicht wären mystische Reisen in den Osten nicht unbedingt notwendig gewesen. Aber wir können danach unsere Krücken wegwerfen und möglicherweise noch immer feststellen, dass es keinen

Ort gibt, an den wir gehen könnten. Wir werden dann wahrscheinlich zu Helden und Heiligen beten, damit sie uns retten: Der Anstrengung, uns selbst zu retten, sind wir nicht gewachsen.

Wenn wir Utopia weder für eine Religion noch für einen inneren psychischen Zustand, sondern für einen Diskurs über freiwillige Soziabilität halten, können wir zu einer anderen Schlussfolgerung gelangen. Es ist möglich, utopische Räume oder Epochen zu schaffen, ohne sich erneut vorzustellen, dass eine ganze Gesellschaft in ein Utopia umgestaltet wird. Die Saturnalienfeste und der Karneval sind Belege dafür, ebenso religiöse Institutionen wie die Kirchen, bei denen uns der größere Anspruch von Gleichheit und die Verstärkung von gemeinsamen Bindungen augenblicklich an die Vorteile von Pflicht und Vertrauen erinnern. Intentionale Gemeinschaften sind utopische Nischen in einem fremden Raum. Und Morus' Insel Utopia selbst ist natürlich eine Oase in einer nicht utopischen Wüste, obwohl durch sie möglicherweise ein wirklicher Ort dargestellt werden sollte. Ist es dann möglich, dass wir uns noch immer eine Vision der gegenseitigen, sogar globalen Hilfe ausdenken können, ohne die Fehler zu machen, die eine Dystopie kennzeichnen?

In diesem Buch ist ein Unterschied gemacht worden zwischen einer Tradition von endgültigen, paradiesischen oder manchmal auch apokalyptischen Visionen des letzten Bestimmungsortes der Menschheit und einer Tradition, bei der die menschliche Natur trotz ihrer Verbesserung eine hinlängliche Ähnlichkeit mit dem tatsächlichen menschlichen Verhalten aufweist, sodass ihre idealisierte Darstellung plausibel bleibt. Die zweite Domäne, die zwischen dem Möglichen und dem Unmöglichen liegt, ist Utopia: Sie ist nicht vollkommen, auch nicht fehlerlos, vollständig, abschließend, total oder endgültig; sie fordert keine unaufhörliche und ungetrübte Tugend; sie verkündet weder die Rettung noch eine Form der endgültigen Emanzipation oder ein Ende der Geschichte. Wenn Utopia nach solchen Zielen strebt, wird es zunehmend intolerant und obligatorisch und mutiert zu einer Dystopie. Denn dann fordert sie Rettung statt Verbesserung, und das Streben nach Rettung in diesem Leben führt zwangsläufig zu Ungeduld und danach zu Gewalt gegenüber Ketzern und Menschen, die Fehler machen. In solch einer Vision sind die Flüchtlinge von Utopia den Einwohnern bald zahlenmäßig überlegen.

Es heißt oft, dass dieser Prozess aus dem modernen Revolutionismus entstanden sei. Nachdem wir auf die Offenbarung verzichtet haben, haben wir auch unseren Appetit auf die Revolution verloren. Wir haben diese Version des säkularen Millenniums flüchtig zu sehen bekommen und bemerkt, dass wir übertölpelt worden sind. Das Monster, das wir voller Entsetzen entdeckten, befand sich in unserem Innern und konnte allzu leicht heraus-

platzen. Seine externe Projektion – als Frankenstein-Schöpfung, als Wolfs-
mensch, als Außerirdischer – spiegelte nur unsere innere Natur wider.
Generationen feindsel gesinnter Gelehrter haben auch dieses Unglück
mit dem Sozialismus und besonders mit Plänen einer zentralisierten Wirt-
schaftsplanung in Verbindung gebracht. Doch hier ist ein Sinn für Verhält-
nismäßigkeit notwendig. Wir beklagen die fünfundfünfzigtausend Toten der
Terrorherrschaft in Frankreich, die zwanzig Millionen oder mehr Getöteten
durch Stalin und die geschätzten siebzig Millionen Opfer von Mao. Aber wir
erinnern uns seltener an die einhundert Millionen oder mehr, die allein im
19. Jahrhundert durch den europäischen Imperialismus starben und an eine
ähnliche Anzahl, die während der Eroberung Amerikas zu Tode kam. Die
großen europäischen Imperien waren für ihre Designer „Utopien" – extravagante Träumereien von nationaler und persönlicher Herrlichkeit, die riesigen Völkern von ungewaschenen, heidnischen Wilden eine neue Ordnung
auferlegten, aber sie waren auch Dystopien für jene, die nicht den Wunsch
hatten, so heftig und so rasch „zivilisiert" zu werden. Völkermord und extreme Grausamkeiten haben viele Formen angenommen, und nicht alle können auf den Missbrauch des sozialistischen Utopia zurückgeführt werden.

Auch gibt es heute nur wenig Mitleid für Millionen,
die halb versklavt sind und unter Hungerlöhnen
leiden. Die „offene Gesellschaft" beruhte zeitweise
auf Sklaverei, Leibeigenschaft und Massen verarmter
Lohnarbeiter. Ihre Freiheiten sind der Preis für diese
Sklaverei gewesen.

Zur Suche nach Utopia gehörte das Unterfangen,
die Sünde zu kontrollieren, wenn man sie schon nicht
eliminieren konnte, und störende menschliche Triebe
zu begrenzen, um ein Maß an Ordnung und Sicherheit
herzustellen und dadurch den Altruismus in der Gesellschaft zu fördern. Ehrgeiz oder der Wunsch nach
Macht, Rang und Einfluss, sexuelles Verlangen, der
Wunsch, Vermögen anzusammeln, Auszeichnung zu
erlangen usw. steigern die Ungleichheit und waren
die Hauptfeinde der idealen Gesellschaft, ob in einer
Nation oder einer freiwilligen Gemeinschaft.

Die Regulierung ist oft die utopische Antwort auf
solche Impulse gewesen. Die Einheitlichkeit von Kleidung, die Unterdrückung von Luxus und die Annahme des Patriarchalismus sind allgemein als Mittel vorgeschlagen worden, um diesen Drang nach Einmalig-
keit einzudämmen. Ordnung hat Vorrang vor Genuss

Die Utopie vom universalen westlichen Wohlstand wird unterhöhlt
von seiner Abhängigkeit von billigen Erzeugnissen, die unter entsetz-
lichen Bedingungen in den ärmeren
Weltregionen hergestellten werden.
Hier arbeitet ein junges Mädchen
in einer Ziegelfabrik in Dhaka,
Bangladesch, und erhält dafür vielleicht 10 Dollar im Monat.

und Gleichheit vor Freiheit. Utopia ist normalerweise – Charles Fouriers Modell war eine bemerkenswerte Ausnahme – der Feind des ungezügelten Hedonismus.

Doch es wäre falsch, Utopia als den Feind jedes Vergnügens zu beschreiben. In Utopia wird Vergnügen oft aber als etwas verstanden, was von allen genossen wird. Gefräßigkeit darf es nicht geben, aber Enthaltsamkeit auch nicht – der Luxus der einen Person wird normalerweise nicht auf Kosten der Schmerzen einer anderen erkauft. Und Tugend wird dadurch erworben, dass man gegenüber dem Streben nach Vergnügen oder anderen starken Begierden wie Stolz keine zu große Nachsicht zeigt. Diese ideale Gesellschaft basiert auf den miteinander geteilten Zielen – ob Liebe zum Vaterland, zur Religion, zur Gemeinschaft oder deren Führer – und dem Gefühl, im Licht der Öffentlichkeit zu leben. Die materielle Dimension von Utopia funktioniert in entscheidender Weise auf der Basis dieser gegenseitigen Beobachtung. Öffentliche Räume gestalten das öffentliche Verhalten: Das Familien- und Privatleben wird dementsprechend oft auf ein Maß reduziert, das wir heute als unannehmbar betrachten.

Den Besitz von Eigentum und die daraus resultierende soziale Ungleichheit hat man für die wichtigsten Probleme gehalten, mit denen sich der Utopismus beschäftigt hat. Die utopische Tradition, die nach der Veröffentlichung von *Utopia* im Jahr 1516 folgte, war gekennzeichnet durch das Gemeineigentum in unterschiedlichen Formen. Das Entdecken des einfachen Lebens auf einer Südseeinsel, wo die Natur freigebig ist, bot eine einfache Lösung für das Problem. Die Revolution unter Millionen von Menschen in einer antiken, extrem korrupten, komplexen und verbitterten Gesellschaft zu entfachen, stellte ein ganz anderes und bedeutend komplizierteres Unterfangen dar. Wenn Utopien imaginäre Gemeinschaften sind, dann sind sie ausdrücklich „gleichere" imaginäre Gemeinschaften: Die durch den Luxus auferlegte Differenzierung hat sich über die Zeitalter als der größte Feind von Utopia erwiesen. Neue Beurteilungen sind zu der Auffassung gelangt, dass Gleichheit ein Schlüsselfaktor für die Herbeiführung größerer Zufriedenheit in der Gesellschaft ist.[6] Folgt man dieser Meinung, dann haben die Utopisten mit ihrer zentralen Annahme richtig gelegen. Aber ihr Irrtum bestand womöglich darin, dass sie außerstande waren, eine Form der Gleichheit zu definieren, die mit Freiheit kompatibel ist.

ÖKOLOGIE, UTOPIA UND DYSTOPIE

Es ist vernünftig zu sagen, dass das Zeitalter des uneingeschränkten Strebens nach Glück, definiert in Begriffen egoistischen Konsums, heute vorbei ist. Zu Anfang des 21. Jahrhunderts haben sich viele unserer Bedenken im Hinblick auf Utopia in eine zunehmend ökologische Richtung verschoben, da es immer mehr Hinweise auf eine potentielle Katastrophe gibt, von der unser Planet bedroht wird. Seit dem späten 19. Jahrhundert ist es offensichtlich geworden, dass die Industrialisierung eine weitverbreitete Verschmutzung der Umwelt und die Verschlechterung des städtischen Lebens, der Armen im Besonderen, verursachte. Eine Antwort darauf war die Neubelebung von apokalyptischen Bildern, die früher fast ausschließlich mit der Religion, besonders dem Christentum, verbunden waren. Die immer weiter wachsende wissenschaftliche und technologische Leistungsfähigkeit – die weiterhin das Hauptthema der modernen Science Fiction ist, dem führenden Untergenre des Utopismus – gibt seit der Mitte des 19. Jahrhunderts Anlass zu einem verzweifelten Gefühl der Unfähigkeit, die negativen Begleiterscheinungen des Fortschritts zu bändigen. Die Maschinen werden immer komplexer und mit ihrer teuflischen Anwendung werden Kriege immer zerstörerischer. Utopie und Dystopie marschieren immer enger Hand in Hand, bis sie für viele schließlich kaum mehr unterscheidbar zu sein scheinen.

Es gibt jedoch auch hier helle Momente. Im späten 20. Jahrhundert wurde eine Reihe von protoökologischen Utopien veröffentlicht. Sowohl die von Ernest Callenbach, *Ecotopia* (1975)[7], als auch Marge Piercys *Woman on the Edge of Time* (1976) zeigen Gesellschaften, die sich um ein ökologisches Gleichgewicht, um Autarkie und ein intensiveres Empfinden der Verantwortung für das Soziale und die Umwelt bemühen. Die Konkretisierung solcher Träumereien impliziert jedoch die Koordinierung der Weltmächte in einem Ausmaß, das bisher nur in Utopia oder, auf einer noch entfernter gelegenen planetarischen Skala, in Kosmopolis denkbar ist. Das Ideal einer Weltregie-

Afrika ist besonders negativ von zyklisch auftretenden Dürren und Hochwassern betroffen. Hier in Niger denkt Oussenyi Moussa über den Verlust seiner Herden nach, die erst durch die Dürre geschwächt und dann durch einen katastrophalen Regen vernichtet wurden.

rung, wie es von H. G. Wells und anderen erdacht wurde, erlaubt ein Bild gegenseitiger Hilfe, das in der modernen Zeit hauptsächlich mit dem Kommunismus identifiziert wurde. Doch dieser zeigt dystopische Modernität *par excellence*. Wie können diese Widersprüche aufgelöst werden? Kann die Suche nach Utopia erfolgreich sein oder ist sie dazu verdammt, die grauenhaften Torheiten des 20. Jahrhunderts zu wiederholen? Warum sollte man versuchen, Utopia zu retten, wenn sich die säkulare Religion der Modernität als ganz und gar zerstörerisch erwiesen hat?

DIE POLITIK EINES REALISTISCHEN UTOPISMUS

Es gibt vielleicht zwei grundlegende Antworten auf diese Fragen, die beide davon abhängen, wie man Utopia definiert. Auf der einen Seite repräsentiert Utopia eine Fantasie des Eskapismus, die Zurückweisung einer unangenehmen Realität, die durch ein traumähnliches Gegenteil und eine Anzahl von Freuden ersetzt wird. Dies wird manchmal realistisch, manchmal indirekt oder satirisch dargestellt. Viele Utopien beinhalten die Flucht – mit dem Schiff, der Rakete, der Zeitmaschine oder sogar durch den Traum – vor den Nöten der Gegenwart. Psychologische Interpretationen des Utopismus konzentrieren sich auf diese Tendenz in Richtung Wunscherfüllung und betonen die naiven und kindlichen Qualitäten des utopischen Impulses. In *Peter Pan* und *Alice im Wunderland* zum Beispiel und sogar in der Nacherzählung utopischer Klassiker wie *Robinson Crusoe* und *Gullivers Reisen* als Kindergeschichten treffen wir auf wirkliche Mythen, die der Kinderunterhaltung dienen.

Sogar als die Welt fast völlig entmythologisiert worden war, gab es weiterhin eine beständige Faszination für Zauberei, die oft mit einem echten Glauben daran verbunden war. Dies wurde durch den enormen Erfolg der Fantasyromane von J. K. Rowling (der *Harry-Potter*-Reihe) und J. R. R. Tolkien (*Der Hobbit*, *Der Herr der Ringe*) offenkundig. Auch diese Werke sind Teil des Diskurses über Utopia, insofern sie unseren Sinn für Fantasie beflügeln, die Grenzen der möglichen Realitäten erweitern und Hoffnung, Illusionen und manchmal eine Leidenschaft für Veränderung unterstützen. Sie können jedoch auch unseren Infantilismus und unseren Wunsch nach unmittelbarer Genugtuung verstärken. Die Faszination des Unbekannten verweilt weiter im Weltraum – der geographische Abstand hilft dabei, dem Un-

Schornsteine in Pittsburgh, Pennsylvania, verdunkeln den Himmel in den 1890er Jahren. Nachdem die Schwerindustrie im 19. Jahrhundert den Wohlstand versprochen hat, ist sie zu Beginn des 21. Jahrhunderts zum Symbol der Umweltzerstörung und des Niedergangs der Städte geworden.

glaublichen Glaubwürdigkeit zu verleihen. Aber solche Neigungen können auch unsere Vorlieben für die Unvernunft und das Irrationale steigern, unser Vertrauen in den Empirismus und die wissenschaftliche Methode untergraben und uns zur Beute von Zauberkünstlern, Schwindlern und charismatischen Manipulatoren machen, denen es nur darum geht, ihre eigenen Ziele durch scheinbar spirituelle und übernatürliche Fähigkeiten zu erreichen. Wir haben die lügnerischen Reisenden der alten Zeiten gegen die lügnerischen Geschichtenerzähler der Neuzeit eingetauscht. Bis zu einem gewissen Grad verscheuchen sie unsere Ängste und geben unseren fantastischen Projektionen Raum. Aber sie tun es zu einem beträchtlichen Preis. Utopia ist vielleicht auf dem Rückzug, aber die Leichtgläubigkeit ist es sicherlich nicht. Wir halten es mit dem Kaiser: Bitte sagt uns nicht, dass wir keine Kleider tragen! Im Siliziumzeitalter betteln wir fast darum, irregeführt zu werden.

Diese Auffassung von Utopia richtet sich dann im Wesentlichen auf den Bereich der Fantasie. Sie entspricht psychologischen Bedürfnissen oder Begierden, Erwartungen oder Hoffnungen, genau wie der Furcht vor dem Unbekannten, dem Erstaunen über die gewaltige Größe der Unendlichkeit und dem Unwissen über so viele Dinge. Es gibt in der Gegenwart noch immer das Echo einer Suche nach dem Jungbrunnen. Mythos und Religion verschwinden nicht, ihnen folgen keine säkularen Ideale und Ziele der positiven Wissenschaft. Alles kommt zusammen, um in einem unverdaulichen Durcheinander von Erwartung, Aberglauben und unausgegorener Weltlichkeit zu koexistieren.

Die Propheten des Fortschritts waren im Irrtum. Wir werden nicht nüchterner, empirischer, wissenschaftlicher. Wir denken relativistisch, dass der Unsinn unsere intellektuellen Zähne genauso weiß werden lässt wie der Sinn, den zu erfassen aber eine größere intellektuelle Anstrengung kosten würde. Die „Postmoderne" behauptet wirklich genau das. Und, um die Wahrheit zu sagen, wir mögen es mehr, übertölpelt, geschmeichelt und unterhalten als informiert und unterrichtet zu werden. Es gibt uns ein gutes Gefühl und für viele ist das die wichtigste aller Erfahrungen.

Aber sind wir auf der anderen Seite dazu fähig, die Vorstellung von Utopia auf eine konstruktivere Weise zu verwenden, um die Probleme der Gegenwart zu bewältigen? Und können wir es vermeiden, Utopia auf einen psychologischen Impuls zu reduzieren, wie

Das mächtigste Symbol der zerstörerischen Fähigkeiten der Menschheit, die Atombombe, wurde am Ende des Zweiten Weltkrieges zweimal gegen Japan eingesetzt. Auf diesem Bild explodiert, nach dem Angriff auf Hiroshima am 6. August, die zweite Bombe am 9. August über Nagasaki und tötet etwa 80 000 Menschen.

es in Ernst Blochs berühmtem interpretierenden Werk *Das Prinzip Hoffnung* (1959) der Fall zu sein scheint? Die Antwort lautet natürlich Ja. Denn Hoffnung ist nur ein Hirngespinst, eine Schimäre, die im hellen Licht des Tages schnell zerstreut werden kann. Utopia ist im Kontrast dazu ein Augenblick der menschlichen Existenz, manchmal real, manchmal in der Vorstellung, oft mit etwas anderem verwechselt, aber nicht nur ein Traum. Und wenn wir eine groß angelegte – üblicherweise wird das negativ *utopisch* genannt – soziale Planung benötigen, um die Probleme der Zukunft zu meistern, dann brauchen wir auch ein Bild der Zukunft, das auf langfristige Probleme hinweist und langfristige Lösungen anbietet. Dies ist dann Utopia in einem positiven Sinn.

Zwei Variationen der konkreteren oder plausibleren, weniger fantastischen Inkarnation von Utopia sind in diesem Buch behandelt worden. Eine beschäftigt sich mit der Zersplitterung der vorhandenen Gemeinschaften und schlägt ihre Rekonstruktion auf der Basis von traditionelleren Werten vor. Hier ist die patriarchalische Herrschaft durch die Ältesten und Priester oder charismatischen Führer zusammen mit den harten, oft religiös begründeten Gesetzen ein Mittel gegen die Vergiftung der Menschen durch die Idee einer sehr raschen oder weitreichenden Verbesserung. Der Geist der Revolution ist hier in erster Linie reaktionär; wir greifen danach, um das zu bewahren, was wir verloren haben oder verlieren werden, denn es ist sicherer als jede Zukunft, die wir uns vorstellen können. Die alten Bücher, die alten Wege, die alten Propheten bieten mehr Hoffnung als jedes ihrer modernen Pendants. Wir *hatten* Ordnung; wir können sie zurückgewinnen, wenn wir uns rechtzeitig rückwärts bewegen. Aus Degeneration wird Regeneration. Die Schleusentore, durch welche die Modernität strömt, werden geschlossen oder der Fluss wird zumindest auf ein Rinnsal reduziert.

Die andere Variation, liberaler und mehr an der Zukunft orientiert, nimmt an, dass eine größere, aber ganz unterschiedliche Planung und kollektive Organisation auf der Grundlage der gegenwärtigen Voraussetzungen entstehen muss, damit die apokalyptische globale Katastrophe noch abgewendet werden kann. Ihr Kurs, wissenschaftlich und akademisch, geht in Richtung der praktischen Problemlösung. Sie erkennt die Ängste vor der Isolierung des Individuums und vor dem Niedergang von Familie und Gemeinschaft an, die ihre Ursache in der Modernisierung haben. Aber sie empfiehlt nur selten, wieder traditionellere Formen der Autorität als Antwort auf solche Fragen einzurichten. Sie schlägt keine neuen Komitees für öffentliche Sicherheit vor und hat nur wenig Vertrauen in Philosophenkönige oder Propheten. Als Erbe vieler Sorgen der liberalen Geschlechts- und Identitätspolitik des vergangenen halben Jahrhunderts befürwortet sie keine neue Versklavung, keine neue Intoleranz gegenüber Minderheiten, keine Ablehnung der Selbstverwirklichung. Das Vermächtnis des modernen Sozialismus ermutigt sie zu einem Engagement für die Reduzierung, wenn nicht sogar für die Beseitigung der Armut. Sie befasst sich mit der Beschränkung von Bedürfnissen und des Bevölkerungswachstums, durch die ökologische Katastrophen vermieden werden können. Einfallsreiche Architekten entwerfen Städte, die sowohl nachhaltig als auch bewohnbar sind, in denen das Nachbarschaftsleben wieder belebt ist und weder Reiche noch Arme in Ghettos isoliert sind. Politische Theoretiker raten zur Erweiterung demokratischer Kontrolle und nicht zu ihrer Beschränkung durch die Diktatur einer Plutokratie oder einer Partei. Ein Teil dieser Version des modernen Utopia konzentriert sich auch auf die körperliche Vollkommenheit, ein uraltes utopisches Thema aufgreifend, die Versprechungen der modernen Wissenschaft, das menschliche Leben zu verlängern. Plastische Chirurgie, die Beseitigung vieler Krankheiten, Gentechnik und Hunderte anderer Entwicklungen künden von einer größeren Langlebigkeit und einer besserer Lebensqualität, die nicht durch den Stein der Weisen, sondern durch einen Haufen Kiesel der Genetiker erzielt werden. Sowohl das einzelne Leben als auch unsere kollektive Existenz können bedeutsame Verheißungen bereithalten. Wir können die Ordnung durch ein Zeitmanagement und ein Management des Fortschritts organisieren, anstatt uns von ihr treiben zu lassen. Wir können uns nach dem Rausch der zügellosen Konsumkultur eine neue Form der Enthaltsamkeit zu eigen machen und ein hohes Maß an Bescheidenheit erreichen. Es wird schmerzhaft sein, wenn wir unsere Besessenheit für Luxus aufgeben, aber wir werden nicht daran sterben.

Aber obwohl wir keine moralische Erlösung, Emanzipation, Aufklärung oder Rettung erreichen werden, kann sie uns noch immer versprochen werden. Quacksalber, Medizinmänner (und -frauen) und sozialspirituelle Heiler werden aus der Versenkung auftauchen. Wenn die Messiasse eintreffen – und es wird eine Menge davon geben –, sollten wir besser ihre Ausweispapiere sorgfältig überprüfen.

Können wir dann noch immer in Begriffen von Utopia denken? Vorsichtig gesagt, ja. Ihre Antizipation wird nicht in bloß „realistischen" Voraussetzungen behauptet, denn der Umfang ihrer Vision übersteigt diese leicht. Aus dem gleichen Grund verkündet sie keine bloßen Verbesserungen in der *Gemeinschaft*, die emotional befriedigendere Form des kollektiven Zusammenlebens, wie sie von Soziologen wie Ferdinand Tönnies beschrieben wurde. Es handelt sich nicht um

Seit dem Beginn des 21. Jahrhunderts werden die fantastischen Projektionen der Menschheit, fähig zu sein, Leben zu erschaffen, zunehmend realistisch, wie das Klonen, die genetische Veränderung und die Schaffung künstlichen Lebens. Alles entwickelte sich dramatisch weiter. Die Abbildung von „Reagenzglasbabys" weist auf die Möglichkeit hin, sich in die natürliche Fortpflanzung einzumischen, um die Qualität des Menschen zu verbessern.

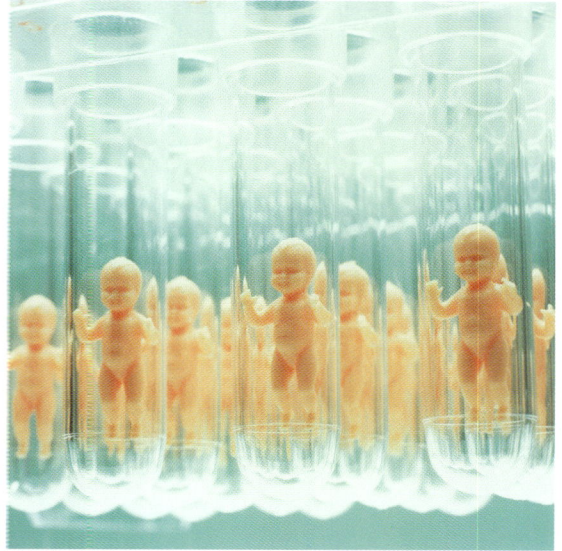

einen Glaubensakt, und es ist sicherlich nicht nur ein Ausdruck der Hoffnung und keine Anerkennung eines fundamentalen Bedürfnisses nach einer Religion, welcher Art auch immer. Es kann oder kann nicht in irgendeiner Weise dem Aufklärungsprojekt verpflichtet sein, obwohl wir bestimmt jede Menge Gründe dafür brauchen, um es zu einer durchführbaren Vision zu machen. Es kann jedoch nicht einzig und allein eine neuartige Form der Nostalgie sein, und je weniger es in einen Mythos verwickelt ist, desto besser – denn Lügen hatten wir genug zu ertragen. Doch es wird nichtsdestoweniger Utopia sein.

Die historische Darlegung der in diesem Buch thematisierten utopischen Geschichte ist deshalb nur ein Teil des Ganzen, denn Utopia ist auf jeder Ebene mit dem Schicksal der Menschheit verbunden und so unmittelbar und bedeutungsvoll für unser Leben heute wie an jedem anderen Punkt in der Vergangenheit. In der Tat ist es offenkundig notwendiger als jemals zuvor. Denn am Ende des Tages befasst sich Utopia vor allem mit Prophezeiungen oder Vorstellungen, auch wenn es nicht unbedingt die Zukunft vorhersagt. Nichtgläubige werden Schöpfungsmythen immer allegorisch als Versuche auffassen, den Ursprüngen Bedeutung zuzumessen, sich den Wunsch nach Harmonie und sogar dem ewigen Leben zu erfüllen und die Furcht vor dem Tod zu überwinden. Aus dieser Perspektive erzählt, führt die natürliche oder organische Geschichte des Utopismus von ihrer Entstehung aus dem primitiven Mythos zu kunstvolleren Formen der Theologie und den sich anschließenden säkularen Versuchen, die Gesellschaft neu zu bestellen. Hier spielt Thomas Morus eine Schlüsselrolle, wenn er uns eine ernsthafte Alternative zu einem zunehmend ausbeuterischen Klassensystem offeriert. Aber wie wir gesehen haben, all diese Modi – Mythos, Religion und säkulare utopische soziale Theorie – haben in parallelen Formen in den letzten fünfhundert Jahren und davor nebeneinander existiert. Jede Menge Propheten, Heilige, Scharlatane, Gauner und Schurken drängen sich dicht an dicht in den Reihen utopischer und dystopischer Schriften auf den Bibliotheksregalen. Auf einer Ebene ist Religion beinahe untrennbar mit Utopia verbunden, weil praktisch kein Utopia, zumindest keines von Bedeutung, sich eine Gesellschaft vorgestellt hat, die nur von Individuen zusammengehalten wird, die nach Selbstzufriedenheit streben, ohne Bindungen und ohne den Glauben an Götter oder an eine Ideologie des gemeinsamen Opfers – es sei denn, solch eine Vision basiert auf Furcht und Unterwerfung unter die Gewalt. Viele Utopisten des 19. Jahrhunderts, darunter Robert Owen, Henri de Saint-Simon und Auguste Comte, fühlten sich dazu gezwungen, eine neue Religion zu erfinden, um die Funktionen der alten zu erfüllen. Ihre Nachfolger im 20. Jahrhundert verwendeten den Personenkult, um dieselbe Rolle zu spielen. Utopia kann nicht ohne Autorität, Führung und gesunden Menschenverstand funktionieren, ohne Rücksicht darauf, ob es vorschlägt, zu einem verlorenen Zustand vergangener Tugend zurückzukehren oder etwas völlig Neues zu schaffen. Wir lechzen verzweifelt nach Staatsmännern – und bekommen Politiker.

Jedoch besteht unsere Zukunft notwendig aus zwei Teilen: die kurze Spanne der Existenz auf Erden und die weitaus längere Spanne der Ewigkeit. Wir möchten, dass jede von ihnen so zufriedenstellend ist wie nur möglich. Aber die zwei Pfade der Suche – der Suche des Pilgers nach einem verlorenen Paradies der Erlösung, Rettung und der Aussicht auf ein ewiges Leben einerseits und der Suche nach Utopia, einem guten Leben im Hier und Jetzt, andererseits – sind nicht das Gleiche, trotz ihrer zahlreichen Überschneidungen. Die erste ist ursprünglich ein religiöser Diskurs, und ihre Bedürfnisse werden letztlich nur durch den Glauben befriedigt. Die zweite ist ein säkularer Diskurs über die gute Ordnung der Gesellschaft, in der sowohl Heilige als auch Sünder untergebracht werden müssen. Wir mögen goldgepflasterte Straßen in El Dorado gesucht haben, wie in John Bunyans Himmel, aber wir brauchen heute keine neue Religion, um das plausible Utopia oder jede andere Rekonstruktion von früheren Formen der spirituellen Identität zu zementieren. *Unsere* ideale Welt kann nicht das Neue Jerusalem oder das Sparta von Lykurg sein. Es kann nicht durch die Träumereien von Karl Marx definiert werden, aber passt es zu den Träumen von Adam Smith? Die alten idealen Welten können uns Hoffnung, Inspiration und einen Sinn dafür geben, wonach wir streben und was wir vermeiden sollten. Aber *unsere* ideale Welt muss von uns selbst geschaffen werden und eine ernsthafte Abrechnung mit dem Schicksal sein, dem wir hilflos gegenüberstehen, wenn wir versäumen, es zu erschaffen.

Anmerkungen

Die vollständigen bibliographischen Informationen der in Kurzform angeführten Zitate finden sich in der Bibliographie.

Einführung

1 Comte behauptete, dass die Entwicklung des menschlichen Denkens in Bezug auf das Wachstum von religiösen, metaphysischen und positiven oder wissenschaftlichen Ausblicken erfasst werden könne.

2 Insbesondere durch Francis Fukuyama in *The End of History and the Last Man* (London: Hamish Hamilton, 1992).

3 Für diese Interpretation siehe zum Beispiel John Gray, *False Dawn: The Delusions of Global Capitalism* (London: Granta, 1998).

4 Eine allgemeine Einführung in dieses Thema mit einer ausgewählten Reihe von wichtigen Quellen findet sich in Claeys und Sargent, *The Utopia Reader*. Zu einigen Definitionsproblemen siehe Fátima Vieira, „The Concept of Utopia", in: Claeys, *The Cambridge Companion to Utopian Literature*. Die beste allgemeine Untersuchung dieser Frage bleibt Manuel, *Utopian Thought in the Western World*.

5 Zu diesem Thema siehe Martin Foss, *The Idea of Perfection in the Western World* (Princeton: Princeton University Press, 1946).

Kapitel 1

1 Hesiod, *Works and Days* (Oxford: Oxford University Press, 1988), S. 40.

2 Dieser Begriff wurde Mitte des 17. Jahrhunderts geprägt, um die Revolution in England in der damaligen Zeit zu beschreiben.

3 Zu einem Versuch eines utopischen Autors, im späten 19. Jahrhundert die Geschichte zu beweisen, siehe Ignatius Donnelly, *Atlantis* (2. Auflage, London: Sidgwick & Jackson, 1970).

4 Plutarch, *Life of Lycurgus* (New York: Random House, o. J.), S. 57.

5 Ebd., S. 61.

6 Ebd., S. 73.

7 Siehe Z. S. Fink, *The Classical Republicans* (Chicago: Northwestern University Press, 1945); Elizabeth Rawson, *The Spartan Tradition in European Thought* (Oxford: Clarendon Press, 1960); Eric Nelson, *The Greek Tradition in Republican Thought* (Cambridge: Cambridge University Press, 2004).

Kapitel 2

1 Dies zeigte sich angeblich in einigen Formen bei den Katharern, Albigensern, Lollarden und Wiedertäufern. Eine gute allgemeine Abhandlung dieser Traditionen findet sich bei Gordon Leff, *Heresy in the Later Middle Ages* (2 Bd., Manchester: Manchester University Press, 1967).

2 Über die Chronologie des Bildes des Himmels siehe insbesondere McDannell und Lang, *Heaven*.

3 Ebd., S. 174, 214.

4 Für eine Aufzählung der Funktionen siehe Gustav Davidson, *A Dictionary of Angels* (New York: The Free Press, 1967).

5 John Milton, *Paradise Lost* (London: Longman, 1968), Bd. 1, l. 680–684.

6 Zur Entwicklung dieser Frage siehe Ernest Tuveson, *Redeemer Nation: The Idea of America's Millennial Role* (Chicago: University of Chicago Press, 1968).

7 Siehe Gerrard Winstanley, *The Law of Freedom and Other Writings* (Cambridge: Cambridge University Press, 1983), S. 84.

8 Ebd., S. 268.

9 Cohn, *The Pursuit of the Millennium*, S. 149.

Kapitel 3

1 Für ein solches Beispiel siehe die Behauptung von Krishan Kumar, *Utopia and Anti-Utopia in Modern Times* (Oxford: Basil Blackwell, 1987), S. 19, dass „allein die christliche Zivilisation Utopia schaffen konnte".

2 Zu den jüngeren Werken gehören Seligman, *Order and Transcendence*, und Jacqueline Dutton, „Non-Western Utopian Traditions", in Claeys, *The Cambridge Companion to Utopian Literature*.

3 U. Ghoshal, *A History of Hindu Political Theories* (Oxford: Oxford University Press, 1922), S. 12.

4 Lewis Henry Morgan, *Ancient Society* (London: Macmillan & Company, 1877), S. 530, 536.

5 Diese klassische Erklärung stammt aus Friedrich Engels' *Der Ursprung der Familie, des Privateigentums und des Staates,* (1884).

6 *The Qu'ran* (Oxford: Oxford University Press, 2004), S. 7.

7 Mo Tzu: *Basic Writings* (New York: Columbia University Press, 1970), S. 22.

8 Zhang Longxi, „The Utopian Vision, East and West", in *Utopian Studies*, 13 (2002), S. 7–17. Daraus stammen die hier benutzten Beispiele vornehmlich.

9 Diese Frage ist vergleichend behandelt worden in Qingyun Wu, *Female Rule in Chinese and English Literary Utopias* (Syracuse: Syracuse University Press, 1995).

10 Shiping Hua, *Chinese Utopianism: A Comparative Study of Reformist Thought with Japan and Russia 1898–1997* (Washington DC: Woodrow Wilson Center Press, 2009), S. 18.

11 Zum Beispiel in *The Laws of Manu* (New York: Dover Publications, 1969), S. 13–14.

12 Siehe zum Beispiel: Seiji Nuita, „Traditional Utopias in Japan and the West", in David W. Plath (Hrsg.), *Aware of Utopia* (Urbana: University of Illinois Press, 1971), S. 12–32, und Yoriko Moichi, „Japanese Utopian Literature from the 1870s to the Present and the Influence of Western Utopianism", in *Utopian Studies*, 19 (1999), S. 89–97.

13 Diese werden vorgestellt in Aziz Al-Azmeh, „Utopia and Islamic Political Thought", in *History of Political Thought*, 11 (1990), S. 9–19.

14 Patricia Crone, *Medieval Islamic Political Thought* (Edinburgh: Edinburgh University Press, 2004), S. 318.

15 Richard Walzer (Hrsg.), *Al-Farabi on the Perfect State* (Oxford: Clarendon Press, 1984), S. 231.

16 Antony Black, *The History of Islamic Political Thought* (Edinburgh: Edinburgh University Press, 2001), S. 53.

17 Daniel G. Brinton, *The Myths of the New World* (Philadelphia: David McKay, 1896), S. 105.

18 Bruce Lawrence (Hrsg.), *Messages to the World: The Statements of Osama Bin Laden* (London: Verso, 2005), S. 166.

19 F. R. Wingate, *Ten Years' Captivity in the Mahdi's Camp* (London: Sampson Low, Marston & Company, 1892), S. 6.

20 Siehe Gould, „The Utopian Side of the Indian Uprising", in David W. Plath (Hrsg.), *Aware of Utopia* (Urbana: University of Illinois Press, 1971), S. 86–116.

21 Für den vorausgehenden Millenarismus siehe zum Beispiel Jonathan Spence, *God's Chinese Son: The Taiping Heavenly Kingdom of Hong Xiuquan* (London: HarperCollins, 1996).

22 Siehe Julius K. Nyerere, *Ujamaa: Essays on Socialism* (Oxford: Oxford University Press, 1968).

23 Für eine Einführung in diese Entwicklungen siehe: Pordzik, *The Quest for Postcolonial Utopia*, und Bill Ashcroft, „Remembering the Future: Utopianism in African Literature", in *Textual Practice*, 23 (2009), S. 703–722.

24 Zum Beispiel Zhang Longxi, „The Utopian Vision, East and West", in *Utopian Studies*, 13 (2002), S. 1–20.

Kapitel 4

1 Zitiert nach Colin Davis, „Thomas More's *Utopia*: Sources, Legacy and Interpretation", in Claeys, *The Cambridge Companion to Utopian Literature*.

2 Morus' Herangehen an diese Frage ist wenig eindeutig. Der originale lateinische Titel lautete *Libellus vere Aureus nec minus salutaris quam festivus de optimo reipublicae statu deque nova Insula Utopia* (*Ein wirklich einmaliges Pamphlet segensreich und vergnüglich über den besten republikanischen Staat und die neue Insel Utopia*). Es wurde auch einfach als „der beste Zustand einer Gesellschaft" bezeichnet.

3 In diesem Kontext siehe insbesondere Davis, *Utopia and the Ideal Society*.

4 Thomas Morus, *The Complete Works of Thomas More*, Bd. 4: *Utopia*, Hrsg. Edward Surtz und J. H. Hexter (New Haven: Yale University Press, 1965), S. 21.

5 Ebd., S. 61.

6 Ebd., S. 74.

7 Ebd., S. 72.

8 Ebd., S. 77, 89.

9 Ebd., S. 83.

10 Ebd., S. 76.

11 Siehe Claeys, *Imperial Sceptics*.

12 Zum Beispiel J. H. Hexter in *More's Utopia: The Biography of an Idea* (Princeton: Princeton University Press, 1952), S. 33–42.

13 Thomas Morus, *The Complete Works of Thomas More*, Bd. 4: *Utopia*, Hrsg. Edward Surtz und J. H. Hexter (New Haven: Yale University Press, 1965), S. 150–151.

14 Ebd., S. 152.

15 Siehe den Bericht in J. C. Davis, „Utopianism", in J. H. Burns (Hrsg.), *The Cambridge History of Political Thought 1450–1700* (Cambridge: Cambridge University Press, 1991), S. 329–346.

16 Karl Kautsky, *Thomas More and his Utopia* (London: A & C Black, 1927), S. 159.

17 Thomas Morus, *The Complete Works of Thomas More*, Bd. 4: *Utopia*, Hrsg. Edward Surtz und J. H. Hexter (New Haven: Yale University Press, 1965), S. viii.

18 Siehe besonders Quentin Skinner, *The Foundations of Modern Political Thought* (2 Bd., Cambridge: Cambridge University Press, 1978), und George M. Logan, *The Meaning of More's Utopia* (Princeton: Princeton University Press, 1983), S. 139–140.

19 Zum Beispiel W. E. Campbell, *More's Utopia and his Social Teaching* (London: Eyre & Spottiswoode, 1930), S. 140.

Kapitel 5

1 Der klassische Bericht stammt von Adams, *Travelers and Travel Liars*.

2 Eine ausführliche Liste vermeintlich solcher Menschen findet sich in John Block Friedmans *The Monstrous Races in Medieval Art and Thought* (Cambridge, Mass.: Harvard University Press, 1981).

3 Christopher Columbus, *The Book of Prophecies* (Berkeley: University of California Press, 1997), S. 67–68, 71, 77, 291. Siehe generell Tzvetan Todorov, *The Conquest of America: The Question of the Other* (Norman: University of Oklahoma, 1999).

4 Peter Martyr Anglerius, *De Orbe Novo* (2 Bd., London: G. P. Putnam's Sons, 1912), Bd.1, S. 62, 139; Girolamo Benzoni, *History of the New World* (London: W. H. Smith, 1867), S. 15.

5 Siehe generell Anthony Pagden, *The Fall of Natural Man: The American Indian and the Origins of Comparative Ethnology* (Cambridge: Cambridge University Press, 1982), sowie Robert Berkhofer, *The White Man's Indian: Images of the American Indian from Columbus to the Present* (New York: Vintage, 1978). Graphische Darstellungen sind abgedruckt in Hugh Honour, *The European Vision of*

America (Cleveland: Cleveland Museum of Art, 1975).

6 Peter Martyr Anglerius, *De Orbe Novo* (2 Bd., London: G. P. Putnam's Sons, 1912), Bd. 1, S. 64, 90; Christopher Columbus, *The Journal of his First Voyage to America* (London: Jarrolds, 1925), S. 67.

7 Tacitus, *Historical Works* (London: J. M. Dent, o. J.), Bd. 2, S. 314.

8 Peter Martyr Anglerius, *De Orbe Novo* (2 Bd., London: G. P. Putnam's Sons, 1912), Bd. 2, S. 274.

9 Zitiert in Levin, *The Myth of the Golden Age*, S. 61. Rebellische Eingeborene nahmen diese Obsession zuweilen auf und ließen geschmolzenes Gold die Kehlen von gefangen genommenen Spaniern hinunterfließen; siehe Girolamo Benzoni, *History of the New World* (London: W. H. Smith, 1867), S. 73.

10 Wie von Enrique Dussel behauptet, in *The Invention of the Americas* (New York: Continuum, 1995), S. 32.

11 Das erste in Englisch gedruckte Werk über „Armenica" bezog sich auf Vespucci und erschien ca. 1511 in Antwerpen – wo More's *Utopia* Ende 1515 erdacht wurde; (Richard Eden (Hrsg.), *The First Three English Books on America* (Birmingham: 1885), S. xxv.

12 Peter Martyr Anglerius, De Orbe Novo (2 Bd., London: G. P. Putnam's Sons, 1912), Bd. 1, S. 103–104. Siehe auch William Brandon, *New Worlds for Old: Reports from the New World and their effect on the development of social thought in Europe, 1500–1800* (Athens, Ohio: Ohio State University Press, 1986) und Stelio Cro, *The American Foundations of the Hispanic Utopia* (2 Bd., Tallahassee: Desoto Press, 1994).

13 Die deutlichste Behauptung, dass Morus „gar nicht umhin kam, das Werk zu kennen" (H. W. Donner, *Introduction to Utopia*, London: Sidgwick & Jackson, 1945, S. 27).

14 Bernal Diaz, *The Conquest of New Spain* (London: Penguin, 1963), S. 269; Frederick J. Pohl, *Amerigo Vespucci: Pilot Major* (London: Frank Cass, 1966), S. 133.

15 Thomas Morus, *The Complete Works of Thomas More*, Bd. 4: *Utopia*, Hrsg. Edward Surtz and J. H. Hexter (New Haven: Yale University Press, 1965), S. xxxiii.

16 Amerigo Vespucci, *The First Four Voyages of Amerigo Vespucci* (London: Bernard Quaritch, 1893), S. 8, 11.

17 Garcilaso de la Vega, *Royal Commentaries of the Incas* (Austin: University of Texas Press, 1966), Teil 1, S. 254, 271; Pedro Sarmiento de Gamboa, *The History of the Incas* [1574] (Austin: University of Texas Press, 2007), S. 134.

18 Pedro Pizarro, *Relation of the Discovery and Conquest of the Kingdoms of Peru* (New York: The Cortes Society, 1921), S. 35.

19 William H. Prescott, *History of the Conquest of Peru* (London: Swan Sonnenschein, 1889), S. 15, 21, 23, 27, 29.

20 Insbesondere in Lorainne Stobbart, *Utopia: Fact or Fiction? The Evidence from the Americas* (Stroud: Alan Sutton, 1992).

21 John Phelan, *The Millennial Kingdom of the Franciscans in the New World: A Study of the Writings of Geronimo de Mendieta (1525–1604)* (Berkeley: University of California Press, 1956), S. 66.

22 R. B. Cunninghame Graham. *A Vanished Arcadia: Being Some Account of the Jesuits in Paraguay, 1607–1767* (London: William Heinemann, 1901), S. xiv, 22, 201; Philip Caraman, *The Lost Paradise: An Account of the Jesuits in Paraguay, 1607–1768* (London: Sidgwick & Jackson, 1975), S. 116–117.

23 In den 30er Jahren des 16. Jahrhunderts gründete Vasco de Quiroga Gemeinschaften für die Indianer, die die Ideen von Morus mit monastischen Vorstellungen verknüpften. Siehe Fernando Gomez, *Good Places and Non-Places in Colonial Mexico: The Figure of Vasco de Quiroga (1470–1565)* (New York: University Press of America, 2001), S. 74–80.

24 John Locke, *Two Treatises of Government* (2. Aufl., Cambridge: Cambridge University Press, 1970), S. 319.

25 Siehe Benedict Anderson, *Imagined Communities: Reflections on the Origin and Spread of Nationalism* (London: Verso, 1993).

26 Louis-Sébastien Mercier, *Memoirs of the Year Two Thousand Five Hundred* (Dublin: W. Wilson, 1772), Bd. 2, S. 185.

27 Gabriel Foigny, *The Southern Land, Known*, Hrsg. David Fausett (Syracuse: Syracuse University Press, 1993), S. 42, 57.

28 Denis Veiras, *The History of the Severambians* (Albany: State University of New York Press, 2006), S. 87.

29 Siehe generell J. G. A. Pocock, *The Machiavellian Moment. Florentine Political Thought and the Atlantic Republican Tradition* (Princeton: Princeton University Press, 1975).

Kapitel 6

1 Siehe Fausett, *The Strange and Surprising Sources of Robinson Crusoe*.

2 Daniel Defoe, *Robinson Crusoe* (London: J. M. Dent, 1906), S. 72.

3 Diese Themen tauchen auch mehrfach in Defoes späteren Schriften zu dieser Frage auf, besonders in *Serious Reflections During the Life and Surprising Adventures of Robinson Crusoe* (1720; nachgedruckt in Claeys, *Modern British Utopias*, Bd. 1, S. 113–266).

4 Siehe generell Michael Newton, *Savage Girls and Wild Boys: A History of Feral Children* (London: Faber & Faber, 2002).

5 Diese Texte wurden nachgedruckt in Claeys, *Modern British Utopias*.

6 Rennie, *Far-Fetched Facts*, S. 98.

7 Denis Diderot, *Political Writings*, Hrsg. John Hope Mason und Robert Wokler (Cambridge: Cambridge University Press, 1992), S. 39.

8 William Godwin, *Enquiry Concerning Political Justice* (2 Bd., London: G. G. J & J. Robinson, 1793), Bd. 1, S. 10.

9 Claeys, *Utopias of the British Enlightenment*, S. 12.

Kapitel 7

1 Die klassische Studie über diesen Zusammenhang ist Laskys *Utopia and Revolution*.

2 Siehe James Harrington, *The Political Works of James Harrington*, Hrsg. J. G. A. Pocock (Cambridge: Cambridge University Press, 1977).

3 Claeys, *Utopias of the British Enlightenment*, S. 80.

4 Robert Burton, *The Anatomy of Melancholy* (London: J. M. Dent & Sons, 1932), S. 104.

5 Louis Sébastien Mercier, *Memoirs of the Year Two Thousand Five Hundred* (Dublin: W. Wilson, 1772), Bd. 2, S. 119.

6 Jean-Jacques Rousseau, *The Social Contract and Discourses* (London: J. M. Dent, 1973), S. 181.

7 Dies ist der Tenor des Arguments in Dan Edelsteins *The Terror of Natural Right: Republicanism, the Cult of Nature, and the French Revolution* (Chicago: University of Chicago Press, 2009).

8 Karl Popper, *The Open Society and Its Enemies* (2 Bd., Princeton: Princeton University Press, 1962).

Kapitel 8

1 Johann Valentin Andreae, *Christianopolis: An Ideal State of the Seventeenth Century* (Oxford: Oxford University Press, 1916), S. 156.

2 Siehe Richard Sennett, *The Uses of Disorder: Personal Identity and City Life* (London: Faber & Faber, 1966).

Kapitel 9

1 Der maßgebliche Bericht hierfür stammt von Robert Allerton Parker, *A Yankee Saint: John Humphrey Noyes and the Oneida Community* (2. Aufl., Philadelphia: Porcupine Press, 1972).

2 Miller, *The 60s Communes*, S. xix.

Kapitel 10

1 *New Moral World*, Bd. 4, Nr. 178 (24. März 1838), S. 175.

2 Siehe Claeys, *Citizens and Saints*.

3 Siehe zum Beispiel Ernest Tuveson, „The Millenarian Structure of *The Communist Manifesto*" in C. A. Patrides, Joseph Wittreich (Hrsg.), *The Apocalypse in English Renaissance Thought and Literature* (Manchester: Manchester University Press, 1984), S. 323–341.

Kapitel 11

1 Zu diesem Hintergrund und zur Entwicklung siehe Christopher Lasch, *The True and Only Heaven: Progress and Its Critics* (New York: W. W. Norton, 1991).

2 *Famous Utopias of the Renaissance*, Einführung und Anmerkungen von Frederic R. White (New York: Hendricks House, 1955), S. 240.

3 Siehe Charles Webster, *Utopian Planning and the Puritan Revolution: Gabriel Plattes, Samuel Hartlib and Macaria* (Oxford: Wellcome Institute for the History of Medicine, 1979), S. 4.

4 Claeys, *Utopias of the British Enlightenment*, S. 9.

5 Ebd., S. 47.

6 Grant Allen, *Twelve Tales* (London: Grant Richards, 1900), S. 45–66.

7 Die meisten dieser Texte sind nachgedruckt in Claeys, *Late Victorian Utopias*.

8 Walter Besant, *The Inner House* (London: Simkin, Marshall & Co., 1888), S. 33.

9 Zum Beispiel Robinson Crusoe [Pseudonym], *Looking Upwards: or, Nothing New* (Auckland, NZ: H. Brett, 1892).

10 William Morris, *News from Nowhere* (London: Longmans, Green & Co., 1899), S. 80.

11 Herman Melville, *Typee* (New York: Library of America, 1982), S. 149–150.

Kapitel 12

1 Für eine neuere Anthologie dieser Werke siehe Peter Fitting (Hrsg.), *Subterranean Worlds* (Middletown: Wesleyan University Press, 2004).

Kapitel 13

1 Karl Popper, *The Open Society and its Enemies* (2 Bd., Princeton: Princeton University Press, 1962).

Kapitel 14

1 Unter anderem glauben die Scientologen daran, dass die Menschen von einer außerirdischen Rasse abstammen.

2 Die Verfilmung der Werke von Wells werden besprochen in Keith Williams, H. G. Wells, *Modernity and the Movies* (Liverpool: University of Liverpool Press, 2007).

Zusammenfassung

1 Rousseau an den älteren Mirabeau, 26. Juli 1767, zitiert nach Baczko, *Utopian Lights*, S. 22. Der Verweis bezieht sich auf eine idealisierte Form der Verteilung, die in dem als Physiokratie bezeichneten System vorgeschlagen wurde.

2 Zu den jüngeren Erklärungen diesbezüglich gehören John Gray, „The Death of Utopia" in: *Black Mass: Apocalyptic Religion and the Death of Utopia* (London: Allen Lane, 2007), S. 1–35. Siehe auch Isaiah Berlins Bericht über Utopia, der es definiert als „ein statischer Idealzustand, in dem die menschliche Natur völlig verwirklicht ist und alles ist ruhig und unveränderlich und ewig", in: *The Crooked Timber of Humanity* (London: John Murray, 1990), S. 22.

3 Judith Shklar, *Political Thought and Political Thinkers* (Chicago: University of Chicago Press, 1992), S. 168–169.

4 Christopher Lasch, *The True and Only Heaven: Progress and Its Critics* (London: W. W. Norton & Co., 1991), S. 41.

Bibliographie

Adams, Percy G.: *Travelers and Travel-liars, 1660–1800,* Berkeley: University of California Press, 1962.

Albinski, Nan Bowman: *Women's Utopias in British and American Fiction,* London: Routledge, 1988.

Aldiss, Brian W.: *Billion Year Spree: A History of Science Fiction*, London: Weidenfeld & Nicolson, 1973.

Alexander, Peter/Gill, Roger (Hrsg.): *Utopias*, London: Duckworth, 1984.

Alkon, Paul K.: *Origins of Futuristic Fiction*, Athens, Georgia: University of Georgia Press, 1987.

Amis, Kingsley: *New Maps of Hell: A Survey of Science Fiction*, London: Victor Gollancz, 1961.

Armytage, W. H. G.: *Heavens Below: Utopian Experiments in England, 1560–1960*, London: Routledge and Kegan Paul, 1960.

Armytage, W. H. G.: *Yesterday's Tomorrows: A Historical Survey of Future Societies*, London: Routledge and Kegan Paul, 1968.

Atkinson, Geoffrey: *The Extraordinary Voyage in French Literature before 1700*, New York: Columbia University Press, 1920.

Atkinson, Geoffrey: *The Extraordinary Voyage in French Literature, 1700–1720*, Bd. 2, New York: Columbia University Press, 1922.

Baczko, Bronislaw: *Utopian Lights: The Evolution of the Idea of Social Progress*, New York: Paragon House, 1989.

Bailey, J. O.: *Pilgrims Through Space and Time: Trends and Patterns in Scientific and Utopian Fiction*, London: Argus, 1947.

Barkun, Michael: *Disaster and the Millennium*, New Haven: Yale University Press, 1974.

Bartkowski, Frances: *Feminist Utopias*, Lincoln, Nebraska: University of Nebraska Press, 1989.

Beaumont, Matthew: *Utopia Ltd: Ideologies of Social Dreaming in England, 1870–1900*, Leiden: E. J. Brill, 2005.

Becker, Ailenne R.: *The Lost Worlds Romance,* London: Greenwood Press, 1992.

Berneri, Marie: *Journey Through Utopia,* London: Routledge and Kegan Paul, 1950.

Bestor, Arthur E.: *Backwoods Utopias: The Sectarian Origins and Owerite Phase of Communitarian Socialism in America, 1663–1829*, 2. Aufl., Philadelphia: University of Pennsylvania Press, 1970.

Blaim, Artur: *Early English Utopian Fiction*, Lublin: Marie Curie Skiodowskiej University Press, 1984.

Blaim, Artur: *Failed Dynamics: The English Robinsonade of the Eighteenth Century*, Lublin: Marie Curie Skiodowskiej University Press, 1987.

Blaim, Artur: *Aesthetic Objects and Blueprints: English Utopias of the Enlightenment*, Lublin: Marie Curie Skiodowskiej University Press, 1997.

Blewett, David: *The Illustration of Robinson Crusoe*, Buckinghamshire: Gerrards Cross, Colin Smythe, 1995.

Bloch, Ernst: *Das Prinzip Hoffnung,* Gesamtausgabe Bd. 5, 8. Aufl., Frankfurt/Main: Suhrkamp, 1985.

Bollerey, Franziska: *Architekturkonzeptionen der utopischen Sozialisten*, Berlin: Ernst & Sohn, 1991.

Booker, M. Keith: *The Dystopian Impulse in Modern Literature*, Westport: Greenwood Press, 1994.

Braunthal, Alfred: *Salvation and the Perfect Society*, Amherst: University of Massachusetts Press, 1979.

Buck-Morss, Susan: *Dreamworld and Catastrophe: The Passing of Mass Utopia in East and West,* Boston: MIT Press, 2002.

Claeys, Gregory: *Citizens and Saints: Politics and Anti-Politics in Early British Socialism,* Cambridge: Cambridge University Press, 1989.

Claeys, Gregory (Hrsg.): *Utopias of the British Enlightenment*, Cambridge: Cambridge University Press, 1994.

Claeys, Gregory (Hrsg.): *Modern British Utopias, 1700–1850*, 8. Aufl., London: Pickering & Chatto, 1997.

Claeys, Gregory/Sargent, Lyman Tower (Hrsg.): *The Utopia Reader*, New York: New York University Press, 1999.

Claeys, Gregory (Hrsg.): *Restoration and Augustan British Utopias*, Syracuse: Syracuse University Press, 2000.

Claeys, Gregory/Sargent, Lyman Tower/Schaer, Roland (Hrsg.): *Utopia: The Search for the Ideal Society in the West*, New York: Oxford University Press, 2000.

Claeys, Gregory (Hrsg.): *Late Victorian Utopias*, 6. Aufl., London: Pickering and Chatto, 2008.

Claeys, Gregory (Hrsg.): *The Cambridge Companion to Utopian Literature*, Cambridge: Cambridge University Press, 2010.

Claeys, Gregory: *Imperial Sceptics: British Critics of Empire, 1850–1920*, Cambridge: Cambridge University Press, 2010.

Clarke, I. F.: *The Pattern of Expectation 1644–2001*, London: Jonathan Cape, 1979.

Clute, John: *Science Fiction: The Illustrated Encyclopedia*, London: Dorling Kindersley, 1995.

Cohn, Norman: *The Pursuit of the Millennium*, London: Secker & Warburg, 1947.

Cornea, Christine: *Science Fiction Cinema: Between Fantasy and Reality*, Edinburgh: Edinburgh University Press, 2007.

Davis, J. C.: *Utopia and the Ideal Society: A Study of English Utopian Writing, 1516–1700*, Cambridge: Cambridge University Press, 1981.

Eaton, Ruth: *Ideal Cities: Utopianism and the (Un)Built Environment*, London: Thames & Hudson, 2002.

Eliav-Feldon, Miriam: *Realistic Utopias: The Imaginary Societies of the Renaissance, 516–1630,* Oxford: Clarendon Press, 1982.

Elliott, Robert: *The Shape of Utopia: Studies in a Literary Genre*, Chicago: University of Chicago Press, 1970.

Erasmus, Charles: *In Search of the Common Good: Utopian Experiments Past and Future*, Glencoe: The Free Press, 1977.

Eurich, Nell: *Science in Utopia*, Cambridge, Massachusetts: Harvard University Press, 1967.

Evans, Rhiannon: *Utopia Antiqua: Readings of the Golden Age and Decline at Rome*, London: Routledge, 2008.

Fausett, David: *Writing the New World: Imaginary Voyages and Utopias of the Great outhern Land*, Syracuse: Syracuse University Press, 1993.

Fausett, David: *The Strange and Surprizing Sources of Robinson Crusoe*, Amsterdam: Rodopi, 1994.

Ferguson, John: *Utopias of the Classical World*, London: Thames & Hudson, 1975.

Firchow, Peter Edgerly: *Modern Utopian Fictions from H. G. Wells to Iris Murdoch*, Washington DC: The Catholic University Press of America, 2007.

Fishman, Robert: *Urban Utopias in the Twentieth Century: Ebenezer Howard, Frank Lloyd Wright and Le Corbusier*, New York: Basic Books, 1977.

Fogarty, Robert S.: *American Utopias*, Itasca: F. E. Peacock, 1972.

Fogarty, Robert S.: *Dictionary of American Communal and Utopian History*, Westport: Greenwood Press, 1980.

Fogarty, Robert S.: *All Things New: American Communes and Utopian Movements, 1860–1914*, Chicago: University of Chicago Press, 1990.

Fortunati, Vita/Trousson, Raymond: *Dictionary of Literary Utopias*, Paris: Honoré Champion, 2000.

Friesen, John W./Lyons Friesen, Virginia: *The Palgrave Companion to North American Utopias*, London: Palgrave-Macmillan, 2004.

Goodman, Paul/Goodman Percival: *Communitas: Means of Livelihood and Ways of Life*, Chicago: University of Chicago Press, 1947.

Goodwin, Barbara: *Social Science and Utopia: Nineteenth Century Models of Social Harmony*, Hassocks: Harvester Press, 1978.

Goodwin, Barbara/Taylor, Keith: *The Politics of Utopia*, New York: St. Martin's Press, 1983.

Gove, Philip Babcock: *The Imaginary Voyage in Prose Fiction*, New York: Columbia University Press, 1941.

Green, Roger Lancelyn: *Into Other Worlds: Space-Flight in Fiction, from Lucian to Lewis*, London: Abelard-Schuman, 1958.

Guarneri, Carl: *The Utopian Alternative: Fourierism in Nineteenth Century America*, London: Cornell University Press, 1991.

Guthke, Karl S.: *The Last Frontier: Imagining Other Worlds, from the Copernican Revolution to Modern Science Fiction*, London: Cornell University Press, 1990.

Hansot, Elizabeth: *Perfection and Progress: Two Modes of Utopian Thought*, Cambridge, Mass.: MIT Press, 1974.

Hayden, Dolores: *Seven American Utopias: The Architecture of Communitarian Socialism, 1790–1975*, Cambridge, Mass.: MIT Press, 1976.

Hertzler, Joyce: *The History of Utopian Thought*, London: Macmillan, 1923.

Hillegas, Mark R.: *The Future as Nightmare: H. G. Wells and the Anti-Utopians*, Carbondale: Southern Illinois University Press, 1967.

Hillquit, Morris: *History of Socialism in the United States*, 5. Aufl., New York: Dover Publications, 1971 [1903].

Holloway, Mark: *Heavens or Earth: Utopian Communities in America 1580–1880* 2. Aufl., New York: Dover Publications, 1966.

Holstun, James: *A Rational Millennium: Puritan Utopias of Seventeenth-Century England and America*, Oxford: Oxford University Press, 1987.

Jacobs, Jane: *The Life and Death of Great American Cities*, London: Pelican, 1965.

James, Edward: *Science Fiction in the Twentieth Century*, Oxford: Oxford University Press, 1994.

James, Edward/Mendlesohn, Farah (Hrsg.): *The Cambridge Companion to Science Fiction*, Cambridge: Cambridge University Press, 2003.

Jameson, Frederic: *Archaeologies of the Future: The Desire called Utopia and Other Science Fictions*, London: Verso, 2005.

Jean, Georges: *Voyages en Utopie*, Paris: Gallimard, 1994.

Johns, Alessa: *Women's Utopias of the Eighteenth Century*, Urbana: University of Illinois Press, 2003.

Kagan, Paul: *New World Utopias: A Photographic History of the Search for Community*, London: Penguin, 1975.

Kamenka, Eugene (Hrsg.): *Utopias*, Oxford: Oxford University Press, 1987.

Kateb, George: *Utopia and its Enemies*, Glencoe: Free Press, 1963.

Kenyon, Timothy: Utopian *Communism and Political Thought in Early Modern England*, London: Pinter Publishers, 1989.

Kumar, Krishan: *Utopia and Anti-Utopia in Modern Times*, Oxford: Basil Blackwell, 1987.

Kumar, Krishan: *Utopianism*, Buckingham: Open University Press, 1991.

Kumar, Krishan/Bann, Stephen (Hrsg.): *Utopias and the Millennium*, London: Reaktion Books, 1993.

Lasky, Melvin: *Utopia and Revolution*, Chicago: University of Chicago Press, 1976.

Leslie, Marina: *Renaissance Utopias and the Problem of History*, London: Cornell University Press, 1998.

Levin, Harry: *The Myth of the Golden Age in the Renaissance*, Oxford: Oxford University Press, 1969.

Levitas, Ruth: *The Concept of Utopia*, Syracuse: Syracuse University Press, 1990.

Loxley, Diana: *Problematic Shores: The Literature of Islands*, London: Macmillan, 1990.

McCord, William: *Voyages to Utopia*, New York: W. W. Norton, 1989.

McDannell, Colleen/Lang, Bernhard: *Heaven: A History*, New York: Vintage, 1988.

McKnight, Stephen A.: *Science, Pseudo-Science, and Utopianism in Early Modern Thought*, Columbia: University of Missouri Press, 1992.

Manguel, Alberto/Guadalupi, Gianni: *The Dictionary of Imaginary Places*, New York: Harcourt Brace Jovanovich, 1987.

Mannheim, Karl: *Ideology and Utopia: An Introduction to the Sociology of Knowledge*, New York: Harcourt, Brace & Co., 1936.

Manuel, Frank: *The Prophets of Paris*, New York: Harper & Row, 1965.

Manuel, Frank (Hrsg.): *Utopias and Utopian Thought*, Boston: Beacon Press, 1965.

Manuel, Frank/Manuel, Fritzie P. (Hrsg.): *French Utopias: An Anthology of Ideal Societies*, New York: Schocken Books, 1971.

Manuel, Frank/Manuel, Fritzie P.: *Utopian Thought in the Western World*, Cambridge, Massachusetts: Belknap Press, 1979.

Margolis, Jonathan: *A Brief History of Tomorrow*, London: Bloomsbury, 2000.

Markus, Thomas A.: *Visions of Perfection: Architecture and Utopian Thought*, Glasgow: Third Eye Centre, 1985.

Meacham, Standish: *Regaining Paradise: Englishness and the Early Garden City Movement*, New Haven: Yale University Press, 1999.

Miller, Timothy: *The 60s Communes: Hippies and Beyond*, Syracuse: Syracuse University Press, 1999.

Morton, A. L.: *The English Utopia*, London: Lawrence & Wishart: 1952.

Moylan, Tom: *Demand the Impossible: Science Fiction and the Utopian Imagination*, London: Methuen, 1986.

Moylan, Tom: *Scraps of the Untainted Sky: Science Fiction, Utopia, Dystopia*, Boulder: Westview Press, 2000.

Mumford, Lewis: *The Story of Utopias*, New York: Viking Press, 1950.

Nicolson, Marjorie: *Voyages to the Moon*, London: Macmillan, 1948.

Nordhoff, Charles: *The Communistic Societies of the United States,* Neuauflage, New York: Dover Publications, 1966 [1875].

Noyes, John Humphrey: *History of American Socialisms*, Neuauflage, New York: Dover Publications, 1966 [1870].

Oved, Yaacov: Two *Hundred Years of American Communes*, New Brunswick, New Jersey: Transaction Books, 1988.

Parrinder, Patrick: *Shadows of the Future: H. G. Wells: Science Fiction and Prophecy*, Syracuse: Syracuse University Press, 1995.

Parrington, Vernon: *American Dreams: A Study of American Utopias*, New York: Russell & Russell, 1964.

Passmore, John: *The Perfectibility of Man*, London: Duckworth, 1970.

Pfaelzer, Jean: *The Utopian Novel in America, 1886–1896*, Pittsburgh: University of Pittsburgh Press, 1984.

Pinder, David: *Visions of the City: Utopianism, Power and Politics in Twentieth-Century Urbanism*, Edinburgh: Edinburgh University Press, 2005.

Pohl, Nicole/Tooley, Brenda (Hrsg.): *Gender and Utopia in the Eighteenth Century*, London: Ashgate, 2007.

Polak, Fred: *The Image of the Future*, Bd. 2, New York: Oceana, 1961.

Pordzik, Ralph: *The Quest for Postcolonial Utopia: A Comparative Introduction to the Utopian Novel in the New English Literatures*, Oxford: Peter Lang, 2001.

Rees, Christine: *Utopian Imagination and Eighteenth-Century Fiction*, London: Longman, 1996.

Rennie, Neil: *Far-Fetched Facts: The Literature of Travel and the Idea of the South Seas*, Oxford: Clarendon Press, 1995.

Roberts, Adam: *Science Fiction*, London: Routledge, 2000.

Roemer, Kenneth: *The Obsolete Necessity: America in Utopian Writing, 1888–1900*, Kent, Ohio: Kent State University Press, 1976.

Rosenau, Helen: *The Ideal City: Its Architectural Evolution*, New York: Harper & Row, 1972.

Rottensteiner, Franz: *The Science Fiction Book: An Illustrated History*, London: Thames & Hudson, 1975.

Sargent, Lyman Tower: *British and American Utopian Literature, 1516–1975*, New York: Garland, 1988.

Sargisson, Lucy: *Contemporary Feminist Utopianism*, London: Routledge, 1996.

Seed, David (Hrsg.): *A Companion to Science Fiction*, Oxford: Blackwell, 2005.

Seligman, Adam B. (Hrsg.): *Order and Transcendence: The Role of Utopias and the Dynamics of Civilization*, Leiden: E. J. Brill, 1989.

Shklar, Judith: *After Utopia: The Decline of Political Faith*, Princeton: Princeton University Press, 1957.

Snodgrass, Mary Ellen: *Encyclopedia of Utopian Literature*, Oxford: ABC-Clio, 1995.

Sobchak, Vivian: *Screening Space: The American Science Fiction Film*, 2. Aufl., New York: Ungar, 1987.

Sutton, Robert P.: *Communal Utopias and the American Experience: Secular Communities, 1824–2000,* Westport: Praeger, 2004.

Tafuri, Manfredo: *Architecture and Utopia: Design and Capitalist*, Cambridge, Massachusetts: MIT Press,1979.

Taylor, Keith: *The Political Ideas of the Utopian Socialists*, London: Frank Cass, 1982.

Thrupp, Silvia: *Millennial Dreams in Action: Studies in Revolutionary Religious Movements*, New York: Schocken Books, 1970.

Tinker, Chauncey: *Nature's Simple Plan: A Phase of Radical Thought in the Eighteenth Century*, Princeton: Princeton University Press, 1922.

Trahair, Richard C. S.: *Utopias and Utopians: An Historical Dictionary*, London: Fitzroy Dearborn, 1999.

Tuveson, Ernest: *Millennium and Utopia: A Study in the Background of the Idea of Progress*, Berkeley: University of California Press, 1949.

Venturi, Franco: *Utopia and Reform in the Enlightenment*, Cambridge: Cambridge University Press, 1971.

Wagar, W. Warren: *Terminal Visions: The Literature of Last Things,* Bloomington: Indiana University Press, 1982.

Walsh, Chad: *From Utopia to Nightmare,* London: Geoffrey Bles, 1962.

Wegener, Phillip E.: *Imaginary Communities: Utopia, the Nation, and the Spatial Histories of Modernity*, Berkeley: University of California Press, 2000.

Williams, Keith: *H. G. Wells, Modernity and the Movie*, Liverpool: Liverpool University Press, 2007.

Abbildungsnachweis

o-oben; u-unten; l-links; r-rechts; M-Mitte

akg-images 58, 86, 179 o./Erich Lessing 22 u., 49/Rabatti - Domingie 21; Alamy 19th era 72 u./The Art Archive 2, 6, 27, 36, 166/Art Directors & TRIP 53/Classic Image 89 o./Mary Evans Picture Library 92, 124 o., 133 u., 144 /INTERFOTO 22 u., 39, 126, 145 o., 178 o. /Lebrecht Music and Arts Photo 88/Photos 12 192 o./Pictorial Press Ltd 57, 108, 162, 179 u., 199/RIA Novosti 185 u./World History Archive 66, 70; aus Johann Valentin Andreae, *Reipublicae Christianopolitanae descriptio,* Straßburg (1619) 119 u.; The Art Archive: Bibliothèque de Douai/Kharbine-Tapabor/ Cheuva 65/British Library, London 63/Ägyptisches Museum, Kairo 47/Musée Carnavalet, Paris/Marc Charmet 98/Musée Guimet, Paris 48; Antonio di Pietro Averlino, *Plan for Sforzinda* (1457) 116 u.; aus Felipe Guaman Poma de Ayala, *Nueva Corónica y Buen Gobierno* (1615) 79; aus Francis Bacon, New Atlantis, London (1626) 115 o.; von Abu Said Ubaud Allah Ibn Bakhitshu, *Manafi' al-Hayawan* (1294–99) 12; Bayerische Staatsgemäldesammlungen, München 11; The Chester Beatty Library, Dublin 46; aus Edward Bellamy, Looking Backward 2000–1887, New York (1888) 156; aus Cyrano de Bergerac, *The Comical History of the States and Empires of the Worlds of the Moon and Sun,* London (1687) 165; aus Alphonse Bertillon, *Identification anthropométrique,* Paris (1893) 158; Faustin Betbeder, The London Sketch-Book (1874) 157; Bibliothèque de l'Arsenal, Paris 68; Bibliothèque de Namur 167 u.; Bibliothèque Nationale, Paris 15, 41, 72 o., 73, 109, 121 o., 121 u., 149 M.r., 164 o.r.; Bode Museum, Staatliche Museen zu Berlin 31; Bridgeman Art Library: Bibliothèque Nationale, Paris/ Archives Charmet 9/British Museum, London 83/National Gallery of Australia, Canberra 159/Privatsammlung/ Philip Mould Ltd, London 16; British Library, London 44, 61 u., 77; British Museum, London 14, 23, 100 u.; Illustration von E. C. Broch 91 u.; aus Isaac Bullart, *Académie des Sciences et des Arts,* Brussels (1682) 118 u.; aus John Bunyan,

The Pilgrim's Progress, London (1678) 43 aus Robert Burton, *The Anatomy of Melancholy,* Oxford (1638) 102; aus Tommaso Campanella, *Civitas Solis,* Frankfurt (1523) 118 o.; Photo Gregory Claeys 186; Corbis 128/Alinari Archives 4/Bettmann 137 o., 139, 160 o., 208/EPA/Gary Williams 137/Owen Franken 202/Rune Hellestad 198 o. Jason Horowitz 211/Hulton-Deutsch Collection 40, 84, 148/ JAI/Peter Adams 174/K.J. Historical 191 o./ Michael Nicholson 192 u./Rykoff Collection 150/Sunset Boulevard 188, 195/Twentieth Century Fox/Bureau L.A. Collection 197; Dibner Library of the History of Science and Technology, Smithsonian Institution, Washington, DC 110; aus Anton Koberger, *Biblia Sacra Germanaica,* Nürnberg (1483) 1; Fogg Art Museum, Cambridge, Massachusetts 103; Werner Forman Archive: Ägyptisches Museum, Turin 8; Charles Fourier, *Phalanstère* (19. Jahrhundert) 115 u.; Frick Collection, New York 60; Gemäldegalerie, Staatliche Museen zu Berlin 42; Getty Images: Scott Barbour 187/ Three Lions 182; Jean-Francois Gigoux, *Charles Fourier* (19. Jahrhundert) 134; Graphische Sammlung Albertina, Wien 19 u.; aus James Harrington, *The Commonwealth of Oceana,* London (1737) 101 u.; aus William Hodgson, *The Commonwealth of Reason,* London (1795) 111 o.; aus Franz Hogenberg, *Civitates Orbis Terrarum,* Amsterdam (1572) 32, 114, 117; Ebenezer Howard, *The Garden City Concept* (1902) 124 u.; International Institute of Social History, Amsterdam 145 u.; The Kobal Collection 190 o.l./Cinecom/ Bioskop/Cinetudes 198 u./Twentieth Century Fox/Lucasfilm 194; Photo Marian Wood Kolisch 173; Kunsthistorisches Museum, Wien 19 o.; Kupferstichkabinett, Staatliche Museen zu Berlin 152 u.; Langewiesche-Brandt Ebenhausen, München 183 u.; Claude-Nicolas Ledoux, *Plan de la Saline royale d'Arc-et-Senans* (1774) 120; Library of Congress, Washington, DC 76, 78, 95, 104, 123, 125, 130, 131, 132, 138, 160 u., 170 o., 177, 185 o./Currier & Ives 89 u./C. F. Lummis 176/Melabay Pictures Corp. 191 u./National Photo Company Collection 105/Philpott 155/Prokudin-Gorskii Collection 149 u.r.; aus William

Morris, *News from Nowhere,* Oxford (1892) 122; Musée d'Orsay, Paris 149 o.r.; Musée du Louvre, Paris 33; Musée National du Château de Versailles 106; Musées Royaux des Beaux-Arts de Belgique, Brüssel 37; Museo della Figurina, Modena 164 o.l., 169; Museo del Prado, Madrid 28; Museum für Hamburgische Geschichte, Hamburg 183 o.; Muzeum Narodowe, Danzig 35; Archäologisches Nationalmuseum, Neapel 25; National Galleries of Scotland, Edinburgh 107u.; National Gallery, London 69; National Palace Museum, Peking 50; National Portrait Gallery, London 91 o., 93, 96, 100 o., 101 o., 152 o., 170 u., 171; New Lanark Conservation Trust 133 o.; New York Public Library 167 o.; Ohara Museum of Art, Kurashiki 161; aus Abraham Ortelius, *Theatrum orbis terrarum,* Antwerpen (1603) 74; aus Abraham Ortelius, Utopiae (16. Jahrhundert) 61 o.; Palazzo Pubblico, Siena 116 o.; Panos Pictures: G.M.B. Akash 200, 205/Crispen Hughes 207; Giovanni Petroschi, *Map Depicting Jesuit Missions of Paraguay,* Rom (1732) 81; Privatsammlung 18, 111 u., 119 o., 136, 137u., 168, 178 u.; Rijksmuseum, Amsterdam 94 o.l.; RKO Radio Pictures 190 o.r.; John Rylands Library, University of Manchester 30; Joachim von Sandrart, *Samuel von Pufendorf* (17. Jahrhundert) 94 M.l.; Photo Scala 143/British Library, London 54/Musei Civici, San Gimignano 112/Museo Nazionale Romano, Rom 20/ National Gallery, London 24/Szepmuveszeti Muzeum, Budapest 140/Yale University Art Gallery, New Haven 51; Ivan Vasilyevich Simakov 181; von Adam Smith, *An Inquiery into the Nature and Causes of the Wealth of Nations,* London (1776) 107 o.; Thomas Spence Society 90; Städelsches Kulturinstitut Frankfurt 62; Staatliches Museum für Geschichte St. Petersburg 147; von Melchisedech Thevenot, *Hollandia Nova detecta, Soliloqui: A Defense of his Congo Rule,* Boston (1905) 180; University of Texas Libraries, University of Texas, Austin 26; U.P.I. 184; US National Archives and Records Administration 209; aus Jules Verne, *From the Earth to the Moon,* Paris (1874) 13; Warner Bros. Entertainment Inc. 196.

Register